高等学校特色专业建设点教材【古代汉语书系】

◎丛书主编：陈少华　张玉金

古代汉语词汇引论

钟明立 著

GUDAI HANYU CIHUI YINLUN

教育出版社
广州

图书在版编目（CIP）数据

古代汉语词汇引论/钟明立著. —广州：广东高等教育出版社，2015.3
（高等学校特色专业建设点教材·古代汉语书系）
ISBN 978－7－5361－5307－3

Ⅰ. ①古…　Ⅱ. ①钟…　Ⅲ. ①汉语－词汇－研究－古代　Ⅳ. ①H131

中国版本图书馆 CIP 数据核字（2015）第 045141 号

出版发行	广东高等教育出版社 社址：广州市天河区林和西横路 邮编：510500　营销电话：(020)87554152 http://www.gdgjs.com.cn
印　　刷	广州市穗彩印务有限公司
开　　本	850 毫米×1 168 毫米　1/32
印　　张	12.625
字　　数	320 千
版　　次	2015 年 3 月第 1 版
印　　次	2015 年 3 月第 1 次印刷
定　　价	28.00 元

总　序

陈少华　张玉金

华南师范大学中国语言文学（师范）专业历史悠久，是建校时就创办的专业之一，它的前身是广东文理学院中文专业。本专业重视教学、科研、学科建设和师资队伍建设。自创办以来，中文专业教师取得了丰硕的科研成果，获得了一系列重要的奖项。目前，中文专业拥有中国语言文学一级学科硕士学位授予权，中国语言文学一级学科博士后流动站，有中国古代文学、中国现当代文学、汉语言文字学三个二级学科博士学位授权点。中文专业涌现了许多成就突出、在国内外有影响力的专家，如廖苾光教授、吴三立教授、李镜池教授、廖子东教授、李育中教授、钟旭元教授、管林教授、曹础基教授、唐启运教授、诸孝正教授、沈开木教授等。现有专任教师 86 人，其中教授 24 人（含博士生导师 11 人）、副教授 31 人，有博士学位的教师 37 人。本专业教学成就突出，2004 年被批准为广东省名牌专业，2007 年获批为国家特色专业建设点。

如何建设国家特色专业？教育部专门为此发出了《关于加强"质量工程"本科特色专业建设的指导性意见》（教高司函〔2008〕208 号）。我们认为，其核心是强化优势、突出特色，而特色是在比较中得来的。就华南师范大学中国语言文学专业而言，与综合性大学以及其他专科大学相比，其特色显然是在“师范性”上；与其他教学型本科师范院校相比，其特色是“研究性”“示范性”；与同类同层次师范大学相比，其特色应是“国际性”，即发挥毗邻香港和澳门特区的优势，加强交流合作，以拓宽本科生的国际视野，增强他们的国际竞争力。

建设国家特色专业的目的是培养优秀人才，培养优秀人才的主渠道是课程和课堂，而课堂授课需要好的教材。正因如此，我们把编写教材作为教学改革的突破口。

我们编写的教材系列具有以下鲜明的特色：

第一，定位上具有明确性。华南师范大学属于教学研究型大学，是国家“211 工程”重点建设的大学，中国语言文学专业是师范专业，培养的学生90%到学校就业。因此，我们所编写的教材，必须适应学校的办学定位和中文专业的师范特点，必须考虑绝大部分学生到学校就业的去向。

第二，书目上具有系统性。本教材系列是一个系统，系统内又包含一些子系统，即一些书系。如古代汉语书系、现代汉语书系、古代文学书系、现代文学书系、当代文学书系、外国文学书系等。我们希望经过长期的建设，形成比较完善的具有鲜明特色的中国语言文学（师范）专业教材系统。由于是一个完整的体系，所以要照顾到彼此的衔接，相互之间要有明确的分工，避免不必要的重复。

第三，内容上具有新颖性。学术研究不断进步，本教材系列要全面吸收学术界最新的定论性成果，特别注意使教师的科研成果转化为教学内容，解决现有教材内容陈旧、落后于学术研究的问题。不但讲授知识，更注重传授科学研究的方法。要深入研究基础教育界对人才知识、能力、素质结构的要求，积极开发反映这些要求的新课程。

第四，教法上具有先进性。要突破以知识传授为中心的传统教学模式，避免“满堂灌式”的教学方法，而探索以能力培养为主的教学模式。要善于使用现代信息工具，采用探究式、研究性教学方法，推进启发式教学。

这次推出的是本教材系列的第一辑，具体书目如下：张桂光的《古汉字学简论》《简明书法教程》，沈建民的《汉语音韵学概论》，吴辛丑的《训诂学》，钟明立的《古代汉语词汇引论》，张玉金的《古代汉语语法学》，谭赤子的《古代汉语和广东的方言》，戴伟华的《唐诗宋词研究》，马茂军的《唐宋散文研究》，谢洁瑕的《诗词格律》，陈剑晖的《现代散文研究》，姚玳玫的《中国现代小说导读》，侯桂新的《中国现代抒情文学经典导读》，陈少华、王世诚的《当代中篇小说选读》，凌逾的《跨媒介：港台叙事作品选读》。

这是一支高水平的作者队伍，有教授 9 人（其中博士生导师 4 人）、副教授 4 人。上述教材，大多数是作者在多年的教学实践基础上编写而成的，既吸收了学术界近些年来的研究成果，又含有作者自己长期的研究心得。

我们有个长期的宏伟规划。目前出的是第一辑，以后要出第二辑、第三辑，直至建立起比较完善的中国语言文学（师范）专业的教材体系。此后，我们还要根据中国语言文学学科的发展以及基础教育行业的需求，不断地加以修订、完善。在编写教材的基础上，我们还要编写相关的教学参考资料，开发相应的教学课件，要推进这种三位一体的立体化教材建设。与之相关的，还要进行网络课程建设、国家特色专业建设点网站建设等。

为了实现这一远大的目标，我们要本着认真负责的精神，一步一个脚印，踏踏实实地去做，这样我们的目的就一定能够达到。

2010 年元月

目录

第一章　绪　　论

一、词汇与古代汉语词汇

语言是由语音、词汇、语法构成的系统。所谓词汇就是某种语言里全部的词和固定语的总汇，如汉语词汇、英语词汇等。其中词的总汇包括基本词汇和一般词汇，固定语的总汇包括成语、谚语、惯用语、歇后语、专名词语、术语、行业语等。其中成语、谚语、惯用语、歇后语等又统称为熟语，专名词语、术语、行业语等又统称为专门用语。①

古代汉语词汇有特指和泛指两个概念，这是由于古代汉语具有特指和泛指两个概念而决定的。特指文言文的词汇，泛指“五四”以前汉语书面语的词汇。泛指从内容上来讲，包括文言文的词汇和古白话的词汇，但学界一般按时段把古代汉语词汇划分为上古汉语词汇、中古汉语词汇、近代汉语词汇，或按朝代来划分，如东汉词汇、明代词汇等。上古汉语词汇大致与文言文的词汇即古代汉语词汇的特指义相当。

二、古代汉语词汇所属的学科

古代汉语词汇所属的学科有：词汇学、汉语历史词汇学、汉语词汇史、古代汉语词汇学。

（一）词汇学

语言学按其三大要素分立三个学科，即语音学、词汇学和语

① 符淮青. 现代汉语词汇［M］. 北京：北京大学出版社，2004：9.

法学。词汇学就是以语言中的词汇作为研究对象的一门学科。

词汇学又分为普通词汇学和个别语言词汇学。普通词汇学是关于词汇的一般理论的学科；个别语言词汇学是研究一种具体语言的词汇的学科。普通词汇学与个别语言词汇学是一般和个别的关系，两者相互依存、紧密联系，普通词汇学是在个别语言词汇学的基础上建立和发展起来的，但普通词汇学一旦建立，反过来又具有指导个别语言词汇学的作用。

关于普通词汇学的论著有张永言的《词汇学简论》（华中工学院出版社，1982），该书共设六章：第一章是序论。讨论词汇学研究的对象、意义、任务、方法以及与其他语言学学科的联系。第二章是作为语言单位的词。讨论词的定义、名称和事物的关系、词的内部形式、词的分离性和同一性。第三章是词的意义。主要讨论了词的词汇意义——词义和概念、词的多义性、词的意义结构和词汇意义的类型、词义变化的原因和词义变化的分类问题。第四章是词汇体系中词的类别。首先讨论了词汇分类的各种原则和词的语义分类，然后重点讨论了地域方言词语、社会方言词语、新词和旧词、基本词汇、外来词、口语词汇和书语词汇、表情词汇等。第五章是同义词、反义词、同音词。主要讨论了同义词的性质、分类、来源和作用，反义词的定义、分类、作用和特点，同音词的性质、分类、来源和作用。第六章是熟语。认为熟语包括语言里的成语、谚语、格言、惯用语等，侧重讨论了成语的性质、类型、来源和作用。该书以汉语词汇的语言材料为主，兼采俄语、英语词汇的语言材料，简明且系统地论述了普通词汇学的基本原理和主要方面的内容，提出了词汇是个系统且系统中的词义互相制约的观点。该书堪称是了解普通词汇学、汉语词汇学的一把钥匙。

个别语言词汇学又可以按“历时的研究”与“共时的研究”，分为历史词汇学和描写词汇学。历史词汇学研究词汇从古到今的发展变化，描写词汇学研究词汇在某一历史阶段（一般是指现阶段）的状况和特点。自然，二者也是相互为用，不可以截然划分开来的。

关于描写词汇学的论著有刘叔新的《汉语描写词汇学》（商务印书馆，1990），该书共设十二章。第一章是导论。第二章、第三章、第四章是词汇的构成单位，认为现代汉语词汇单位只有词和词的固定组合体两大类，这三章分别讨论了现代汉语的词和词位、语素和词素、熟语等问题。第五章是词和固定语的形式。认为词和固定语的形式包括语音形式和结构形式，两者互有联系而性质殊异。探讨了单音词、多音词、四字格，同音词，词的结构和固定语的结构。第六章是词和固定语的意义。讨论了词和固定语的理性意义和感性意义，各种表达色彩，词汇意义和语法意义的区分及其结合，模糊的意义和确定的意义，词的内部形式，等等。第七章是各种词汇单位类集。讨论了基本词汇、一般词汇和常用词语，外来词和方源词（普通话里来源于方言的词），古语词、新词语和旧词语，专门词语和专名词语（专有名词）、情态词汇（大体上指的是意义中含有情态成分的词语）和评价词汇，语体分化和风格分化，关于主题义族和词语的逻辑类别，等等。第八章是词汇的范围。讨论了确定现代汉语词汇范围的必要性和基本原则，现代汉语词汇范围的基本轮廓。第九章、第十章、第十一章是结构组织。讨论了同义组的类别和特点，反义组和对比组的关系，反义组的类别和特点；分割对象组，固定搭配组和特点搭配组，互相依赖组，单项依赖组；挨连组，级次组，同语素词语族，以及以上结构组织与语义场的关系，最后通过亲属称谓的词群来揭示汉语词语结构组织之间的复杂关系。第十二章是现代汉语词汇的体系性。讨论了关于上位词与下位词以及对称系列、同源词族，现代汉语词汇体系性的表现。该书较为完备地描写了现代汉语的词汇系统，深入探讨了现代汉语词汇单位、词汇意义和形式、词汇系统等问题，并重点论述了由多种词语结构组织构成的现代汉语词汇体系。该书是一种无论在理论上还是在方法上都有创新的汉语描写词汇学著作。

（二）汉语历史词汇学

几千年来，汉语经历了漫长的发展过程，产生了许多变化。汉语的词汇也是如此，几千年来，除了一些基本词汇比较稳定之外，汉语词汇也在不断地发展变化。如果拿甲骨文、先秦诸子、六朝笔记、唐代变文、宋儒语录、元代杂剧、明清白话小说来比较，可以明显地感觉到它们的“面貌”不同，而造成这种不同的主要原因就是词汇。汉语历史词汇学就是研究汉语各个历史时期的词汇系统及其发展变化的一门学科。

蒋绍愚的《古汉语词汇纲要》（商务印书馆，2005）可以归入汉语历史词汇学。该书共设十章：第一章是训诂学、语义学、词汇学。提出要吸收我国传统训诂学和现代语义学的成果，来研究古汉语词汇和建立汉语历史词汇学。第二章是词和词义。认为要根据音义来判断是不是词，介绍了里奇关于词的六种“意义”（理性、隐含、社会、感情、联带、搭配），论述了义位、义位变体（上下文中显示的不同意义）、义位的中心意义、义素、中心义素、限定义素、义素分析。第三章是词义的发展和变化。讨论了词义发展变化概说、词的本义和词义发展的方式。认为词义的发展变化有两种：义位的增减、原有义位的变化（即扩大、缩小和转移）。论述了字的本义和词的本义及其之间的关系。认为“本无其字”的词的本义的确定有两种方法：通过整理这个词的引申系列来确定；通过同源词的研究来确定。提出词义发展的主要途径是：引申、相因生义、虚化、语法影响、修辞影响、简缩和社会原因。第四章是同义词。运用语义场、义位、义素、义域等理论来讨论同义词，讨论了训诂学中的“泛指”“特指”“浑言”“析言”及其与上位义、下位义之间的关系。第五章是反义词。介绍了莱昂斯关于反义词的分类，运用义位、义素等理论来讨论反义词；讨论了传统训诂的反训，指出反训应限定为一个词同时兼具相反二义，作者把历来的反训分为七类，认为只有三类才是反训：修辞上的反用，如“冤家”，原指仇人，但也可指自己的情人；一个词有两种反向的意义，如“受”有接受和授予二义；有的词义引申而形成反义，如“置”“废”都有弃去义，又引申为设置或放置义。第六章是词汇和语音的关系。论述了声训、右文说、清代和近代学者对音义关系的研究和关于同源词的研究。认为研究同源词，要以词为单位；判定同源词要严格按照读音相同或相近、意义相同或相关、有同一个来源三个条件。第七章是词汇和文字的关系。讨论了五种字：异体字、同形字、假借字、区别字和同源字（用来记录同源词的几个形体不同的字）。第八章是词汇和语法的关系。讨论了由语法关系而造成的词义变化，认为有的词义的发展变化，是因为长期处于某种语法位置而造成的，如“为”本是动词，由于也可以放到疑问句的句尾，就发展成为语气词；又讨论了词的转化，即通过语法变化的手段来产生新义，如“君”本是名词，表示君主，转化为动词，表示做君主。还讨论了词汇变化对语法的影响，主要表现在：一是古汉语的一些单音节的动词，到白话里要用一个词组来表达，如“颔”等同于“点头”。二是在古汉语中还常常把动作和动作的结果综合在一起，用一个词表达，这就是通常所说的“形容词的使动用法”。如“高其台”（《荀子·成相》），是“使其台高”，后来汉语产生动补结构，“使……高”由动补结构“提高”所代替，使汉语的表达更臻于精密。第九章是关于近代汉语词汇的研究。第十章是汉语的词汇系统及其发展变化。作者探讨了词汇系统的几个重要方面：一是在语言系统中，义位是怎样结合成词的；二是词在语义场中的关系，包括聚合关系和组合关系；三是词的亲属关系，可分为同源词、原有的词加上词缀构成新词、原有的词作为语素构成新词。该书把传统训诂学的成果和现代语义学理论结合起来，用现代语义学的义位、义素、语义场等理论分析词义、词汇现象，把书面语言看作一个文字、语音、词汇、语法互相影响的上位系统，把词汇和词义看作一个下位系统，把义位是怎样结合成词的、词在语义场中构成什么样的关系以及词的亲属关系看作词汇系统的重要方面，对汉语词汇历史发展中的一些带规律性的问题进行了深入的探讨。该书初步构建起汉语历史词汇学的框架。

关于汉语历史词汇学的论著还有蒋冀骋的《近代汉语词汇研究》（湖南教育出版社，1991）、方一新的《中古近代汉语词汇学》（商务印书馆，2010）等。

（三）汉语词汇史

汉语历史词汇学，学界惯称汉语词汇史。汉语词汇史是汉语史的一个分支。汉语词汇史就是研究汉语词汇的历史及其发展规律的一门学科，其要弄清楚汉语词汇在不同历史时期的基本面貌及其发展变化，探索这些发展变化的特点和原因，揭示出汉语词汇发展的内部规律。

汉语词汇史和汉语历史词汇学的区别主要在于汉语历史词汇学更强调"系统"，即要研究汉语各个历史时期的词汇系统及其发展变化。

关于汉语词汇史的论著有王力先生的《汉语史稿·第四章：词汇的发展》（中华书局，1980）、《汉语词汇史》（商务印书馆，1993），史存直的《汉语词汇史纲要》（华东师范大学出版社，1989），潘允中的《汉语词汇史概要》（上海古籍出版社，1989），向熹的《简明汉语史·词汇发展史》（商务印书馆，2010），徐朝华的《上古汉语词汇史》（商务印书馆，2003），王云路的《中古汉语词汇史》（商务印书馆，2010）。

王力先生的《汉语史稿》按语音、语法、词汇的发展对汉语史做了全面的论述，首创汉语史这门学科的框架。该书后来的修订本改为分科成书，即为《汉语语音史》《汉语语法史》《汉语词汇史》三书。《汉语词汇史》于1993年由商务印书馆出版。《汉语史稿》的第四章是“词汇的发展”，该章设八节，分别是：汉语基本词汇的形成及其发展、鸦片战争以前汉语的借词和译词、鸦片战争以后的新词、同类词和同源词、古今词义的异同、词是怎样变了意义的、概念是怎样变了名称的、成语和典故。到了《汉语词汇史》，由《汉语史稿》的“节”扩展成“章”，章数也增加、更换至十二章。其中两书同名的章（节）有鸦片战争以前汉语的借词和译词、古今词义的异同、词是怎样变了意义的、概念是怎样变了名称的、成语和典故五个章（节），其余的内容有了如下变化：一是“汉语基本词汇的形成及其发展”换成“社会的发展与词汇的发展”；二是删了“同类词”；三是“同源词”换成“同源字”“滋生词”两章；四是“鸦片战争以后的新词”修改成“鸦片战争以后的借词和译词”，其中增加了一个“音译”的内容；五是增加了“汉语对日语的影响”“汉语对朝鲜语的影响”“汉语对越南语的影响”三章。王力先生的《汉语史稿·第四章：词汇的发展》和《汉语词汇史》一直引领着汉语学界对汉语词汇和词汇史的研究。

向熹先生的《简明汉语史》，1993年由高等教育出版社出版，2010年由商务印书馆出版修订本。该书继承了王力先生《汉语史稿》的基本精神而又大有发展。其中编为“汉语词汇史”，按上古、中古、近代三个历史阶段分别描写汉语词汇的基本面貌及其特色与特点，形成三章。第一章是上古汉语词汇的发展，设了六节，分别是：从甲骨文看商代的词汇，上古汉语单音词、复音词、词义、同义词、成语和谚语的发展。第二章是中古汉语词汇的发展，也设了六节，分别是：中古汉语单音词、复音词、词义的发展，外族文化对中古汉语词汇发展的影响，中古汉语同义词、成语和谚语的发展。第三章是近代汉语词汇的发展，设了七节，分别是：近代新词的产生和蒙语、满语对汉语词汇的渗透，近代汉语复音词、词义的发展，近代西方文化对汉语词汇发展的影响，近代汉语同义词、成语和谚语的发展，“五四”以后汉语词汇的发展。向熹先生的《简明汉语史·中编：汉语词汇史》清晰地展现了三千年来汉语词汇发展的基本轮廓及其发展规律，内容丰富，新意纷呈，引例精当，语言简明，具有相当高的学术价值和极好的实用价值。

王云路先生的《中古汉语词汇史》，2010 年由商务印书馆出版。该书是当前第一部中古汉语词汇史著作。全书分上下两册，共十四章。第一章是中古汉语研究综述。第二章至第六章都是对中古汉语复音词的研究，包括中古复音词概述、中古并列式复音词、中古附加式复音词、中古其他类型复音词、中古单纯式复音词共五章内容。第七章是中古时期的单音词。第八章和第九章分上下篇研究中古时期的虚词。第十章是中古词汇的意义系统。第十一章至第十三章是三个专题性质的词汇研究，包括中古成语的发展、中古汉语词汇与外族文化、中古常用词演变研究。第十四章是中古汉语词汇的研究方法。王云路先生的《中古汉语词汇史》，体系新颖合理，构篇切中中古汉语词汇的特质，研究深入细致，重视探讨词汇系统和演变规律，是一部中古汉语词汇研究的里程碑式著作，必将推动中古汉语词汇研究朝向纵深发展。

（四）古代汉语词汇学

古代汉语词汇学，一般是指主要以文言文的词汇系统及其在现代汉语中的发展变化为研究对象的一门学科，属于汉语历史词汇学的范畴。

关于古汉语词汇学的论著有何九盈、蒋绍愚的《古汉语词汇讲话》（北京出版社，1980），赵克勤的《古汉语词汇问题》（河南人民出版社，1980）、《古代汉语词汇概要》（浙江教育出版社，1987）、《古代汉语词汇学》（商务印书馆，1994），周光庆的《古汉语词汇学简论》（华中师范大学出版社，1989）等。

赵克勤的《古代汉语词汇学》是在《古汉语词汇问题》《古代汉语词汇概要》的基础上重撰而成的一部古汉语词汇学著作。该书共设十四章：第一章是绪论。第二章是单音词。讨论了字与词的关系；以《孟子》《诗经》（单音词约占三分之二）为例，说明古汉语以单音词为主，其原因是汉字的特性为单音词的产生提供了极为便利的条件、上古时代的书写条件差、书面语与口语相分离；单音词具有多义性、灵活性、词义关系复杂性的特点。第三章是复音词。讨论了并列复音词、主从复音词、联绵字、重言词以及复音词的形成与发展。认为促成复音词发展的因素除了同义、反义、意义相关的单音词连用以及词组的固定化之外，还有书面语的变化与发展、不断吸收口语词、修辞手法的运用、外来语的增多。第四章是词义。讨论了本义、引申义、古义与今义。在讨论本义时，认为不能把字的本义与词的本义等同起来，只有当字与词一致时，词的本义就是指表示某个词的汉字最初被创造出来的本来意义。提出由假借而产生的词也有本义，探讨其本义的最主要的方法是分析词义系统，从中找出最原始的意义，这个最原始的意义就是本义。在讨论引申义时，归纳了引申的原因（方式）有抽象（如“源”由水源引申为开始、起源）、转化（如“竟”由乐曲终了引申为边境）、相关（如“兵”由兵器引申为拿兵器的人，即士兵）、相似（如“质”由以财物作抵押引申为以人作保证）、喻代（如“崩”由山陷塌比喻为帝王死）。在讨论古义与今义中，提出两者的关系有三种：古今词义基本相同，但又有细微差别；古今词义差别很大，它们之间虽有某种关系，但不太容易看出来；今义只是古义的部分义项。第五章是词义的演变。讨论了词义演变的原因和词义演变的各种情况。认为词义的演变，与社会历史的发展、古人风俗习惯的变迁、受语言内部规律的制约都有关联。词义演变的各种情况有：词义的扩大、缩小、转移、中心词义与一般词义相互转化、词义的贬降与扬升。第六章是同义词。讨论了同义词的确定、同义词形成的原因、同义词的运用、同义词的辨析。认为同义词的差别主要表现在意义、色彩和用法上，因此同义词辨析要从这三个方面来进行分析。第七章是反义词。讨论了反义词的分类、特点、运用以及反训词。把反义词分为反义、互补、反向三大类。第八章是同音词、同形词和多音词。提出了三者以及多义词的区别。第九章是因声求义。第十章是通假字。第十一章是同源字。讨论了同源字的性质、同源字的确定和研究同源字的意义。认为同源字必须包含三个要素：读音相同或相近、意义相通、同一来源。第十二章是古今字。第十三章是古书材料及训诂学研究成果的运用。第十四章是古汉语词汇研究与字词典的编纂。可见，该书比较系统地论述了古代汉语词汇及其相关的理论和知识，初步建立起切合一般读者实际的学科体系，反映了当前古代汉语词汇研究的状态和水平。

本书所讲的古代汉语词汇，其内容是根据教学需要而选择的：以古代汉语词汇学为主，另外也包含汉语历史词汇学的部分内容。侧重于两个方面：一是介绍古汉语词汇学以及汉语历史词汇学的基本理论和知识，二是讨论古汉语词汇需要进一步研究的若干视角。

三、古代汉语词汇研究的对象和任务

由于本书所讲的古代汉语词汇，其内容是以古代汉语词汇学为主，另外也包含汉语历史词汇学的部分内容，因此其研究对象和任务就是“五四”以前汉语书面语的词汇及其历史演变，以文言文的词汇为主。具体来讲，包括：古代汉语的造词法及其发展；古代汉语的构词方式及其特点；古代汉语语词的语言内部

（词与词之间、词和语言的其他要素之间）联系；古代汉语语词的语言外部（词和客观现实之间）联系；古代汉语语词的词义系统及其历史演变；古代汉语的单个词、一组词、一系列词乃至整个词汇系统的历史演变；古代汉语词汇、词义历史演变的规律和特点；古代汉语专名词语以及专门用语研究；古代汉语熟语研究；汉语史专书词汇研究；汉语史专题词汇研究；汉语史某时期词汇研究；等等。

四、古代汉语词汇学和其他学科的关系

古代汉语词汇学是在20世纪五六十年代随着汉语词汇学的形成而建立起来的。古代汉语词汇学的建立主要吸收了我国传统训诂学和普通语言学、现代语义学的成果，换言之，古代汉语词汇学与训诂学和普通语言学、现代语义学关系最为密切。事实上，古代汉语词汇学和中国语言学范畴内的文字、语音、语法、修辞都有密切的联系。

（一）古代汉语词汇学和训诂学

训诂学是我国传统语言学的一个重要部门，以古代文献语言的语义为主要研究对象，其核心是研究词义。训诂学注重探讨词的本义、由本义推衍引申义、由语音推求假借义、由语音探求语源，有大量的同义训诂和词义辨析，等等，这些训诂学的成果是古汉语词汇学的重要资源，古汉语词汇学需要充分利用。

（二）古代汉语词汇学和普通语言学、现代语义学

西方普通语言学是在19世纪建立和发展起来的，其以人类所有语言为对象，研究其一般性质和共同规律。具体些说，西方普通语言学研究语言存在的形式、内部结构及其在社会中的功能，研究语言的起源和发展规律，研究语言各个组成部分——语音、词汇、语法的共同特征等。毫无疑问，其中关于词汇的理论对于研究古代汉语词汇学具有指导意义。例如，瑞士语言学家索

绪尔提出的词汇模式分横组合与纵聚合两个方面，横组合指句子里的词的线性系列，纵聚合指一组功能相同（因而可以互相替代）的词里面哪个词用在句子里最为恰当。横组合考虑词的句法功能，是如何造成合乎语法的句子的问题；纵聚合考虑词的修辞功能，是如何产生更好的表达效果的问题。显然，纵聚合与词汇学的关系更为密切。纵聚合、横组合是研究古代汉语词汇的有力武器。

现代语义学（Semantics）是在20世纪初发展起来的，重点研究义素分析、语义场、句义结构等，把语义作为一个系统来研究。德国的语言学家特里尔认为，既然不可能考查整个词汇，不如选择一定的语义场（由一组具有丰富文化内涵而意义相联的词构成）来做考查。其次，在历史上可以选定不同的时间，比较同一语义场所发生的变化。例如，对比a，b，c三个词在第一历史时间t_1与第二历史时间t_2构成的语义场，就会有以下可能的发现：

其一，没有变化，即t_1：a，b，c→t_2：a，b，c。

其二，某个词的义域发生了变化（扩大或缩小），即t_1：a，b，c→t_2：a，b^+，c；t_1：a，b，c→t_2：a，b^-，c。

其三，某个词受到替换，即t_1：a，b，c→t_2：a，b，d。

其四，加入了某个新词，即t_1：a，b，c→t_2：a，b，c，d。

其五，减少了某个旧词，即t_1：a，b，c→t_2：a，b。

词汇是一个庞大的系统，要对其进行历史演变研究绝非易事，这也不是一两个人在有限的时间内能够完成的。而选择一个最小的或合适的语义场并对其进行历史演变研究，却是个人能在有限的时间内完成的。可见语义场理论是值得借鉴的。

（三）古代汉语词汇学和语音学

从词汇来讲，意义是内容，语音是形式。因此，词汇与语音是水乳交融、密不可分的。例如，词的制造，有“语音学造词法”，可细分为“取声命名”“拟声”“双声”“叠韵”“合音”

诸法。又如，联合式复音词、四字格的构成，都有不少在声调上是有序的，或按平仄，或按平上去入，如："风雨""松柏""鱼肉""纸墨""文武"；"桥梁""光景""空旷""引导""检验"；"山清水秀""眉开眼笑"；等等。另外，探求语源，考证同源词，论证同音通假，都离不开古音。

（四）古代汉语词汇学和文字学

文字是语言的载体，字形与字义（词义），也是形式与内容的关系。汉字是表意文字，形与义的关系更为密切，古文字尤为如此。分析字词的本义，一般要从字形出发，分析单音词的引申义、假借义，也往往从字形、本义入手。

（五）古代汉语词汇学和语法学

语法修辞是从训诂发展而来的。

字、语素、词及其区分，复合词及其与词组的区分，词的构造方法，词性的确定，词缀的作用和性质，等等，这些问题都具有双重性，语法学要讨论它们，词汇学也要讨论它们，只不过讨论的角度不同罢了。例如，复合词，语法学要讨论它们的语法构成、词性、作用等，词汇学要讨论它们的语义构成、语素义与词义的关系、词的形成与演变、词义的演变等。如"先生"，语法构成是"副+动=名"，在句中经常充当主语、宾语、定语，语义构成是偏正结构，开始是"早先出生"的意思，为词组，后凝固成词，指"年长有学问的人"，后来又演变为"老师"，以及"妻称丈夫"等。

在汉语史中，很多词的词义发展同语法发展是结合在一起的。例如，"还"（huán），繁体作"還"，从辵瞏声，本义是返回，动词。《左传·宣公六年》："楚人伐郑，取成而还。"发展到中古汉语，用在动词前面，虚化作副词，表示动作的持续，或更进一层，相当于"仍旧""更加"。古读 huán，今读 hái。如晋陶渊明的《读山海经》："既耕亦已种，且还读我书。"《杂诗十二首》之四："丈夫志四海，我愿不知老。亲戚共一处，子孙还相保。"又如，"良"，《说文》："良，善也。"本义指好的，合乎理想和要求的，形容词。《诗经·陈风·墓门》："夫也不良，国人知之。"后来"良"字用在谓词性成分前，虚化为副词，表示程度高或肯定，相当于"很""的确"。《战国策·燕策三》："左右既前斩荆轲，秦王目眩良久。"例如，《史记·赵世家》："诸将以为赵氏孤儿良已死，皆喜。"

古代汉语的词类活用现象既是语法问题，也是词义问题。例如，《史记·晋世家》："齐桓公合诸侯而国异姓。"这里的"国异姓"是指"使异姓立国"，"国"由名词临时转化为动词，表示"使……立国"的意思，从语法方面说是名词的使动用法，从词汇方面说是"国"的意义的变化。又如，《左传·襄公三十一年》："不如吾闻而药之也。"句中的"药之"是指"把之（老百姓的议论）当作药"，"药"由名词临时转化为动词，表示"把……当作药"的意思，从语法方面说是名词的意动用法，从词汇方面说是"药"的意义的变化。

（六）古代汉语词汇学和修辞学

修辞虽然是一种追求好的表达效果的语言活动，但实际上也是词汇在运用上的变化。更重要的是，某些修辞手法的运用，常常能引起词义的变化。例如，"玉"的本义是玉石，人们常常用来形容某些美好或珍贵的事物，最初无非是一种比喻；后来用得多了，约定俗成，就成了"玉"这个词的新义，如"玉音"指美好的言辞，"玉食"指珍贵的食品，"玉容"指美丽的容貌，等等。如果仍坚持用比喻来解释，一律说成"像玉一样的"，反而不容易被人们接受。又如，"虎"可以指勇猛，如"虎劲""虎将"；"牛"可以指固执，如"牛劲""牛脾气"。这些新义的产生，都是运用比喻的结果。再如，"元宵"，本来是节日名称，指夏历正月十五日的夜晚。古人习惯在元宵节吃汤圆，于是便用“元宵”作为汤圆的代称。现在北方人单说“元宵”，就是汤圆，如果指节日，则须加一“节”字，说成“元宵节”，否则听的人便会产生误解。“大夫”在古代是官名，因为宋代医官设有官阶，分为大夫、郎等，如和安大夫、合成大夫、和安郎、合成郎，于是“大夫”便成了医生的代称。作为官名的“大夫”已经死亡，而作为医生的“大夫”，却具有很强的生命力，在现代汉语中保存了下来，只不过读音变了，不念 dàfū 而念 dàifu。可见“元宵”“大夫”新义的产生，是运用借代这种修辞方式的结果。古汉语词汇与修辞的关系，也表现在复音词的形成与发展上。古汉语复音词的形成有各种各样的途径，而修辞手法的运用也是一个重要的途径。

五、汉语史专题、专书词汇等方面的研究著作选介

当代的汉语史词汇研究，有不少优秀成果，这里按照专题、专书词汇以及某一时期词汇发展等方面，各选一两种来介绍。

（一）程湘清的《汉语史专书复音词研究》

复音词是汉语史词汇研究的一个重要专题，程湘清的《汉语史专书复音词研究》是该专题的优秀成果。该书由商务印书馆于 2003 年出版，共收了一篇方法论和五篇汉语史复音词研究的论文：《写在前面——汉语史专书研究方法论》《先秦双音词研究——对〈尚书〉〈诗经〉〈论语〉〈韩非子〉双音词的考察》《〈诗经〉中的复音“过渡词”》《〈论衡〉复音词研究》《〈世说新语〉复音词研究》《变文复音词研究》。该书由何九盈先生作序。在复音词研究方面，既注重描写，又不乏解释，而且各篇采取了大体相似的研究方法，即选好专书，做穷尽性解剖；分门别类，进行系统的静态描写；探源溯流，做纵向历史比较；定性分析同定量分析相结合。该书引领着学界对汉语史专书复音词的研究。

（二）张双棣的《吕氏春秋词汇研究》

《吕氏春秋词汇研究》是国内第一部从词汇学角度对汉语史专书词汇进行全面描写的著作，作者自称是在王力先生学术思想指导下完成的。1989年由山东教育出版社出版，2008年由商务印书馆出版修订本。该书正文设九章，分别是：《吕氏春秋》的字与词、基本词、词义、新词新义、同义词、反义词、同源词、复音词、词的书写形式。前有绪论，后有附录：《吕氏春秋》用韵及韵读。该书由何九盈先生作序。其词汇研究有如下显著特点：一是研究的内容基本涵括了词汇学的各个方面；二是采取定量统计和定性分析的方法；三是考察词汇词义能够做纵向和横向的比较；四是从语音、语义、语法等方面对《吕氏春秋》中的词汇进行了全面系统的研究。

（三）汪维辉的《东汉—隋常用词演变研究》

《东汉—隋常用词演变研究》是国内第一部研究汉语某一时期的常用词的历史演变的成果。2000年由南京大学出版社出版，为"南京大学博士文丛"的一种。该书共分五章：概论；东汉—隋常用词演变研究：名词；东汉—隋常用词演变研究：动词；东汉—隋常用词演变研究：形容词；结语。其中第二章、第三章、第四章是主体，一共讨论了41组常用词从东汉到隋代的历史演变。结语是作者对常用词历史演变的若干理论问题以及东汉—隋汉语的性质的探讨。前有江蓝生先生的序，后有一篇附录，为张永言先生与作者合作的一篇论文：《关于汉语词汇史研究的一点思考》。该书的研究"都建立在丰富可靠的语料基础上，作者不仅排列用例，详加描写，而且还采用统计频率、考察词的组合关系等方法来说明同义词的演变交替过程"，并且"在总结规律、进行理论思考上也很见功夫。书中对常用词演变自身规律的探求、对常用词历史演变基本类型的归纳以及对判断新词替换旧词的标准的设定等，都很有见地，多所创获"。

第二章　词、语素和字的关系

一、词

什么是词？古今中外众说纷纭。

法国语言学家梅耶（1913）认为："词是一定的意义和一定的语音组合互相联系的结果，它具有一定的语法用途。"①

英国学者 Howard Jackson 和 Etienne Z（2000）定义为："词是不可分隔的结构单位，由一个或几个词素组成，通常在短语结构中出现。"②

吕叔湘指出：词是"语言的最小的独立运用的单位"③。

周祖谟指出："词在语言中是具有一定意义的语言形式，它是最小的能够独立运用的语言单位。"④

符淮青指出："我们把词看作是语言中有意义的能单说或用来造句的最小单位，它一般具有固定的语音形式。"⑤

《中国大百科全书》："词是比词素高一层的（语言）单位，由一个或一个以上的词素组成。词可以定义为最小的自由形式，可以由一个自由词素构成，例如'一所房'的'房'，也可能由一自由素词加上一个粘着词素（如'房子'），或一个自由词素

---

① 张永言．词汇学简论［M］．武汉：华中工学院出版社，1982：20.
② 汪榕培．他山之石，可以攻玉［J］．外语与外语教学，2001（2）.
③ 吕叔湘．语法学习［M］．北京：中国青年出版社，1953：2.
④ 周祖谟．汉语词汇讲话［M］．北京：人民教育出版社，1958：1.
⑤ 符淮青．现代汉语词汇［M］．北京：北京大学出版社，2004：1.

加上其他自由词素（如‘楼房’‘砖瓦房’）构成。”①

以上定义虽然不一，但可以领会到词的特点，具体表现在以下方面。

（一）词是社会约定的音义结合体

词由语音、语义两方面构成，语音是词的物质形式，语义是词的意义内容，两者密不可分，缺一不可。一个词具有什么语音形式和语义内容，是社会约定的，是社会成员共同遵守的。例如，“日”的语音形式是 rì，语义内容是太阳；而“月”的语音形式是 yuè，语义内容是月亮。

凡是由一定的语音（或语音组合）表示一定的语义的，都可称作语言单位。不仅是词，语素、词组等也都是有音有义的语言单位，它们的区别是各自处于特定的层面上。

（二）词是可以独立运用的最小语言单位

语言中有许多最小的单位，每一种最小的单位都有自己的范围和条件。词是可以独立运用即可以独立地用来称谓和造句的最小语言单位。

在言语活动（说话或写文章）中，要称谓有关对象，要说出或写出一句一句的话，而词就是用于称谓和造句的最小语言单位。正是在这一点上，词既有别于语素，又有别于词组。语素是具有意义的最小语言单位，其功能是构词而不是称谓和造句，不能在言语活动中自由运用。词具有独立的称谓功能和造句功能，是在言语活动中能够自由运用的最小语言单位。词组虽然也可用于称谓和造句，但不是最小的语言单位，而是可以被分离出两个或两个以上的能自由运用的最小语言单位。例如：

（1）夫人将启之。（《左传·隐公元年》）

---

① 中国大百科全书总编辑委员会《语言文字》编辑委员会．中国大百科全书·语言文字［M］．北京：中国大百科全书出版社，1988：473.

（2）愿为圣人氓。（《孟子·滕文公上》）

以上两例中能够独立运用的最小语言单位，即属于词的有："夫人"，指武姜，作主语；"将"，作状语；"启"，开门，作谓语；"之"，作宾语。"愿"，愿意，作状语；"为"，成为，作谓语，"圣人"，作定语；"氓"，从外地迁来的老百姓，作宾语。句中的"夫""圣""人"等字，虽具有一定的语义，但都不能独立运用，即没有独立的称谓功能和造句功能，它们不是词而是语素。例（2）的"圣人氓"，虽是用来称谓圣人的老百姓并充当宾语部分的，但不是最小的语言单位，而是由"圣人"和"氓"两个词组合在一起的，因而不是词而是词组。

（三）词在结构上具有完整性和定型性

是否具有完整性和定型性，这是词（合成词）和词组在结构上的区别。词作为现成的语言单位，其构词成分之间的结合是紧密的，整个词的形式是固定的。具体来讲，一是不能扩展，即中间不能插入其他语言单位；二是顺序不能颠倒。[①] 词组是词与词的临时组合，同样的两个词在不同的句子中，可能有不同的组合形式。例如：

（1）春秋教以《礼》《乐》，冬夏教以《诗》《书》。（《礼记·王制》）

（2）春秋多佳日，登高赋新诗。（陶渊明《移居》诗之二）

（3）日月忽其不淹兮，春与秋其代序。（《楚辞·离骚》）

（4）春秋忽其不淹兮，奚久留此故居。（《楚辞·远游》）

（5）且陛下富于春秋，未必尽通诸事。（《史记·李斯传》）

按例（1）、例（2）两例"春秋"都是指春季与秋季，是词组。因为是词组，所以中间可插入其他词，如例（3）为"春与秋"。例（4）、例（5）中的"春秋"则凝固成一个复音词，表示光阴、年龄，这时"春秋"的中间就不能插入其他词，而

① 高守纲．古代汉语词义通论［M］．北京：语文出版社，1994：3．

具有结构上的完整性和定型性了。

二、语素

语素或称词素。语素是构词的最小的音义结合体。词由语素构成。虽然词也是最小的音义结合体，但两者的层级或者性质不一样。语素是用来构词的，属于下一层级；词属于上一层级，是能够独立运用的语言单位。

语素从不同的角度有不同的分类。

（一）单音节语素和复音节语素

从语音形式来分，语素可以分为单音节语素和复音节语素。例如，“人”“手”“足”“口”“耳”“目”“天”“地”“山”“水”“火”等为单音节语素；“葡萄”“琵琶”“蹉跎”“参差”“仿佛”“碧琉璃”“沙琪玛”等为复音节语素。

（二）单纯语素和合成语素

从内部结构来分，语素可以分为单纯语素和合成语素。例如，“人”“手”“足”“口”“耳”“目”“葡萄”“琵琶”“蹉跎”“参差”等为单纯语素；“水墨（画）”“催眠（术）”“科学（馆）”“火车（头）”“停车（场）”“慢车（道）”“（跑）圆场”“碰碰（车）”等为合成语素。

（三）成词语素和不成词语素

从构词能力来分，可分为成词语素和不成词语素，或称为自由语素和黏着语素。

成词语素即可以独立成词的语素。有许多成词语素既可以独立成词，又可以和其他语素自由组合成复音词，例如：

天：天窗、天福、天理、苍天、晴天、普天

地：地下、地形、地角、大地、故地、圣地

人：人民、人治、人意、文人、大人、女人

不成词语素，是不能单独成词而只能与其他语素结合成词的语素，例如：

些（小点儿，小许）——些些

彬（即份。《说文》：“份，文质备也。”按小综本）——彬彬（文质兼备貌）

倏（狗奔跑）——倏忽

老——老师、老山（深山）、老天

子——主子（臣下对皇帝之称）、吾子（对对方的敬称）、桌子

（四）实语素和虚语素

根据语素的性质、功用等方面的不同，可以把语素划分为实语素和虚语素两大类。实语素是指在词内部表示概念意义的语素。虚语素是指在词内部主要表示语法意义的语素。在实语素中，根据其所表示的概念意义又可分为名词性语素（名语素）、动词性语素（动语素）、形容词性语素（形语素）、数量词性语素（数量语素）、代词性语素（代语素）等。在虚语素中，根据其所表示的语法意义又可分为副词性语素（副语素）、连接词性语素（连接语素）、语气词性语素（语气语素），以及词缀语素等。例如，“国家”中的“国”“家”，是实语素、名语素；“攻伐”中的“攻”“伐”，是实语素、动语素；“甘美”中的“甘”“美”是实语素、形语素；“三军”中的“三”是实语素、数量语素；“吾辈”中的“吾”是实语素、代语素。又如，“不安”中的“不”，“仅只”中的“仅”、“只”是虚语素、副语素；“敢于”中的“于”，“并且”中的“并”“且”是虚语素、连接语素；“而已”中的“而”“已”是虚语素、语气语素；“有周”的“有”，“沃若”中的“若”，是虚语素、词缀语素。

三、汉字

汉字是记录汉语的文字，是汉族祖先在生产劳动和生活实践中创造出来的。总体来说，汉字是一种表意文字，主要是用一个

字来代表语言里的一个语素（能单独成词和不能单独成词的语素），换言之，绝大多数汉字（字形）都有一定的读音，都表示一定的意义。但是，还有少量只有读音、不表示意义的汉字，例如，联绵字“犹豫”“仓庚”（鸟名）等中的字。又如，音译外来词“琉璃”“琵琶”等中的字。所以，汉字是一种“语素—音节”文字。①

汉语以单音节语素为主，因此，汉字是非常适合于记录汉语的。正因为如此，汉字从甲骨文、金文、大篆、小篆，到隶书、楷书，延绵三千多年，一直很好地为汉族以及其他民族人民服务。而且，可以预料，在今后相当长的时间里，汉字还能一如既往、很好地为汉族以及其他民族人民服务。

四、字与语素的关系

汉字通常代表语言里的一个语素，但汉字与语素并不完全相同，两者还是有差别的。

（一）一个字记录一个成词语素

一个字记录一个成词语素可有两种情况：一是这个成词语素单独成词（即单音词），例如，“上”“下”“左”“右”“冷”“热”“忧”“乐”“天”“地”“人”“民”等都是独立成词的成词语素，即单音词。二是这个成词语素没有单独成词，而是与其他语素结合成词，例如，“人”与“民”结合成“人民”，表示平民、百姓；“封”与“疆”结合成“封疆”，表示疆界、边疆；“师”和“旅”结合成“师旅”，表示军队。这里，“人”“民”“封”“疆”“师”“旅”虽是成词语素，但没有单独成词。

（二）一个字记录一个不成词语素

例如，“倏忽”的“倏”，一般不能独立成词，只能组合成

---

① 裘锡圭. 文字学概要［M］. 北京：商务印书馆，1988：18.

词；“老师”中的“老”，“桌子”中的“子”也不能独立成词（按：“老人”的“老”，“子女”的“子”是另外一个成词语素）。

（三）一个字记录一个音节

有些字本身不能成为语素，必须与别的字结合在一起才能构成语素，如“葡萄”“蟋蟀”“玻璃”“犹豫”等都是复音节语素，只有两个字合在一起才有意义，单个“葡”“萄”“蟋”“蟀”等字只是一个音节符号，都不是语素。

字与语素的关系可图示如下：

字
- = 成词语素
  - 单独成词，即单音词
  - 没有单独成词，和其他语素组合成词
- = 不成词语素（和其他成词语素组合成词）
- = 音节符号

所以说汉字是一种“语素—音节”文字。

五、字与词的关系

（一）一字即一词，一词即一字

古汉语词汇以单音节词为主，一个音节（形式）和一定意义（内容）结合成词，用书写形式表示就是一个字，即每个汉字都有一定的形体，有一定的读音和表达一定的意义，因此，从理论上说，字的内容（音、义）是和词一致的。东汉许慎撰《说文解字》，对9 000多个汉字做了研究，并且根据字形来说明字义，学术界公认《说文》是我国最早的一部字典。《说文》一字一般只收一义（通常是本义），只读一音，也就是说，这些字是为某些词造的，因而字形与音、义结合，字与词就一致了，所以，《说文》也未尝不可以说是我国较早的一部词典。

古代训诂学家对于字的认识多受《说文》的影响，没有意识到字和词会有所不同，他们说“字”的时候，就是指的

“词”。古代训诂学家也有用“词”或“辞”的时候，但他们所说的“词”或“辞”并不是今天所说的词，而是专指虚词。例如，《诗经·周南·芣苢》：“薄言采之。”毛传：“薄，辞也。”又《郑风·大叔于田》：“叔善射忌，又良御忌。”毛传：“忌，辞也。”《说文·八部》：“曾，词之舒也。”又《矢部》：“矣，语已词也。”清代王引之编了一部解说经传里的虚词的书，命名为《经传释词》，集中反映了传统语言学对“词”的看法。由此看来，传统语言学并不是没有划分字与词的界限，只不过这种界限与现在截然不同罢了。

（二）一字表示几个不同的词

字记录词不都是一对一的。有的字可用来记录几个不同的词，这就是一字数词、同字异词。可分为如下类型。

1．字的本用和借用

为甲词造的字，又被借用来记录与甲词音同或音近的乙、丙等词，于是几个不同的词便共用一字了。

（1）字的本用和本无其字的借用。例如：

叔$_1$——拾取，捡起。《说文·又部》：“叔，拾也。从右尗声。”《诗经·豳风·七月》：“九月叔苴。”

叔$_2$——假借为兄弟排行第三的“叔”。《仪礼·士冠礼》：“曰伯某甫，仲叔季唯其所当。”

其$_1$——本是簸箕，名词。《说文》中“其”字为“箕”的重文。《说文·箕部》：“箕，簸也。其，古文箕省。”

其$_2$——假借为代词。《庄子·逍遥游》：“北冥有鱼，其名为鲲。”这个“其”是第三人称代词。《史记·滑稽传》：“至其时，西门豹往会之河上。”这个“其”是指示代词。

其$_3$——又假借作语气副词。《左传·隐公元年》：“《诗》曰：‘孝子不匮，永锡尔类。’其是之谓乎?”

其$_4$——又假借作形容词词头，这是不成词语素。《诗经·邶风·北风》："北风其凉，雨雪其雱。"

耶$_1$（yé）——句尾语气词，表示疑问或反问：呢，吗。《战国策·齐策四》："威后问使者曰：'岁亦无恙耶？民亦无恙耶？王亦无恙耶？'"

耶$_2$（yé）——借来表示父亲，名词。后写作爺，今简化作爷。晋王羲之《苦姜帖》："汝母子佳不？力不一一。耶告。"《乐府诗集·横吹曲辞五·木兰诗》："军书十二卷，卷卷有耶名。阿耶无大儿，木兰无长兄。"

又如，表示成年男子的"夫"，借来作指示代词和语气词的"夫"；表示小麦的"来"，借来表示来往的"来"；表示"蜥易"的"易"，借来表示难易的"易"；"笨"，《说文》说它是"竹里"（竹白），从竹本声，借来表示笨拙的"笨"；古代第二人称代词，开始借用男女的"女"，后来又借用汝水的"汝"，始终没有自己的本字。表示"出也"的"之"，借来表示第三人称代词和助词"之"。表示傍晚的"莫"，借来表示无定代词"莫"和否定副词"莫"，等等。

（2）字的本用和本有其字的借用。例如：

蚤$_1$——跳蚤。《说文·蚰部》："蚤，啮人跳虫。"《庄子·秋水》："鸱鸺夜撮蚤，察毫末。"

蚤$_2$——通"早"。《史记·项羽本纪》："旦日不可不蚤自来谢项王。"早晚的"早"本有其字。《左传·宣公二年》："（赵盾）盛服将朝，尚早，坐而假寐。"

共$_1$——共同，同有。《说文·共部》："共，同也。"《论语·公冶长》："愿车马衣轻裘，与朋友共，敝之而无憾。"

共$_2$——通“恭”，恭敬。《左传·文公十八年》：“父义、母慈、兄友、弟共、子孝，内平外成。”而“恭敬”的“恭”，本有其字。《论语·颜渊》：“君子敬而无失，与人恭而有礼。”

共$_3$——通“供”，供给。《周礼·夏官·羊人》：“共其羊牲。”郑玄注：“共，犹给也。”《左传·僖公四年》：“王祭不共，无以缩酒。”而“供给”的“供”，本有其字。《尚书·费誓》：“甲戌，我惟筑，无敢不供。”

惠$_1$——仁慈，仁爱。《说文·叀部》：“惠，仁也。”《诗经·小雅·节南山》：“昊天不惠，降此大戾。”

惠$_2$——通“慧”，聪慧。《列子·汤问》：“甚矣，汝之不惠！”《后汉书·孔融传》：“炜曰：‘夫人小而聪了，大未必奇。’融应声曰：‘观君所言，将不早惠乎？’”而聪慧的“慧”，本有其字。《说文》：“慧，儇也。”《孟子·公孙丑上》：“虽有智慧，不如乘势。”

又如，“台”是我，又通“怡”，表示喜悦；“吟”是呻吟，又通“噤”（jìn），表示闭口；“哲”是有智慧，又通“折”，用于“折狱”（审理案件，决狱）；“员”本是“圆”，表示圆形，又通“云”，语气词；“问”是询问，又通“闻”（wèn），表示声誉；“锡”是一种白色的金属，又通“赐”，表示赏赐；等等。

2. 同形字

字形结构相同，但却是为不同的词而造的字，这样的字叫同形字（也是一种同形词）。同形字之间不是依音借用关系，同形字所记录的语词之间没有引申派生关系。例如：

找$_1$（huá）——《集韵·麻韵》：“划、找，舟进竿谓之划，或从手。”“找”是划船的“划”的异体。

找$_2$（zhǎo）——①寻觅。明沈榜《宛署杂记·民风二》：

"寻取曰找。"《红楼梦》第三十一回："这可丢了！往那里找去?"②退有余，补不足。明方以智《通雅·谚原》："补不足曰找。"《西游记》第八十九回："前者领银二十两，仍欠五两。这个就是客人，跟来找银子的。"

炮$_1$（páo）——用烂泥涂裹食物置火中煨烤。《说文·火部》："炮，毛炙肉也。从火包声。"《诗经·小雅·瓠叶》："有兔斯首，炮之燔之。"孔颖达疏："并毛而炮之。"《礼记·礼运》："以炮以燔，以亨以炙。"郑玄注："炮，裹烧之也。"

炮$_2$（pào）——火炮。古代的炮最早是用机械发射石头的。火药发明后，改用火药发射铁弹丸。今指口径在两厘米以上，能发射炮弹的重型武器。《清史稿·兵志三》："令江南机器局拨解新式快枪三千枝，快炮七尊。"

怕$_1$（bó）——恬淡，淡泊。《说文·心部》："怕，无为也。从心白声。"《文选·司马相如〈子虚赋〉》："怕乎无为，憺乎自持。"李善注："怕与泊同。"《史记》《汉书》作"泊乎无为"。这个词后来用"泊"字表示。

怕$_2$（pà）——害怕，惧怕。《论衡·四讳》："孝者怕入刑辟。"唐元稹《侠客行》诗："侠客不怕死，怕在事不成。"宋辛弃疾《祝英台近·晚春》词："怕上层楼，十日九风雨。"

同形字所记录的词，都可由它们共用的字形得到解释或提示。例如，义为"淡泊"的"怕"和害怕的"怕"，这两个词表示的都是心理活动，读音都与"白"相近，"怕"字从"心"，"白"声，对上述两词具有同等程度的提示作用。

在字与词的关系上，同形字正好与异体字相反，异体字是同词异字，同形字是同字异词。

同形字与上面所讲的字的本用和借用有同有异，相同的是它们所记录的语词之间都没有引申派生关系；不同的是，字的借用是“借”，为某词依音借用一个同音字来表示，同形字之间是“同”，分别为不同的词造字，不谋而合地采用了同样的形体。

3. 意义没联系的繁体字简化合一

新中国成立后，国家有关部门对汉字进行了卓有成效的整理工作，1964 年发布了《简化字总表》，共收简化字 2 336 个。繁简字之间的对应关系，大体有以下三种。

第一，繁简字是一对一的关系，例如：

爱［愛］、语［語］、航［航］

第二，几个意义有联系的繁体字简化成一个字，例如：

恶：惡噁（無惡 è 不作、惡劣；深惡 wù 痛絕/噁 ě 心）

复：復複（反復、恢復、大幅/重複）

获：獲穫（不勞而獲、獲悉/收穫）

汇：匯彙（匯流、匯款/彙集、詞彙）

弥：彌瀰（彌天、彌補、欲蓋彌彰/瀰漫）

团：團糰（團扇、團聚、兵團、劇團/飯糰）

第三，几个意义没有联系的繁体字简化成一个字，例如：

丑：丑醜（子丑寅卯/美醜）

斗：斗鬥［鬪鬭］（斗 dǒu 升、漏斗/鬥 dòu 毆、鬥嘴）

谷：谷穀（山谷/五穀）

干：干乾幹（干 gān 犯、相干、干戈、干支/乾 gān 柴、乾媽/樹幹 gàn、埋頭苦幹）

（按：其中“干”和“乾”“幹”在意义上是没有联系的）

后：后後（君后、皇后/前後、後天）

划：划劃（划 huá 船、划算/劃 huá 玻璃、劃 huà 分）

几：几幾（茶几 jī/幾 jī 乎、幾 jǐ 次、十幾歲）

里：里裏［裡］（鄰里、里程/表裏、裏外）

面：面［靣］麵［麪］（臉面、地面、一面鏡子/麵粉、麵條）

蔑：蔑衊（蔑視、篾席/誣衊）

叶：叶葉（叶 xié 韵/樹葉 yè、二十世紀中葉）

云：云雲（子曰诗云/雲雨、雲南）

以上是几个繁体字简化后合用其中一个笔画少的字。

当：當噹（相當 dāng、擔當；妥當 dàng/叮噹 dāng）

发：發髮（發 fā 射/頭髮 fà）

尽：盡儘（想盡 jìn 辦法、盡善盡美、盡數收回/儘 jǐn 前頭、儘早、先儘客人吃）

苏：蘇甦囌（紫蘇、江蘇/甦醒/嚕囌）

台：臺檯颱（講臺、鍋臺、一臺戲、天文臺、臺灣/寫字檯/颱風）

（按：其中“臺”“檯”与“颱”在意义上是没有联系的）

须：須鬚（必須/鬍鬚）

只：隻衹（隻 zhī 身、一隻/衹 zhǐ 得、衹有）

钟：鐘鍾（鐘錶、鐘點/鍾情、鍾馗）

以上是几个繁体字简化成另一个简体字。

这第三种类型的简化字，即是一字多词。在阅读古籍时，要特别注意这种现象，不要把繁简对应关系搞错了。

（三）一字即一合音词

在古代汉语中，还有少量的合音词，也称为兼词、合音，是用一个字来表示由两个单音节词快读而合成的单音节词。这是古代汉语字、词关系中的特殊现象。常见的有：

“诸”（zhū）是“之乎”或“之於”的合音。

按：“诸”用于疑问句句尾，相当于“之乎”的合音。《礼记·檀弓下》：“子张问曰：《书》云：‘高宗三年不言，言乃讙。’有诸?”“诸”用于句中，相当于“之於”的合音。《左传·隐公元年》："段入于鄢。公伐诸鄢。"

"旃"（zhān）是"之焉"的合音。

按："旃"字用在句尾，为"之焉"的合音。《诗经·唐风·采苓》："舍旃舍旃，苟亦无然。"

"叵"（pǒ）是"不可"的合音。

按：《后汉书·吕布传》："布目备曰：'大耳儿最叵信！'"

"飙"是"扶摇"的合音。

按："扶摇"指从下而上的暴风。"扶"古声母为b，"扶摇"快读为biāo。

"茨"（cí）是"蒺藜"的合音。

按："茨""蒺"古双声（从母），"茨""藜"古叠韵（脂部），所以"蒺藜"古快读为"茨"。《诗经·墉风·墙有茨》："墙有茨，不可埽也。"毛传："茨，蒺藜也。"

"钲"（zhēng）是"丁宁"的合音。

按："钲"是一种有长柄，形似鐘而狭长的古乐器，又名"丁宁"。"丁""钲"声近（端纽、章纽。古无舌上音，舌上归舌头），"宁""钲"叠韵（耕部），"丁宁"合音为"钲"。

"陴"（pí）是"俾倪"的合音。

按："俾倪"（pìní），或作"睥睨""埤堄"，叠韵联绵字，指城上的短墙。《墨子·备城门》："俾倪广三尺，高二尺五寸。"《说文·阜部》："陴，城上女墙，俾倪也。"指城墙上矮小的墙，也就是俾倪。"俾""陴"双声，"倪""陴"叠韵，"俾倪"合音为“障”。

(四) 一字即一合文

合文，又称为合书，就是把两个或三个字合写在一起，成为一个字。这是古文字共见的现象。例如，《甲骨文编》中收录了371个合文，有 （上帝）、（小父）、（一月）、（大乙）、（祖甲）、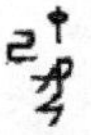（中母己），等等。从这些合文的结构来看，当时人们是把这种合文的内容作为整体概念来记录的，所以它们是一个复音节的合形词。合文后代也偶见，例如，把“千瓦”写作“瓩”。汉语史中还有一种合文，即把两个或三个字合并、简省成一个字，但依然读两个或三个音节，例如，在敦煌变文中，把“菩萨”写成“𦬁”，仍读 púsà；把“菩提”写成“𦬀”，仍读 pútí；如今，有人把“图书馆”写作“圕”，仍读 túshūguǎn。

(五) 一字即一语素，两个以上的有意义的字（语素）合成一个词

例如，“朋友”“跋涉”“劳苦”“阿奴”（中古汉语尊长对卑幼者的昵称），这些词里的字，个个都有意思，都是一个语素，它们合成一个复音词。

(六) 一字即一音节符号，两个以上没有意义的字（音节符号）合成一个词

例如，“髯发”“珊瑚”“潇洒”（自然大方，毫不拘束。首见于六朝）、“叨叨”（也作“刀刀”，话多，啰嗦。首见于唐朝），这些词里的字，个个没有意思，只是一个音节符号，两个字合起来才表示一个语素、一个词。

(七) 一个词用几个不同的字来表示

有的单音词可用几个不同的字来表示，这就是一词数字，也

就是同词异字。同词异字有如下类型。

1．一个单音词用一组异体字来表示

异体字是指读音和意义完全相同，但写法不同的字。异体字或称为“异体”“异文”“或体”“别体”。另外，异体字又指与“正体字”相对的字。例如（下面各组字中第一字是正体字，后面的是异体字）：

（1）泪淚；个箇

（2）猪豬；歡讙驩懽

（3）猿猨；梅楳

（4）群羣；鹅鵞

（5）村邨；炮礮

（6）虚虗；更叓

异体字是分别为同一个语词创制的，因而造成同词异字。异体字的形体结构，有的是造字方法不同，例（1）“泪”是会意，“淚”是形声；“个”是象形，“箇”是形声。有的是形声字的形符不同，如例（2）；有的是形声字的声符不同，如例（3）；有的是偏旁位置不同，如例（4）；有的是形声字的形符、声符都不同，如例（5）；有的是保留古字形，如例（6），后字是前字的古字形。

正字与俗字也是一种异体字。正字就是结构和笔画正确，并且符合当时书写规范的汉字标准字体，俗字是相对于正字而言的一种非正式或准正式字体。“俗字”也称为“俗体”“俗书”“俗文”“别字”“伪字”“破字”“小写”“手头字”。例如（下面各组字中第一字是正字，后面的是俗字）：

（1）沐沭、明眀；達逹、傳傳；凡九、志志（增减或改变笔画）

（2）蒿槁、紙帋；蹤踨、藩蕃；佛仏、學斈（增减或改造部件）

(3) 亭䗖榱、寳瓉；圖啚、鶴隺；牢窂、第苐（增减或改变形旁）

(4) 聲（從耳殸聲）声；歸（從止，從婦省，𠂤 duī 聲）归；擣搗、憐怜（减省或改变声旁）

(5) 案桉、嚣嚻、障鄣、蘇蕬（改变偏旁位置）

(6) 長长、為为、本夲、馬马（草书楷化）

(7) 石榴、石磂；滋味、嗞味（字形类化）

(8) 嬢娘、觀官；方荒、妄亡（同音或音近替代）

(9) 辯諍、老鬼、萬万、異异（全新创造）

俗字和正字比较，正字总是占据着主导的地位，俗字则处于从属的地位。但是，它们之间的关系并不是一成不变的，它们往往随着时代的发展而不断地发生变化。如《说文·䖵部》："蟁，啮人飞虫。从䖵，民声。蚊，俗蟁。从虫，从文。"又《说文·先部》："兂，首笄也。从人，匕象簪形。簪，俗兂。从竹，从朁。"这就是说，在东汉许慎时以"蚊"为"蟁"的俗体，以"簪"为"兂"的俗体。到了南北朝，有的正体字只作为异体字保留，俗体字反而升格为当时的正体字。例如，《宋本玉篇·䖵部》："蟁，亡云切，啮人飞虫也。今作蚊。"又《宋本玉篇·虫部》："蚊，亡云切，啮人飞虫，亦作蟁、䘇。"又《宋本玉篇·竹部》："簪，侧林切，冠簪也。"又《宋本玉篇·兂部》："兂，仄林切，首笄也，今作簪。"上面例子中的"蚊""簪"均作为正体字保留到现在。而"蟁""兂"两字的情况各有不同。"蟁"字则只在南北朝时作为"蚊"的异体保留，"兂"字从南北朝到宋代仍作为"簪"的异体保留，例如，宋丁度《集韵·侵韵》："兂，或作簪。"但到了明代则变成了"簪"的古文。又如，明张自烈《正字通·儿部》："兂，古文簪。"可见正体字与俗体字之间的关系是在不断地变化的，而各自变化的情况也不一样。

俗体字与异体字之间的关系是极为密切的，异体字里包含俗字，但俗字只能是异体字中的一部分。

2. 一个单音词用一组本字和通假字来表示

通假字是指古代汉语书面语中，依据音同或音近的关系而用另一个字来代替本字或通用字的现象，即本有其字的假借字。通假字也叫“借字”“假字”。通假字、本字记录的是同一个词，因而造成同词异字。例如（下面各组字中第一字是本字，后面的是通假字）：

（1）早蚤；修脩；飛蜚；措錯

（2）誓矢；伸信；馈歸；佯详

（3）犹由；有又

例（1）、例（2）是用另一字来代替本字，例（3）是用另一字来代替通用字；例（1）、例（3）是同音通假，例（2）是音近通假。

通假字和异体字不同。异体字是为同一个词造的，通假字本来是为另一个词造的。异体字的换用是无条件的，是双向的；通假字，特别是用频高的通假字，一般来说，是有条件的，是单向的。例如，只见借“信”为“伸”的，未见借“伸”为“信”的。

3. 一个单音词用一组古今字来表示

表示某一意义，先世用A字，后代用B字，那么A、B就是一组古今字。古字又叫始用字，今字又叫区别字或累增字。例如（下面各组字中第一字是古字，后面的是今字）：

（1）反返；取娶；陈阵；说悦

（2）辟避；戚感；采彩；罷疲

（3）益溢；要腰；暴曝；監鑑

（4）隊墜；然燃；孰熟；莫暮

例（1）是前字的词义引申得远了，人们为了避免误解、混淆，后来就为这远引申义另外造了一个字，这就是区别字。记录同样的一个词，起初用的是一个字，后来用的是区别字，于是造成同词异字。“反”本义为翻转，引申为返回，后为区别其见，另造“返”表示这个引申义。“取娶”“陈阵”“说悦”均如此。

例（2）的前字是假借为他义，后来为了区别起见，为这假借义而另造区别字。“辟”本义为法度、法律，借用为“避”这个书写形式，后另造“避”字，以与当法度法律讲的“辟”相区别。同样是表示躲避、逃避，起初用“辟”字，后用“避”字，从而造成同词异字。其他“戚慼”“采彩”“罷疲”均如此。

例（3）的前字是引申为他义，后来为了区别起见，另为本义造区别字，这种区别字又叫累增字。因为前字本来就是为本义造的，已经有了表意符号，而区别字又再增加一个表意符号，故称累增字。“益”本当漫溢讲。《吕氏春秋·察今》：“澭水暴益。”后来引申为增益、利益、愈益等几个义项。为了区别起见，为其本义另造“溢”字，这是累增字。“要腰”“暴曝”“監鑑”等均如此。

例（4）的字是假借为他义，后来为了区别起见，另为本义造区别字，这种区别字也是累增字。“隊”字本义为坠落。而后假借为队列义，记录另一个词。后来，为区别起见，又为本义另造了个“墜”字。这样，同样是坠落的“坠”这个词，开始用“隊”字表示，后来用“墜”字表示，从而造成同词异字。其他“然燃”“孰熟”“莫暮”也是这样。

古今字、异体字、通假字虽然都造成同词异字，但它们是有所不同的，异体字、通假字是共时现象，而古今字是历时现象。从字形对比关系看，古今字和异体字、通假字也有明显的区别。绝大部分今字都是由古字再加一个形符造成的，例如，“益”加水旁为“溢”，“然”加“火”为“燃”，“队”加“土”为“坠”，“莫”加“日”为“暮”。有的是形符替换，例如，从“说”到“悦”，以“心”换“言”。个别的是略加改变笔画，如“陈→阵”。异体字之间和通假字与本字之间的形体对比关系，就多种多样了，不像古今字那样较为单纯、有规律可循。

4. 一个复音词或其中一个音节、一个语素用几个不同的字来表示

例如，“葡萄—蒲陶”，“融融—肜肜”，“丁东—丁冬—叮咚”，“雷同—靁同”，“江妃—江婓—江婔”等，比较复杂。

总之，古代汉语字与词的关系是比较复杂的，学习词汇学，要建立起词的概念，要打破字形的束缚，从而真正步入古代汉语词汇学的殿堂。

第三章　古代汉语中词的读音问题

词是一个音义结合体。在古代汉语中，词的读音也是一个重要的内容。由于有音韵学，这里选讲跟词汇词义相关或音韵学不太注意的问题。

一、汉语史中字词的注音方法

汉字是表意文字，汉字的读音要通过其他符号来标注。而今是运用“汉语拼音方案”来注音。《汉语拼音方案》完全采用拉丁字母作为拼音符号，是 1955 年至 1957 年研制、1958 年 2 月 11 日由全国人大批准公布推行的。这是一套比较科学的拼音字母，至今使用了 50 多年。1982 年，国际标准化组织把这套拼音字母作为拼写汉语的国际标准。

那么，我国古代是怎样给汉字注音的呢？首先，汉代人探索了“譬况”“读若（读如）”“直音”等注音方法，而后，大约在东汉末年发明了“反切”注音法。反切法是我国古代最主要的注音法，一直用到 1918 年注音字母推行之前。

（一）譬况法

譬况法，就是拿一个读音相关的字做比况，说明要注音的字跟那个读音相关字在发音部位或发音方法上有什么不同；或者直接比较两个要注音的字（或同一字的两种读音）在发音部位或发音方法上有什么不同，从而了解要注音的字的读音。例如：

(1)《淮南子·原道》：“蛟龙水居，虎豹山处，天地之性也。”高诱注：“蛟，读人情性交易之交，缓气言乃得耳。”

(2)《淮南子·坠形》：“其地宜黍，多旄犀。”高诱注：

“旄读近绸缪之缪，急气言乃得之。”

(3)《公羊传·宣公八年》：“曷为或言而，或言乃？乃难乎而也。”何休注：“言乃者，内而深；言而者，外而浅。”

(4)《公羊传·庄公二十八年》：“《春秋》伐者为客，伐者为主。”何休注：“伐人者为客，读伐长言之，齐人语也。见伐者为主，读伐短言之，齐人语也。”

譬况之法，注音含混不清，不能达到准确注音的目的，效果不佳，没能通行。

(二) 读若法

读若法，就是运用术语“读若”或“读如”来注明要注音的字读得像读若字的音。例如：

(1)《说文·玉部》：“瑈，玉也。读若柔。”

(2)《说文·玉部》：“�，朽玉也。读若畜牧之畜。”

(3)《说文·匚部》：“匿，亡也。读如羊驺棰。”

(4)《仪礼·聘礼》：“车秉有五籔。”郑玄注：“籔读若不数之数。”

(5)《礼记·玉藻》：“缟冠素纰。”郑玄注：“纰，读如埤益之埤。”

读若之法，注音不准确，效果不佳，也没能通行。

(三) 直音法

直音法，就是用一个同音字来给要注音的字注音。例如：

(1)《说文·肉部》：“肙(yuàn)，小虫也。从肉口声。一曰空也。”徐铉曰：“口，音韦。”

(2)《史记·东越传》：“封横海校尉福为缭嫈侯。”《索隐》引服虔云：“嫈音荣，县名。”

(3)《汉书·宣帝纪》：“受诗于东海澓中翁。”服虔曰：“澓音馥。”

直音法简便易读，乐为古人采用。但其局限性也很明显，当某字没有简易的同音字时，就没有办法注音了。于是唐人又采用一种改变声调的直音法，以弥补直音法的不足。例如，唐代唐玄度《九经字样》："殷，隐平"，又"买，埋上"，又"忼，康去"。直音法一直沿用到现代，旧版《辞源》《辞海》还沿用这种注音方法。但直音法一般是作为一种辅助的注音方法。

（四）反切法

反切法，是用两个汉字来为一个汉字注音的方法。这种注音方法开始叫"某某反"，后来改称"某某切"，今天则合称反切。例如，《切韵》"冬"韵的第一条切语是"冬，都宗反"，《广韵》改为"冬，都宗切"。在"冬，都宗反（切）"里，"冬"是被切字，"都宗反（切）"叫切语，其中"都"是反切上字，"宗"是反切下字，"反""切"相当于拼音的"拼"。"都宗"两字相拼就是被切字"冬"的读音。

反切的基本原理是：反切上字与被切字的声母相同，反切下字与被切字的韵母和声调相同，上、下字相拼就是被切字的读音。换言之，即上字取声，下字取韵和调，合起来就是被切字的读音。例如（下列切语取自《广韵》）：

鬆，私宗切。══s（私）+ōng（宗）→sōng

炵，他冬切。══t（他）+ōng（冬）→tōng

但是，由于从唐宋到元代以至现代，汉语语音发生了很大的变化，其中一条变化就是"平分阴阳"，即唐宋时的平声发展到元代以后分为阴平和阳平两个声调：清音平声发展为阴平，浊音平声发展为阳平。这样，反映到唐宋时的切语中，当下字是平声（包括阴平、阳平）时，被切字在现代汉语中是读阴平还是阳平要由上字的清浊来确定：上字是清声母的，被切字就是阴平；上字是浊声母的，被切字就是阳平。例如：

东，德红切。══d（德。按端纽，属于全清）+óng（红）→dōng

魂，户昆切。——h（户。按匣纽，属于全浊）+ūn（昆）→hún

反切法产生于东汉末年服虔、应劭时代。该法注音准确，能为一切汉字注音，成为我国古代主要的注音法，一直用到 1918 年注音字母推行之前。今天要了解一个汉字的古代读音，就要查找该字的反切。查反切，可以查找《切韵》《广韵》《洪武正韵》一类韵书，或者《经典释文》《一切经音义》一类的音义书，或者《玉篇》《类篇》《康熙字典》一类的字典，当然也可以查找今人根据《切韵》《广韵》《玉篇》等辞书编写的工具书，如《古今字音对照手册》《汉字古音手册》《汉语大字典》等。

（五）注音字母

注音字母，是我国第一套法定的汉字形式的拼音字母，1913 年议定、1918 年由北洋政府教育部公布推行。1930 年国民党政府将其改名为“注音符号”。这套注音字母共采用 24 个声母符号（加大括号的声母，是拼注北京音所不用的），3 个介母符号，13 个韵母符号（韵母ㄝ拼音时只作ㄧㄝ和ㄩㄝ）。例如（注音字母后列的是相应的汉字和汉语拼音方案的字母）：

声母： ㄅ玻 b　ㄆ坡 p　ㄇ摸 m　ㄈ佛 f　{万}（物）

ㄉ得 d　ㄊ特 t　ㄋ讷 n　ㄌ勒 l

ㄍ哥 g　ㄎ科 k　{兀}（额）ㄏ喝 h

ㄐ基 j　ㄑ欺 q　{广}（尼）ㄒ希 x

ㄓ知 zh　ㄔ蚩 ch　ㄕ诗 sh　ㄖ日 r

ㄗ资 z　ㄘ雌 c　ㄙ思 s

介母： ㄧ衣 i　ㄨ乌 u　ㄩ迂 ü

韵母： ㄚ啊 a　ㄛ（喔）o　ㄜ鹅 e［ɤ］　ㄝ（椰）e［ɛ］

ㄞ哀 ai　ㄟ（欸）ei　ㄠ熬 ao　ㄡ欧 ou

ㄢ安 an　ㄣ恩 en　ㄤ昂 ang　ㄥ（亨）eng

儿（儿）er

声调：阴平ˉ（可不用）、阳平ˊ、上声ˇ、去声ˋ、入声˙（后来不用）

说明：韵母ㄝ拼音时只作ㄧㄝ、ㄩㄝ。

这套注音字母的特点是字母全都是笔画简单的古汉字，音节拼写采用声、介、韵三拼法，声调另加标记，标在韵母上端。

注音字母一直使用到1958年《汉语拼音方案》公布推行之前。

二、古代汉语中词的读音特点

（一）以一个读音的词为主，但也有不少几个读音的词

例如，“亠”部字，据《王力古汉语字典》，一个读音的词有：亡、交、亦、亥、享、京、亭、亮、亳、亶；几个读音的词有：亢（gāng、kàng）、亨（hēng、xiǎng、pēng）、亹（wěi、mén）。

（二）词的读音是发展变化的

时有古今，音有转移。例如，五代出现的唇齿音，在五代以前是读重唇音的；明代开始的部分收 -n 尾音字，如“南”“三”“咸”“深”“琴”等，在明代以前是收 -m 尾音的；在元代时，平分阴阳、阳上变去、入派三声，而在元代以前，是没有这种分化的。

词的读音的发展变化，从唐宋诗词的押韵字往往能感觉得到，例如，唐顾况《送李道士》：

人境年虚掷，仙源日未斜。
羡君乘竹杖，辞我隐桃花。
鸟去宁知路，云飞似忆家。
莫愁客鬓改，自有紫河车。

在《送李道士》一诗中，“斜”“花”“家”“车”押韵，说明它们在唐代是同韵的，但以今音读之，“斜”“车”和“花”

"家"就不同韵了。

又如，唐聂夷中《燕台》二首之一：

燕台累黄金，上欲招儒雅。
贵得贤士来，更下于隗者。
自然乐毅徒，趋风走天下。
何必驰凤书，旁求向林野。

在《燕台》一诗中，"雅""者""下""野"押韵，说明它们在唐代是同韵同声调的，但以今音读之，既不同韵，也不同调。

三、提倡用现代汉语普通话朗读古代诗文

有人用上古音来朗读《诗经》，用中古音来朗读唐宋诗词，有人用方言来朗读古代诗文，但这只能作为专家或者个人的爱好，提倡用标准的现代汉语普通话来朗读古代诗文。

然而有一个问题值得探讨，即唐宋诗词中入声字的读音问题。唐宋诗词是中国传统文化的奇葩，在声韵上抑扬顿挫、和谐优美。然而，今天用现代汉语普通话来朗读，由于部分入声字变成了平声，致使朗读其中一些由入声变成平声的字时常常会破坏诗词的抑扬顿挫之美。因此建议在朗读唐宋诗词时，不妨先将这些今读平声的古入声字圈上圈，然后将其读成一个短促调（如果方言中有入声就按方言读音），或许这样能够弥补用普通话朗读时所带来的遗憾。当然，这样做的另一意义是可以记住一批入声字，这对于学习古代汉语是很有好处的。例如（外加方框的为今读平声的古入声字，另外，下加双横线的为今读仄声的古入声字）：

泊秦淮

杜　牧

烟笼寒水<u>月</u>笼沙，夜[泊]秦淮近酒家。

商女不知亡国恨，隔江犹唱后庭花。

登高

杜甫

风急天高猿啸哀，渚清沙白鸟飞回。
无边落木萧萧下，不尽长江滚滚来。
万里悲秋常作客，百年多病独登台。
艰难苦恨繁霜鬓，潦倒新停浊酒杯。

四、古代汉语异读词的今读问题

什么是异读词？有狭义、广义两说。《普通话异读词审音表（初稿）》定义为：某字在同一词条中有不同读音，这个词即为异读词。如“波”字在“波浪”中有 bō、pō 两读，“波浪”即被定为异读词。该定义是狭义，即某一书写形式表示同样的意义，而有不同的读音。《普通话异读词审音表》规定：本表所审，主要是普通话有异读的词和有异读的作为“语素”的字。不列出多音多义字的全部读音和全部义项，与字典、词典形式不同。例如，“和”字有多种义项和读音（按有 hé、hè、hú、huó、huò、huo 等），而本表仅列出原有异读的八条词语，分别列于 hè（按唱和、附和、曲高和寡）和 huo（按掺和、搅和、暖和、热和、软和）两种读音之下，其余无异读的音、义均不涉及。该定义是广义，即某一书写形式读不同的读音，表示不同的意义。广义的异读词就是多音词。

从异读词产生的来源来看，异读词可分为破音异读、文白异读、方音异读、例外音变形成的异读等。

在古代汉语中，一个词的意义引申得远了，有的还改变了词性，人们往往改变这个词的读音来加以区别。后人读书时，便要加以区分。

凡是一个字词使用转化后的意义、按照转化后的读音来读，就叫做“破读”，也叫做“读破”“破字”“破音”等。相应地，凡是一个字词使用本来的意义，按照本来的读音来读，就叫“如字”。例如，《史记·淮阴侯传》：“（汉王）解衣衣我，推食食我。”前一个“衣”和“食”是如字，读作 yī、shí，表示衣服、饭食；后一个“衣”和“食”属破读，读作 yì、sì，表示穿衣、吃饭。

破读大多采用改变声调的方法，而且绝大多数是把原来读为平声、上声的字词变读为去声。这种做法，又叫做“四声别义”。例如：

“妻”，旧指男子的嫡配，名词。七奚切，平声。引申为嫁给，动词。变读七记切，去声。

“藏”，隐藏，潜匿，动词。昨郎切，平声。义转为储存东西的地方，宝藏，名词。变读徂浪切，去声。

“好”，女子貌美，泛指优良、良好，形容词。呼皓切，上声。义转为喜爱、爱好，动词。变读呼到切，去声。

“语”，谈话、谈论，不及物动词。鱼巨切，上声。《论语·乡党》：“食不语，寝不言。”义转为告诉，及物动词。变读鱼据反，去声。《左传·隐公元年》：“公语之故，且告之悔。”陆德明释文：“语，鱼据反。”

“当”，相当，匹配。动词。都郎切，平声。义转为适当，适合。还是动词。变读丁浪切，去声。

“倒”，仆倒，跌倒。动词。都皓切，上声。义转为把位置、方向、性质等颠倒过来。还是动词。变读都到切，去声。

对于古书中的异读词，今天应该怎样去读呢？

（一）《普通话异读词审音表》已经审定的异读词

普通话审音委员会曾于 1957 年到 1962 年分三次发表了《普

通话异读词审音表（初稿）》，并于1963年辑录成《普通话异读词三次审音总表（初稿）》。到1985年，又进行了修订工作，并于1985年12月发表了《普通话异读词审音表》，该表一共审音840条。这是国家标准，应严格按照该表所审定的读音来读。读今天的文献是如此，读古文也应如此。

《普通话异读词审音表》所审定的读音可分为统读类、只音类、多音类三类。

1. 统读类

有些字词，古代有异读，《审音表》规定统读一音。因此，在朗读古诗文时，遇到这些字词，应统读此音。例如：

（1）《普通话异读词审音表》：凹 āo（统读）

《广韵》："凹，下也。或作容。乌洽切。"入声洽韵影纽。又《集韵》："凹，窊也。於交切。"平声爻韵影纽。

按：今读古诗文中的"凹"，均应统读 āo。

（2）《普通话异读词审音表》：阐 chǎn（统读）

《广韵》："阐，昌善切。大也。明也。开也。"上声狝韵昌纽。又《集韵》："阐，开也。明也。称延切。"平声仙韵昌纽。

按：今读古诗文中的"阐"，均应统读 chǎn。

（3）《普通话异读词审音表》：胜 shèng（统读）

《广韵》："胜，任也，举也。《说文》本从舟，经典省作月。他皆仿此。识蒸切。又书证切。"平声蒸韵书纽。又："胜，诗证切。胜负，又加也，克也，亦州名。又诗陵切。"去声证韵书纽。

按：今读古诗文中的"胜"，均应统读 shèng。

《普通话异读词审音表》中，规定统读的字词还有："癌（ái）""霭（ǎi）""蔼（ǎi）""隘（ài）""谙（ān）""埯（ǎn）""昂（áng）"等，共586条。

2. 只音类

有些字词，古代有几种读音，《普通话异读词审音表》只审定其中有异读的词语的读音。例如，“艾 yì　自怨自～”。意谓“艾”是多音字词，其中“自怨自～”中的“艾”有异读，现审定此“艾”读 yì。至于“艾”的 ài 音没有异读，不需审定。

此类一共有 133 条。

3. 多音类

《普通话异读词审音表》中，有审定两个或两个以上的读音的。例如：

(1) 挨（一）āi：～个、～近；（二）ái：～打、～说

(2) 拗（一）ào：～口；（二）niù：执～、脾气很～

在多音类中，有一类文白异读，《普通话异读词审音表》以“文”和“语”做注说明。以“文”做注的一般用于书面语言、复音词、文言成语中，以“语”做注的多用于口语中的单音词以及少数日常生活、事物的复音词中。例如：

(1) 薄（一）báo（语）常单用，如“纸很薄”；（二）bó（文）多用于复音词：～弱、稀～、淡～、尖嘴～舌、单～、厚～

(2) 杉（一）shān（文）：紫～、红～、水～；（二）shā（语）：～篙、～木

此类一共有 121 条。

（二）《普通话异读词审音表》中没有审定的异读词

对于为数众多的异读词来讲，所审定之音是有限的。那么，对于大量没有审定的读音，应该怎样处理、怎样读呢？

1. 古、今均有的用法或词，按照今音来读

例如：

使

(1)《说文·人部》：“使，令也。”（段注本）本义为命令、

派遣，动词。古读踈士切，上声，即 shǐ。《左传·桓公五年》：“郑伯使蔡足劳王。”在现代汉语中，该用法还有，如“支使”“使人前往”。读 shǐ。

（2）由（1）引申为（奉命）出使，动词。古读踈吏切，去声，即 shì。《论语·雍也》：“子华使于齐。”在现代汉语中，该用法还有，如“使命”“使者”“出使”。读 shǐ。

（3）由（2）引申为奉命出使的人，名词。古读踈吏切，去声，即 shì。《左传·成公九年》：“兵交，使在其间可也。”现代汉语中，该用法还有，如“大使”“公使”“使节”。读 shǐ。

那么，今天读文言文，遇到例（2）、例（3）用法的“使”，应从今读，统读 shǐ。

见

（1）《说文·见部》：“见，视也。”本义是看见。读古电切，即 jiàn。《诗经·王风·采葛》：“一日不见，如三秋兮。”在现代汉语中，该义仍在使用，如“见到”“眼见为实”。仍读 jiàn。

（2）引申为谒见、拜见。读胡甸切，即 xiàn。《左传·庄公十年》：“公将战，曹刿请见。”《论语·季氏》：“冉有、季路见于孔子。”在现代汉语中，该义仍在使用，如“拜见”“我要见校长”。读 jiàn。

那么，今天读文言文，用法（2）的“见”，应从今读，读 jiàn。

2. 古有今无的用法或词，可以按照旧读来读，也可以按今音来读。如果按照今音来读，应当同时注明旧读

例如：

见

在古代汉语中，“见”又引申为显现、出现义，也变读胡甸切，即 xiàn。例如，《战国策·燕策三》：“图穷而匕首见。”该

义后来分化用“现”，一直至今。因此在现代汉语中，显现、出现义用“现”，不用“见”。

那么，今天读文言文，“见”表示显现、出现义时，可以按照旧读念 xiàn。如果从今读念 jiàn，则应注明旧读某音，即：见 jiàn（旧读 xiàn）。

食

(1)《玉篇·食部》：“食，饭食。”指吃的东西。《左传·庄公十年》：“衣食所安，弗敢专也，必以分人。”乘力切，入声。即 shí。

(2) 由本义引申为吃。《诗经·魏风·硕鼠》：“硕鼠硕鼠，无食我黍。”读音同 (1)。

(3) 由 (2) 用作使动，拿东西给……吃。《康熙字典》：“食，又《集韵》祥吏切。又以食与人也。”《诗经·小雅·绵蛮》：“饮之食之。”祥吏切。即读 sì。该义后来分化用“饲”，一直至今。因此在现代汉语中，“拿东西给……吃”义用“饲”，不用“食”。

那么，今天读文言文，“食”表示“拿东西给……吃”义时，可以按照旧读念 sì。如果念 shí，则应注明旧读某音，即：食 shí（旧读 sì）。

五、古代汉语通假字的今读问题

今天读古书，遇到通假字应该怎么读，这要有一个原则，即一般要按本字的今天读音来读，但也有例外。

(一) 如果今天本字的读音与通假字的读音相同，就不存在选择读音的问题

例如：

(1)《诗经·魏风·陟岵》：“上慎旃哉！犹来无止。”毛传：“旃，之。犹，可也。父尚义。”

按："上"通"尚"，读 shàng。

(2)《史记·周勃世家》："侯八岁为将相，持国秉。"索隐："（秉）音柄。"

按："秉"通"柄"，读 bǐng。

(3)《史记·项羽本纪》："愿伯具言臣之不敢倍德也。"

按："倍"通"背"，读 bèi。

(4)《汉书·食货志》："入者必持薪樵，轻重相分，班白不提挈。"师古曰："班白者，谓发杂色也。不提挈者，所以优老人也。"

按："班"通"斑"，读 bān。

另外，还有"二通贰""以通已""伉通抗""剋通克""卬通昂""厝通措""台（yí）通怡""员通圆""问通闻（wèn）"，等等。

（二）如果今天本字的读音与通假字的读音不相同，一般要按本字的读音来读

例如：

(1)《诗经·豳风·七月》："八月剥枣。"

按："剥"通"攴"，读 pū，不读 bō。

(2)《左传·成公七年》："余必使尔罢于奔命以死。"

按："罢"通"疲"，读 pí，不读 bà。

(3)《战国策·魏策一》："河山之险，信不足保也；是伯王之业，不从此也。"

按："伯"通"霸"，读 bà，不读 bó。

(4)《孟子·万章上》："若已推而内之沟中。"

按："内"通"纳"，读 nà，不读 nèi。

(5)《汉书·高祖纪》："朕亲被坚执锐，自帅士卒。"

按："被"通"披"，读 pī，不读 bèi。

(6)《三国志·诸葛亮传》："孤不度德量力，欲信大义于天下。"

按："信"通"伸"，读 shēn，不读 xìn。

另外，还有"亡通忘""仄通侧""佼通交""倪通睨""傅通敷""共通恭""剒（cuò）通斮（zhuó）""勺通酌""填通镇""妄通亡"，等等。

（三）有少数通假字与本字，已经知道它们的读音并不相同，但习惯上仍按照通假字的读音来读，这就只好遵循习惯了

例如：

（1）《国语·周语下》："绝后无主，湮替隶圉。"

按："堙"通"湮"，沉没。"堙"读 yīn，不读 yān。（见《王力古汉语字典》，下同）

（2）《谷梁传·襄公二十四年》："五谷不升为大饥。"范宁注："升，成也。"

按："升"通"登"，收成。"升"读 shēng，不读 dēng。

（3）《史记·仓公传》："即为苦参汤，日嗽三升。"

按："嗽"（sòu）通"漱"（shù），漱口。"嗽"读 sòu，不读 shù。

古籍中的通假字及其读音，古代训诂学家主要是用术语"读为""读曰"以及"读若""读如"来加以注明的（另外，"读为""读曰"还用来注明古今字；"读若""读如"主要用来标明读音的）。例如：

（1）《荀子·天论》："老子有见于诎，无见于信。"杨倞注："信，读为伸。"

按：杨倞告诉我们，"无见于信"中的"信"是通假字，本字是"伸"，这个"信"要读"伸"的音。

（2）《汉书·贾谊传》："细民鄉善，大臣致顺，故天下咸知陛下之义。"师古曰："鄉读曰嚮。"

按：颜师古告诉我们，"细民鄉善"的"鄉"是通假字，本字是"嚮"，这个"鄉"（乡）要读"嚮"（向）的音。

(3)《说文·攴部》:“㪚,闭也。读若杜。”又“杜,甘棠也。”杜本为木名。但古籍中常借“杜”作“㪚”。

按:《汉书·陈平传》:“杜门竟不朝请。”颜注:“杜,塞也,字本作㪚。”

六、古代汉语中一些专名词语的特殊读音

在古代汉语中,有一些古代的国名、族名、地名、人名、姓氏等常有较为特殊的读音。这些特殊的读音,一般都是通过古书注解、古代辞书以及现代辞书保存了下来,有的甚至在口语中保存了下来。

(一)国名、族名

例如:

(1)氐(dī),古代西部的部族名。

(2)高句丽(—gōulí),也称高句骊、句丽、句骊、高丽、高夷、槀离。朝鲜古国。又古县名。

(3)串夷(guàn—),古代西部的民族名,或作“混夷”“昆夷”。

(4)回纥(—hé),古代民族名,也叫回鹘(huíhú)。《旧五代史·外国传》:“回鹘,其先匈奴之种也。后魏时,号为铁勒,亦名回纥。唐元和四年,本国可汗遣使上言,改为回鹘,义取回旋搏击,如鹘之迅捷也。”

(5)罽宾(jì—),汉时西域国名。

(6)先零(—lián),汉代羌族的一支。最初居于今甘肃、青海的湟水流域,后渐与西北各族融合。

(7)勿吉(mò—),我国南北朝时少数民族名。居今吉林长白山、松花江一带,为满族的祖先。

(8)靺鞨(mòhé),我国古代东北方的民族名。

(9)龟兹(qiūcí),汉代西域国名,在今新疆库车县一带。

(10) 康居(—qú),汉时西域国名。

(11) 吐蕃(tǔbō),我国古代民族名,在今青藏高原。唐时曾建立政权。

(12) 吐谷浑(tǔyùhún),我国古代民族,在今甘肃、青海一带。隋唐时曾建立政权。

(13) 严允(xiǎn—),又作玁狁、猃狁。周代对匈奴族的称呼。

(14) 荤粥(xūnyù),又作獯鬻。我国古代对匈奴族的别称。《史记·五帝纪》:"北逐荤粥。"司马贞索隐:"匈奴别名也。唐虞已上曰山戎,亦曰熏粥,夏曰淳维,殷曰鬼方,周曰玁狁,汉曰匈奴。"

(15) 乌秅(yāzhà),汉时西域国名。

(16) 身毒(yuān—),我国古代对印度的称呼之一,又称天竺,为古伊朗语 hindukahindukh 音译。《后汉书·西域传》:"天竺国一名身毒,在月氏之东南数千里。"唐玄奘《大唐西域记·印度总述》:"详夫天竺之称,异议纠纷,旧云身毒,或曰贤豆,今从正音,宜云印度。"

(17) 大宛(—yuān),汉时西域国名。

(18) 月氏(—zhī),汉时西域国名,亦作月支。汉文帝时,曾遭匈奴攻击,西迁塞种故地(今新疆西部伊犁河流域及其迤西一带)。西迁的月氏人称大月氏,少数没有西迁的人入南山(今祁连山),与羌人杂居,称小月氏。

(19) 僮族(zhuàng—),我国少数民族"壮族"的"壮"原作僮。

(20) 牢姐(—zǐ),汉时西羌部族名。

(二) 地名、古建筑名

例如:

(1) 蚌埠(bèngbù),在安徽。(见《现代汉语词典》)

(2) 费县（bì—），在山东（费，本作鄪，兵媚切。见《重修广韵》）。

(3) 并州（bīng—），古代地名。并（bīng），山西太原的别称。

(4) 蒲姑（bó—），古代地名（蒲，白各切。见《集韵》）。

(5) 龙兑（—duó），战国时赵国地名（兑本作兊。兊，徒活切。见《集韵》）。

(6) 阿房宫（ēpáng—），秦宫殿名。遗址在今西安市西阿房村。

(7) 方与（fángyù），汉代县名（方，符方切。见《广韵》）。

(8) 冤句（—gōu），古县名，在今山东菏泽。句阳（gōu—）、句章（gōu—），皆汉代县名。句漏（gōu—），邑名（句，古侯切。见《广韵》）。

(9) 会稽（kuàijī），山名、古郡名，在今浙江省。

(10) 镐京（hào—），周朝初年的国都，在今陕西西安西南（镐，胡老切。见《广韵》）。

(11) 郃阳（hé—），古县名，在今陕西，今作合阳。

(12) 阳夏（—jiǎ），秦汉时县名。负夏（—jiǎ），古地名，在山东兖州（夏，举下切。见《集韵》）。

(13) 不羹（—láng），古城名，春秋楚地，在今河南省。

(14) 令狐（líng—），古地名，在今山西临猗一带。又为复姓（令，郎丁切。见《广韵》）。

(15) 逻些（—suō），亦作罗娑。唐代藏文的音译。公元7世纪以后吐蕃的都城。即今西藏拉萨市。

(16) 番禺（pān—），地名，在广东（番，普官切。见《广韵》）。

(17) 犷氏（quánjīng），古县名（犷，巨员切。氏音精。

见《广韵》)。

(18) 渑淄(shéng—),古县名(渑,食陵切。见《广韵》)。

(19) 朱提(shūshí),古县名(朱,慵朱切,音殊。提,市之切。见《集韵》)。

(20) 沭阳(shù—),古县名(沭,食聿切。音述。见《广韵》)。

(21) 虒祁(sī—),古地名(虒,或作傂。息移切,音斯。见《广韵》)。

(22) 郯县(tán—),古县名(郯,徒甘切。见《广韵》)。

(23) 荼陵(xié—),古县名,在今湖南(荼,余遮切。见《集韵》)。

(24) 盱眙(xūyí),秦置县名,今仍设置,在江苏省。

(25) 浚县(xùn—),汉代黎阳县,元代为浚州,明代改为浚县,今仍设置,在河南省。

(26) 铅山(yán—),地名,在江西(见《现代汉语词典》)。

(27) 允吾(yán—)、允街(yán—),均为汉代县名(允,余专切。见《集韵》)。

(28) 雍州(yòng—),古九州之一(雍,於用切。见《广韵》)。

(29) 宛县(yuān—),秦汉时县名(宛,於袁切。见《广韵》)。

(30) 冤句(—qú),一作宛朐或宛句,古县名,秦置,在今山东境内,金代废。

(三) 山、水名

例如:

(1) 瀑河(bào—),水名,在河北。

（2）澶渊（chán—），湖名，在今湖南濮阳县西南。

（3）治水（chí—），古水名，在今山东境内。

（4）圌山（chuí—），在江苏镇江（圌，是為切。见《广韵》）。

（5）芒砀山（—dàng—）。（按《重修广韵·唐韵》："砀，芒砀山名。徒郎切。又音宕。"《重修广韵·宕韵》："砀，石。又山名。又县名。在梁郡。徒浪切。又音唐。"今"砀"读又音）。

（6）梁父（—fǔ），亦作梁甫，山名。泰山下的一座小山，在今山东省新泰市西。古代皇帝常在此山辟基祭奠山川。

（7）鬲津（gé—），古水名，在今河北、山东。

（8）涡河（guō—），水名，发源于河南，流入安徽入淮河。

（9）华山（huà—），山名，在陕西。

（10）汨罗（mì—），水名，发源于江西，流入湖南洞庭湖。

（11）天姥（—mǔ），山名。在浙江省嵊县与新昌县之间。

（12）梁山泊（——pō），在今山东。罗布泊（pō），在新疆。

（13）泺水（pū—），古水名。源出今山东省济南市西南，北流入古济水，此段济水即今黄河（泺，普木切，见《集韵》）。

（14）龙湫（—qiū），瀑布名，在浙江雁荡山。

（15）剡溪（shàn—），水名，曹娥江上游的一段，在浙江。

（16）漯河（tà—），古水名，在今山东。

（17）天台山（—tāi—），在浙江（台，土来切。见《广韵》）。

（18）崆峒（—tóng），山名，在甘肃。又岛名，在山东。

（19）虖池（—tuó），即滹沱，水名，流经今山西、河北两省（池，虖池，水名。徒何切。见《原本广韵》）。

（20）滃江（wēng—），水名，在广东。

（21）岘山（xiàn—），山名，在湖北。

（22）弇兹（yān—），即崦嵫，山名，在甘肃天水县西境。传说以为日落的地方。

（23）若邪（—yé），本作若耶，山名。在浙江省绍兴市南。又溪名。出若耶山，北流入运河。溪旁旧有浣纱石古迹，相传西施浣纱于此，故一名浣纱溪。

（24）斜谷（yé—），终南山山谷名。在陕西省褒城县东北。

（25）姑射（—yè），山名，在山西省临汾县西（射，夤谢切。关中语转为此音。见《集韵》）。

（四）姓氏、人名

例如：

（1）种（chóng），姓。种（zhǒng），姓。

（2）啜（chuài），姓。

（3）笪（dá），姓。

（4）葛（gě），姓。诸葛（—gě），为复姓。

（5）盖（gě），姓。

（6）炅（guì），姓。

（7）过（guō），姓。

（8）哈（hǎ），姓。

（9）胡母（—wú），复姓。秦有胡母敬，汉有胡母生、胡母班（“母”，字又作“毋”，见《汉语大词典》）。

（10）郇（huán），姓。

（11）纪（jǐ），姓。

（12）缪（miào），姓。

（13）万俟（mòqí），复姓。南宋初有万俟卨（mòqíxiè），奸臣。

（14）乜（niè），姓。

（15）区（ōu），姓。

（16）番（pān），姓。

（17）逄（páng），姓。

（18）朴（piáo），姓。

（19）繁（pó），姓。繁延寿，西汉人。

（20）亓（qí），姓。

（21）覃（qín），姓。

（22）仇（qiú），姓。

（23）任（rén），姓。

（24）芮（ruì），姓。

（25）单（shàn），姓。单父（shàn—），县名，亦复姓（单，常演切。见《广韵》）。

（26）召（shào），姓。召公。

（27）佘（shé），姓。宋代有佘太君。

（28）澹台（tántái），复姓。

（29）沃（wù），姓（沃，乌酷切。见《重修广韵》）。

（30）郤（xì），姓。春秋晋国有臣郤克。

（31）解（xiè），姓。

（32）洗（xiǎn），姓。

（33）吾丘（yú—），复姓（吾，通虞。见《汉语大词典》）。

（34）尉迟（yù—），复姓。

（35）恽（yùn），姓。

（36）员（yùn），姓。用于人名时读 yún，如伍员。

（37）笮（zé），姓。

（38）查（zhā），姓。

（39）翟（zhái），用作姓时有两读：一是 zhái，二是 dí。具体读法按各地习惯。

（40）祭（zhài），姓。祭仲，春秋时郑国大夫。

（41）仉（zhǎng），姓。孟子母亲即为仉氏。

（42）长孙（zhǎng—），复姓。

（43）祝其（—jī），复姓。汉有清河郡尉祝其承先。

（44）郅（zhì），姓。

（45）莫嚣（—áo），人名。

（46）褒姒（—sì），周幽王宠妃。

（47）孟贲（—bēn），战国时勇士。

（48）佛狸（bì—），北魏太武帝拓跋焘的字。

（49）伧父（chēng—），鄙贱之夫，又魏晋时吴人称中州人。

（50）酂侯（cuó—），萧何受封于酂地，称酂侯。

（51）老聃（—dān），即老子，道家创始者。

（52）米芾（—fú），北宋书画家。

（53）咎繇（gāoyáo），即皋陶，虞舜时的臣子。

（54）曹大家（——gū），东汉时的班昭。大家即大姑，古代女子的尊称。班昭，东汉女文学家、史学家。一名姬，字惠班。扶风安陵（今陕西咸阳东）人。班彪之女，班固之妹。班超博学有高才，帝数召入宫，令皇后诸贵人师事焉。号曰“大家”。因嫁与曹世叔，故世称“曹大家”。

（55）禽滑厘（—gǔ—），战国时人，墨子的学生。

（56）毌丘俭（guàn——），三国时魏国将领。

（57）高渐离（—jiān—），战国时燕（yān）人。

（58）仓颉（—jié），传说中汉字的创制者。

（59）夏无且（——jū），秦始皇的随从医官。

（60）李悝（—kuī），战国时魏国政治家。

（61）嫪毐（láo'ǎi），秦始皇时人。

（62）郦食其（lìyìjī），汉代人名。

（63）谷离（lù—），匈奴王名。

（64）金日磾（—mìdī），人名。

（65）妹喜（mò—），夏桀妃子的名字。

（66）冒顿（mòdú），汉初匈奴族一个单于的名字。

（67）兒宽（ní—），西汉水利家。

（68）李阳冰（——níng），人名（《说文》以仌 bīng 为冰，以冰 níng 为凝）。

（69）关龙逢（——páng），夏桀时的忠臣。

（70）伯嚭（—pǐ），春秋末吴国大臣。

（71）石碏（—què），卫国大夫。

（72）召公奭（shào—shì），周初政治家。

（73）曾参（—shēn），孔子的弟子。岑参（cénshēn），唐代诗人。

（74）郭隗（—wěi），战国燕国大臣。

（75）隗嚣（wěi'áo），东汉名士。

（76）方良（wǎngliǎng），人名。

（77）樊於期（—wū—），战国时秦国将领。

（78）单于（chányú），匈奴君主的称号。又姓。

（79）休屠（—chú），匈奴属王之号，其领土在今甘肃武威县北。

（80）阏氏（yānzhī），古代称匈奴的王后。

（81）呼韩邪（——yé），汉代匈奴单于的名字。

（82）谷蠡（yùlù），古代匈奴封王的称号。

（83）傅说（—yuè），殷代的贤相。

（84）颛顼（zhuānxū），传说中的上古帝王名。

上述专名词语的特殊读音，有的是古代读音的遗留，例如，“阿房宫”的“房”读 páng 不读 fáng，“番禺”的“番”读 pān 不读 fān；“蚌埠”读 bèngbù 不读“fēng fù”；“费县”的

“费”读 bì 不读 fèi；“繁延寿”（人名）的“繁”读 pó 不读 fán；“关龙逄”（人名）的“逄”读 páng 不读 féng；等等，是“古无轻唇音，轻唇归重唇”的遗留。又如，古伊朗语 hindukahindukh 音译“天竺”，以“竺”对译“du”；“虖池”又作“滹沱”，“池”“沱”（tuó）异文，是“古无舌上音，舌上归舌头”的反映。有的是外族语的对音，例如，汉代匈奴属王之号“休屠”读 xiūchú，不读 xiūtú；汉代匈奴之王后的称号“阏氏”读 yānzhī，不读 èshì；汉代匈奴封王的称号“谷蠡”读 yùlù，不读 gǔlǐ。有的可能是古方言读音的遗留。例如，“姑射”（山名）、“仆射”（官名）的“射”，读 yè 不读 shè，据《集韵》，该音是古代关中方音的遗留。

这些专名词语的特殊读音，国家有关部门至今还没有审定，那么今天应该怎样读呢？对于那些在古代辞书或古注中已经注明，今天一般字词典也已收录的具有特殊读音的专名，应按照传统的读音去读。而对于那些广大群众已经改为一般读法的专名（如“叶公好龙”的“叶”已经读 yè 而不读 shè），以及比较罕见的具有特殊读音的专名，则可以从众、从今而不必强从古读。

第四章　古代汉语中词的意义（一）

一、词义的定义

词的意义，简称词义，或称词汇义。什么叫词义？语言学界至今没有一个清晰、统一的界定。不同的时代、不同的学派、不同的个人，均有不同的表述。这里，采用两种通常的说法：简单的说法——词义是语言中词所表示的内容。比较具体的说法——词义是巩固在特定语音形式中的人们对某一客观事物或现象的本质特点的概括反映。

下面略加阐述：

“词义是语言中词所表示的内容。”词是声音和意义相结合的最小的能够独立运用的语言单位。声音是词的形式，是词的载体；意义是词的内容，是词的主体。声音不表示意义，就成了自然的声音，就不是语言的声音了，这样也就不成为词了。意义没有声音这个载体，则只是思维中的概念，这样也就不成为词了。

“词义是巩固在特定语音形式中的人们对某一客观事物或现象的本质特点的概括反映。”在这个定义中，有两层意思值得注意：

第一，词义是反映客观事物或现象的，但是，词义反映客观事物或现象不是“照相式”的，而是提取“公因式”的，即要抽取出该种客观事物或现象的共同、本质的特点来加以概括反映。例如，“桌子”，是最常见的，桌子有各种各样的，有长条的、圆的、四方的，有高的、矮的、不高不矮的，有用来看书写字的、吃饭的、放东西的，有木头做的、钢铁做的，等等，但作为词义，是要抽取出这各种各样的桌子的共同、本质的特点来加以概括反映，《现代汉语词典》解释为："家具，上有平面，下有支柱，在上面放东西或做事情。"这个释义是妥当的。第二，"客观事物或现象的本质特点的概括反映则是概念"，可见，词义是反映、表达概念的，但词义是用特定的语音形式所表达的概念。这种关系可图示如下：

（特定的语音形式所联系的）词义 ⟷ 概念

当然，词义与概念并不是一回事，词义属于语言中的语义系统，概念属于思维中的逻辑系统，它们关系密切，但又有严格的区别。

二、词义分析

词义的内容很丰富的，可以分析为若干类构成要素或语义特征。至于"若干"是多少，学术界还没有统一的认识，至今还处于一个发展的过程中。

早在20世纪初以前，人们认为词义是一个浑然的整体，是本来的自然的孤立的意义。20世纪30年代以来，人们开始认识到一个词义是由若干要素或语义特征构成的。首先出现的是二分法。持二分法的有美国的爱德华·萨丕尔（1921）、美国的布龙菲尔德（1933），我国的吕叔湘和朱德熙（1953）、周祖谟（1955）、高名凯、石安石（1963），武占坤、王勤（1983），等等。其中，吕叔湘和朱德熙把词义分为"基本意义"和"附带的感情色彩"；高名凯、石安石把词义分为"词汇意义"和"语法意义"。其次是三分法。持三分法的主要有：法国的艾尔德曼（20世纪20年代），苏联的戈洛温（60年代初），我国的符淮青（1958）、贾彦德（1986）、刘叔新（1990）、张志毅、张庆云（2001）、葛本仪（2006），等等。其中，张志毅、张庆云把词义分为"语义意义""语用意义""语法意义"；葛本仪分为"词汇意义”“语法意义”“色彩意义”。再次是四分法。持四分法的主要有：苏联的维诺格拉多夫（1953）、诺维科夫（1982）。其中，诺维科夫把词义分为“理性意义”“结构意义”（组合和聚合义）、“语用意义”（情感意义）和“语境意义”。分得最多的是英国的利奇（1983），他提出“七种不同的意义”，其中关于词的意义有六种：“理性意义”（概念意义）、“内涵意义”（附属意义）、“社会意义”（语体、风格）、“情感意义”“反映意义”和“搭配意义”，另有“主题意义”是句子意义。[①]

（一）三分法

目前学界比较通行的看法，是把词义分析为理性意义、色彩意义和语法意义三种构成要素或语义特征。三名或简称理性义、色彩义、语法义。

1. 理性意义

词的理性意义又叫作概念义或指称义，是词义中的核心部分，是词义的众多成分中最重要的成分，是限定词所指称的对象，反映这种对象的本质特征或主要特征，以便和其他对象区别开来，换言之，是甲词义区别乙词义的关键所在。例如，“口”是说话、饮食器官，“耳”是听觉器官；“买”是拿货币换货物，“卖”是拿货物换货币。在词的理性义是熔铸在词里面的人们对现实对象的理性认识。一般来说，字词典中对词的释义，都是对词的理性义的概括说明。在词义成分中，理性意义是其他词义成分的基础，是不可以或缺的。

词的理性义可以分为内涵和外延两部分。如作为交通工具的“车”的理性义的内涵是“陆地上有轮子的运输工具”，而其外延则是包括马车、牛车，战车、货车、皮车、木车、大车、小车

---

① 张志毅，张庆云. 词汇学义学［M］. 北京：商务印书馆，2001：126－127.

在内的一切车辆。如果说，理性义的外延部分会随着旧事物的消亡、新事物的出现而处在多变状态的话，那么理性义的内涵部分则相对比较稳定，短时期内不会轻易变化。

实词和虚词都有理性意义。虚词的理性意义大多是表示某种关系或语气。

2. 色彩意义

词的色彩意义是指词所表示的某种倾向或情调的意义，这种意义也是社会约定俗成的。色彩义是词义中不可忽视的一种意义成分，附丽于理性义之中。古代汉语中词的色彩义包括词的感情色彩、语体色彩、形象色彩、时代色彩、方言色彩等。

感情色彩一般分为褒义和贬义，凡词义是肯定的，感情色彩为褒，如“君子”“善”“荣”；凡词义是否定的，感情色彩为贬，如“小人”“恶”“辱”。无所谓褒贬的称为中性词，如“言”“语”“行”“走”。其实，词义的感情色彩是多种多样的，有的简单称之为褒或贬并不确切，例如，“帝”“神”“君”“父”具有敬畏色彩；“吾子”“卿”具有亲昵色彩；“奇”“壮”“倜傥”具有赞美色彩；“竖子”“鼠辈”“婢子”具有鄙夷色彩；“粪土”“污垢”“污秽”具有憎恶色彩。

有些词只适用于在特定的语体或文体中使用，由此形成一些特点，这就是词的语体色彩。语体色彩或叫作风格色彩，主要是口语色彩和书面语色彩；其次还有不同的文体色彩；再次，有的显得庄重，有的则较为随便；有的文雅，有的粗俗，这些也都是词的语体色彩。例如，“涕零”（诸葛亮《出师表》：“临表涕零，不知所言。”）具有书面语色彩，“泪落”（《玉台新咏·为焦仲卿妻作》：“泪落连珠子。”）具有口语色彩。又如，“鼻涕”（王褒《僮约》：“鼻涕长一尺。”）、“溺”“遗矢（屎）”等具有粗俗色彩；而“泗（鼻涕）”“更衣”则具有文雅色彩。

有些词语，除了指称对象、表示概念这种根本的作用，还附带具有引起人们对这种对象的形象感，这叫词的形象色彩。例如，“彗星”使人想到扫帚般的尾巴，“箕踞”使人想到臀部着地、两腿斜向伸出、状如簸箕。

3. 语法意义

词的语法意义是指词的表示语法作用的意义。词的语法意义是语言中词的语法作用通过类聚之后所显示出来的，是一种更抽象、更概括的意义。词的语法意义包括功能义、搭配义、活用义等。所谓功能义，是指一个词能单独充当某种句子成分。例如，“书”，表示书籍义，是名词，可作主语、宾语、中心语等；“美”，表示漂亮义，是形容词，可作谓语、定语、中心语等；“而”，可以连接谓词性词语或分句，以及连接主语和谓语、状语和中心语等。所谓搭配义是指一个词经常与哪些词（成分）组合。所谓活用义，是指一个词在词性上的临时变换能力。例如，“美”表示美好义，可以用如使动，作述语，表示“使……美好”。

词的语法义是一种隐性意义，依附于词的理性意义。也就是说，一个词的语法意义不能离开理性意义而独存。当然，理性意义也不能抛开语法意义而单独实现交际功能。

总之，词的词汇意义、色彩意义和语法意义是互相联系、互为一体的，它们共同充当词义的内容。只有从这三个方面来分析和认识词义，才能对词的意义有比较全面的了解。当然，如上所述，在词义所包括的这三个构成要素或语义特征中，理性意义是最主要的。因为只有当词具备了理性意义的时候，词才能成为表示客观存在的符号，才能成为语言中的词。也只有当词具有了理性意义的时候，才能进一步获得色彩意义和语法意义。正因为如此，有时候“词义”这个名称也往往被用来单纯指称词的理性意义。

（二）六分法

英国著名语言学家利奇（Gecoffrey Leech）于1974年出版了《语义学》（*Semantics*）一书，1981年又做了重大修改和补充。该书的第二章把“意义”分为七种，其中有六种是有关词的意义，另有一种“主题义”（thematic meaning）是句子意义。[①]

1. 理性意义（conceptual meaning）

理性意义或译为概念意义。这里引用刘叔新对理性意义的释名：“人们通常理解某个词语的意义，就是知悉这词语指称什么样的对象，而且一般抽象地从本质特点或区别性特点来把握该对象。这种理解、知悉和把握，是理性认识的过程；而被认知的意义本身，也是形成在抽象、概括对象特点的认识基础上。因而这种意义是理性的。”[②]

2. 隐含意义（connotativetat meaning）

隐含意义或译为内涵意义、含蓄义。隐含意义是词所表达的由其所指示的东西产生的在理性意义以外的内容。其内容可随时代、集团、个人的不同而变化。

隐含意义就是隐含、附丽在理性意义后面的意义内容。例如，在封建社会里，妇女受到压迫和歧视，古汉语中的“女”就有“柔弱”“脆弱”“爱哭”“易动感情”“水性杨花”等隐含意义，当然也有好的隐含意义，如“勤劳的”“温柔的”“有同情心的”，等等。隐含义是要通过对词的理性意义的联想而产生的，因此又可统称为联想义。

隐含义有如下特点：

（1）隐含义可以因人或不同的年龄而异，也可以因不同的

---

① ［英］杰弗里·N. 利奇. 语义学［M］. 李瑞华，等，译. 上海：上海外语教育出版社，1987.

② 刘叔新. 汉语描写词汇学［M］. 北京：商务印书馆，1995：184.

时代而异。例如，“家”的理性义是“家庭”。对大多数人来说，“家庭”被附上“温暖”“温馨”“舒适”等隐含义，可是，对于离家出走的贾宝玉来说，“家庭”就带有“乏味的”“令人烦恼的”等隐含义。又如，“兔”的理性义是“兔子”，小朋友想到兔子，会附丽上“活泼”“可爱”等隐含意义，而《木兰诗》的作者却附丽了“矫健”“妩媚”等隐含意义（“雄兔脚扑朔，雌兔眼迷离”）。

（2）隐含义是不稳定的。一方面，隐含义可以逐渐地增加；另一方面，在某些词中，旧的隐含义消失了，却增加了一些新的隐含义。例如，“爪牙”在上古有比喻勇士、形容勇武的意思，那么“爪牙”隐含了“利器”“护卫”等隐含义；到了汉唐，“爪牙”产生了“党羽”“帮凶”的意思，那么“爪牙”便隐含了“利器”“为非作歹”的隐含义。

（3）隐含义如果经常地从理性义后面跑出来，充当理性义来使用，也会发展成一个新的理性义或词。例如，“飞”的理性义是鸟、虫等鼓动翅膀在空中活动，有“迅速”等隐含义，到后来，这个隐含义不断出现在某些语境中，因而便发展成理性义。① 如中国近代史资料丛刊《太平天国·行军总要》：“一经闻知，即便飞禀本官。”

3. 风格意义（stylistic meaning）

风格意义或译为社会意义。风格意义是词所表达出来的该词在使用的社会环境方面的内容。里奇接受克里斯特和达维（Crystal and Davy）在《英语风格研究》（*Investigating English Style*）一书的观点，先把英语风格分为三大类，下又区分为若干小类：①相对固定的风格。下又分：一般人的个人风格，如X先生、Y太太、N小姐的风格等；地区方言和社会集团的风格；

① 蒋绍愚. 古汉语词汇纲要［M］. 北京：北京大学出版社，1989：35.

时代风格，如19世纪语言风格等。②语体风格：下又从语言传达的媒介上分为口语风格和书面语风格；从参加者的情况分为独白风格和谈话风格。③相对不固定的风格。从语言应用的领域范围上分为法律、科学、宣传体风格；从言语的品性上分为文雅、粗俗、俚语风格；从语言的模式上分为回忆、讲课、笑话体风格等；作家个人风格，如狄更斯、海明威的风格等。这些不同风格主要由社会环境造成，不同风格的作品、谈话传达出不同的风格内容，同时也传达出不同的社会环境的信息。①

可见，里奇的风格意义即上文所称的语体色彩，是指一个词适用于某种语体或文体而附加上的从属义。

里奇的风格意义还包括方言色彩、社团色彩、时代色彩等。

4. 感情意义（affective meaning）

感情意义即感情色彩。参见前文。

5. 反射意义（reflected meaning）

反射意义或译为反映意义、联带意义、联想意义。反射意义是指一个词有A、B、C多个意义，其中C是一个不好的或忌讳的意义，当人们使用A或B义时，就会联想到C义，从而不用这个词而改用别的说法。例如，“鸡蛋”中的“蛋”本是禽类或龟、蛇等所产的卵；然而“蛋”又是骂人的话，如“坏蛋”“混蛋”等。“鸡蛋”的“蛋”本是用前义，但容易使人条件反射，联想到后义，所以北京人把鸡蛋说成“鸡子儿”或“白果”，把炒鸡蛋叫“炒黄菜”，把肉炒鸡蛋叫“木樨肉”，把鸡蛋汤叫“甩果汤”或“木樨汤”，把去壳整煮鸡蛋叫“沃果儿”。又如，“猪血”中的“血”有“血液”义，又有“流血”“杀伤”义，如“血洗”“血战”。“猪血”中的“血”本是用前义，但使用

① 符淮青. 词义的分析与描写［M］. 北京：语文出版社，1996：30.

时容易使人条件反射，联想到“血”的后一意义，所以有些人把“猪血”改称“猪红”。①

6. 搭配意义（collocative meaning）

搭配意义或译为组合意义。里奇指出，适合用在某些上下文中的意义，称为“搭配义”。有些词（主要是一些同义词），尽管有共同的基本意义，但搭配能力不同，因而意义也有所不同。例如在现代汉语（参见《现代汉语词典》）中：

美
- A. 美人、美玉
- B. 美称、美德
- C. 美言、美展
- D. 美好、美丽

丽
- A. 丽人、丽日
- B. 丽质

“美”使用的范围较广，有较多的搭配：A. 事物名词；B. 抽象名词；C. 动词；D. 形容词。“丽”只有前两种，且常见的意义也只有以上举例子的三个。

里奇认为，隐含意义、风格意义、感情意义、反射意义、搭配意义可合称联想意义（associative meaning），也就是说，里奇所说的联想意义是和理性意义相对而言的。

在里奇所归纳的六种有关词的意义中，理性意义、隐含意义、风格意义、感情意义、搭配意义是词义（义位）的内容，反射意义是另外一个义位。

三分法代表了当前我国学界对词义分析的一般看法，里奇的六分法则能引导我们细微地理解词义。词义分析即把词义分析为若干类构成要素或语义特征，是很有实际意义的。诸如词义辨析、同义词研究、词汇以及词义的发展变化等都要分析词义的语义特征。

---

① 蒋绍愚. 古汉语词汇纲要［M］. 北京：北京大学出版社，1989：36.

三、词义的主要特点

(一) 词义的概括性和社会性

词义的特点有：一是概括性，二是社会性。这两个特点是结合在一起的。词义是一定的社会集体（按社会性）对一定对象的概括反映（按概括性），也就是说，词义是社会集体概括了某类现实现象中共同的东西、共同的特征、共同的内容，而舍弃了个别现实现象中的各种差别。前面在讲词义的定义时已经谈到，并举了“桌子”为例。又如“车”，现实生活中的车是多种多样的：有大车、小车；有牛车、马车、汽车；有加彩饰的或不加彩饰的，有带棚盖的或不带棚盖的；等等。这些不同的车的个别特征，在词义形成的过程中都被舍弃了，而“车”义所概括的是它们的共同特征，即“靠轮子滚动运行的陆路交通工具”。又如，“舟”不同于“车”，因为“舟”是“靠划行前进的水上交通工具”。再如，“苹果”是一种落叶乔木所结的圆形、味甜或略酸的果实，这个词义所反映的是苹果的共同具有的一些特征，而不管具体的个别苹果的各种差别，如品种、颜色、大小等方面的不同。

(二) 词义的具体性和灵活性

词义是概括的，但人们在使用时，也就是用在具体的话语、文章中，词义又是具体的、灵活的。也就是可以用来特指，或赋予临时的主观色彩。例如，“人”，其基本义是“能制造工具并使用工具进行劳动的高级动物”，这个定义是概括性的、社会性的，但在具体的语境中，就成了具体的，可灵活地指称各种各样的人。例如：

①脩己而不责人，则免于难。(《左传·闵公二年》)

按：“人”指别人、他人。

②宫之奇之为人也。(《左传·僖公二年》)

按："人"指人的性格、品质、作风。

③鬼神非人实亲，惟德是依。(《左传·僖公五年》)

按："人"指提供丰富的祭品的人。

④微夫人之力不及此。(《左传·僖公三十年》)

按："人"指秦穆公。

⑤子无谓秦无人，吾谋适不用也。(《左传·文公十三年》)

按："人"指秦国的人才。

⑥此车一人殿之，可以集事。(《左传·成公二年》)

按："人"指解张、郤克、郑丘缓中的一位。

（三）词义的模糊性

词义的概括性应能表明词所指称的对象范围，而事实上有相当多的词语，它们所表明的只是对象的大致范围，不能标出精确的边界。这就是词义的模糊性。

词义的模糊性不是个别现象，其中比较明显、比较突出的有如下几种类型。

（1）前后相连的时间词、空间词。例如：

昼—夜

暮（昏、夕）—夜

昧旦（黎明）—朝

春—夏—秋—冬

邑—郊（邑外）

（2）区分性质的词。例如：

大—小

长—短

远—近

厚—薄

美—丑

（3）表示程度差异的词。例如：

饥（一般的饿）—饿（严重的饥）

疾—病

恨（遗憾）—怨（怨恨、仇恨）

（四）词义的民族特点

在英语中，同胞兄弟、姊妹只区别性别，不分长幼，兄弟均称“brother”，姊妹均称“sister”，语义范围比较宽。而汉语不仅要区别性别，还要区分长幼，尤其是男性，要先分嫡、庶，再分伯、仲、叔、季；其女性，也要分姊、妹，语义范围相对要窄一些，这是汉族传统文化讲究长幼有序、嫡长子继承制的缘故。这是相关词的语义范围反映不同民族文化的例子。

在汉语中，把国家的政府机关、党派或团体某一级组织的最高领导者称作“主席”，该词由“席”发展而来。“席”的该义源自于本义“竹席”，进而由于古人席地而坐，因此“席”引申出“席位”“教席”义，再辗转引申出“主席”义。而英语中主席是“chairman”，由 chair（椅子）发展而来，其理据是英国人不是席地而坐，而是坐在椅子上。这是相关词的词义引申反映不同民族文化的例子。

在中华传统文化中，“玉”有五德（参见《说文》），“玉”是高尚、纯洁、高贵、美好的象征，所以汉语有“玉洁冰清”“玉容”“玉体”“玉音”“玉人”“亭亭玉立”等说法，但英语中 Jade 没有这种隐含义。在汉语中，“蝠”与“福”同音。“蝙蝠”成为吉祥的图案。而在西方，因为受《伊索寓言》的影响，蝙蝠被看作一种两面讨好而两面都被嫌弃的形象。这是相关词的隐含义反映不同民族文化的例子。①

---

① 蒋绍愚. 汉语词汇语法史论文集［M］. 北京：商务印书馆，2001.

四、古代汉语词义的类型

古代汉语词义可从历时的角度和共时的角度来分类。

（一）本义、引申义、假借义及其相关的意义

1. 本义及其相关的意义

（1）本义。

王力《古代汉语》中指出："所谓词的本义，就是词的本来意义。汉语的历史是非常悠久的，在汉字未产生以前，远古汉语的词可能还有更原始的意义，但是我们现在已经无从考证了。今天我们所能谈的只是上古文献史料所能证明的本义。"郭锡良在《古代汉语》中补充说："一般来说，一个字的形体结构所表现出来的意义与实际语言中作为词的意义相符合时，这就是造字时的本义。"也就是说，所谓词的本义，就是词的本来的意义。一般来说，是指书写这个词的古文字的形体结构能够体现出来的，又有上古文献资料印证的意义。

古文字的形体结构有四种：象形、指事、会意、形声。象形、指事、会意是表意字，形声是形声字。

表意字一般可以通过字形结构的直接分析而获知它们的本义，例如：

①元　甲骨文写作，像一个人的脑袋。

②曰　甲骨文写作，小篆写作。下面像口的形状，上面一笔表示声气。人讲话时，声气从口里出来，所以用来表示说话。

③牢　甲骨文写作，表示关牲畜的圈。

④秉　甲骨文写作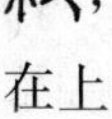，表示手里拿着的一把禾。

这些意义，都可以在上古文献资料中找到印证，例如，《左

传·僖公三十三年》："狄人归其元。"（指狄人把晋国将军先轸的头交还晋国）《孙子兵法·计篇》："孙子曰：'兵者，国之大事。'"《战国策·楚策四》："亡羊而补牢，未为迟也。"《诗经·小雅·大田》："彼有遗秉，此有滞穗。"（"遗秉"指收割后剩在田里的禾把）

形声字由声符和义符组成，声符表音，义符表义，但义符表义只能表示这个字的意义范畴，具体的本义还要靠上古文献资料证明。例如：

①"術"的义符是""（像十字路口），其本义与道路有关。如《汉书·燕刺王旦传》："横術何广广兮。"

②"斯"的义符是"斤"（斧子一类的工具），其本义与斧斤有关。如《诗经·陈风·墓门》："墓门有棘，斧以斯之。"

③"廉"的义符是"广"（yǎn），凡从"广"的字一般与房屋有关。如贾谊《上疏陈政事》："故陛九级上，廉远地，则堂高。"（陛：台阶）

这样就可以确定，"術"的本义是都邑中的道路；"斯"的本义是用斧子砍；"廉"的本义是堂的边。当然，这仅仅是举例。在研究工作中，要探求本义，需要大量的语料，光凭一两个例子是远远不够的。

东汉许慎的《说文解字》是我国第一部字典，该书依照六书理论来分析字义，该书说解的字义一般是字词的本义。所以，了解字词的本义要充分利用《说文》。

（2）基本义。

基本义是一个词的最常用最主要的意义。词的本义不同于词的基本意义。词的本义是从词义的发展来说的，是指词的多义现象中最原始的意义，含有时间的概念。词的基本义是从词义的使用范围和使用频率来说的，含有空间和量的概念。两者都是指同一个词的多义现象。例如，“止”的本义是脚，甲骨文中“止”的书写形式像足的形状，到汉代时还用于足的意义。如《汉书·刑法志》：“当斩左止者，笞五百。”但先秦两汉经常的广为使用的意义是停止、阻止。这是“止”的基本义。又如，“民”，本义是奴隶，基本意义是平民；“天”，本义是人的头顶，基本义是天空。

本义一般是固定不变的，基本意义则是因时而异的。例如，“兵”本义是兵器，虽然在先秦已开始引申出兵士、军队的意义，但使用范围小，使用频率低，还不足以成为基本义。因此，基本义仍然是兵器。这时候，本义和基本义是相一致的。但在现代汉语里，“兵”的本义仍然是兵器，但基本意义已是兵士了。又如，“闻”，甲骨文写作，象人跽而听闻之形，本义是听见，先秦两汉时的基本义也是听见，但在现代汉语里“闻”的基本义成为用鼻子嗅气味。

（3）造意。

造意即文字的造字意图，本是属于文字学的范畴，而本义是词汇学的范畴，由于古汉语以单音节词为主，一字一般就是一词，因此两者容易混淆。

文字造意是根据文字形体来解释文字构造的意图，有时通过文字造意能够对字词本义起到一定的提示作用，但有一些文字的造意不是本义，因此绝不能认为造意就是本义。本义是词义的一个类别，与所有词义一样，具有概括性的特点，是对客观事物的概括反映，而这是文字的造意所不具备的。例如，“牢”，从文字构造上看，“牢”字从“宀”从“牛”，造意是关牛的栏圈，但“牢”这个字的本义却不能理解得这么狭窄，其本义实际上是概括的，是关各种牲畜的栏圈。又如，“逐”，从“辵”从“豖”，造意是追赶野猪，但“逐”的本义却应该概括为追赶，而不论追赶的对象是“豖”抑或其他动物。

《说文解字》是一部通过分析文字形体来说解字义的字典，虽然客观上它对大批上古汉语字词本义做出了正确的解释，但仍然可以看出，这部字典中字义的解释依然是为许慎所要阐发的“六书”理论服务的，因此在对部分汉字进行解释时，《说文解字》选取的释义是文字的造意而非具有概括性质的字词本义，这时绝不能将其中文字的造意误作本义。例如，《鹿部》：“塵，鹿行扬土也”，“鹿行扬土”是“鹿”的造意而非本义，其本义当为尘土、灰尘。又如，《犬部》：“臭，禽走臭而知其迹者，犬也”，这是分析说明造字时之所以从犬的用意，“臭”的本义为“嗅”而非仅限于犬嗅。所以，在利用《说文解字》考释词语本义时，分辨其中说解的是文字的造意还是字词的本义是相当重要的，否则就会误以造意为本义。例如：

①《交部》：“交，交胫也。从大，象交形。”

②《齐部》：“齐，禾麦吐穗上平也。象形。”

③《穴部》：“突，犬从穴中暂出也。从犬在穴中。”

④《血部》：“血，祭所荐牲血也。从皿，一象血形。”

按：《汉语大字典》误将《说文解字》以上的造意作为字词本义，分别解释为：“交，脚胫相交。”“齐，禾麦吐穗上平整。”“突，犬从穴中突然而出。”“血，古代作祭品用的牲畜的血。”而应当为：“交”当概括为所有事物的相交，而不单指人腿相交。“齐”的本义当是平整、齐平，对象也不只限于禾麦的穗。“突”是对所有猝然状态的概括，而绝不只是用以形容犬。“血”的本义当概括是所有动物和人的血。这些解释，上古文献都有大量用例，是站得住脚的。

2. 引申义

引申义是指由本义发展派生出来的意义。词义引申的方式多种多样，但总的规律是：由具体到抽象，由个别到一般，由实到虚。

（1）由具体到抽象。例如，“模”的本义是模子、模型。王充《论衡·物势》：“埏（shān）埴作器，必模范为形。”引申为抽象的规范、楷模，如左思《咏史》诗：“可为达士模。”又如，“道”的本义是道路，如《史记·孙膑传》：“马陵道陕（狭）。”引申为抽象的途径、方法，如《孟子·梁惠王下》：“交邻国有道乎？”又引申为学说、道理，如《论语·学而》：“先王之道，斯为美。”

（2）由个别到一般。例如，“好”的本义是容貌美，如《战国策·赵策三》：“鬼侯有子而好。”引申指一般事物的漂亮，如《诗经·郑风·缁衣》：“缁衣之好兮。”“匠”，原指木匠，如《庄子·徐无鬼》：“匠石运斤成风。”其他工匠另有称呼，如陶匠叫“陶”，铁匠叫“冶”，玉石匠叫“工”等。后来凡具有一技之长的人都可以叫“匠”，如《论衡·量知》：“能穿凿穴埳谓之土匠，能雕琢文书谓之史匠。”

（3）由实到虚。例如，“果”的本义指果实，如《周易·说卦》：“为木果。”引申为成为事实，如《论语·子路》：“言必信，行必果。”由成为事实虚化为副词，指果然，终于，如《史记·孙膑传》：“庞涓果夜至斫木下。”又如，“被”的本义是被子，如《楚辞·招魂》：“翡翠珠被。”引申为覆盖，如《楚辞·招魂》：“皋兰被径兮。”又引申为蒙受，如屈原《哀郢》：“被以不慈之伪名。”又引申为介词，表示被动，如《韩非子·五蠹》：“兄弟被侵必攻者廉也。”东汉蔡邕《被收时表》：“今月十三日，臣被尚书召问。”按：《韩非子》例中的“被”，还保留一点蒙受的意思，这正是由实到虚过渡的痕迹。

引申义和本义总是有直接或间接的联系，因此引申又分为直接引申（又称近引申）和间接引申（又称远引申）。

3. 假借义

假借义是一个字因音同或音近而被用来表示另一个词而产生

的意义。假借义也称“借义”。假借有两种。一种是本无其字的假借，即“六书”的假借，指一个新词产生之后，没有字来记录，便借用一个与之音同或音近的字来表示，这是一种以不造新字为原则的造字法。另一种是本有其字的假借，即通假。相应地，假借义也有两种，前者只叫假借义，后者又叫通假义。

在当今编写的古代汉语字词典中，本有其字的假借即通假是注明的，例如，《古汉语常用字字典》：“蚤：③通‘早’。”而本无其字的假借是不注明的。一个字词的假借义是要读者自己去判断的，其标准及方法是：看该义与本义有没有联系，一般来讲，与本义没有联系的意义就是假借义。如《古汉语常用字字典》：“莫 mò：①mù。日落的时候。②没有什么，没有谁。③副词。相当于‘不要’‘不能’（后起意义）。”其中，②③是假借义。

4. 一个词的意义是一个有机的系统

古汉语的一个词的意义虽然常常有很多个，但它们不是一盘散沙，而是一个有机的系统。在学习时，要学会理顺词的各个意义之间的关系，以便纲举目张，以简驭繁。其方法是：首先要抓住本义，然后顺藤摸瓜，找出引申义。至于假借义，一般来讲，是与本义没有联系的意义。理顺了一个词各个意义之间的关系，建立起词的意义系统，就便于记忆、掌握了。例如：

“理”在古汉语中的常用义项有：

（1）治玉。《韩非子·和氏》：“王乃使玉人理其璞而得宝焉。”

（2）治理，整理。《战国策·秦策一》：“万端俱起，不可胜理。”

（3）有秩序，不紊乱。《后汉书·蔡邕传》：“运极则化，理乱相承。”

（4）治狱官（法官）。《管子·小匡》：“故使鲍叔牙为大谏，王子城父为将，弦子旗为理。”

（5）纹理。《淮南子·览冥》：“璧袭无理。”

（6）条理。《荀子·儒效》：“井井兮其有理也。”

（7）道理，规律。《庄子·养生主》：“依乎天理。”

按：《说文·玉部》：“理，治玉也。从玉里声。”“理”的各义位之间的关系（词义系统）是：

理：①治玉 → ②泛指治理，整理 → ③有秩序，不紊乱
　　　　　　　　　　　　　　　→ ④治狱官（法官）
　　　　 → ⑤纹理 → ⑥条理 → ⑦道理

“裁”，在古汉语中的常用义项有：

（1）裁衣服。《玉台新咏·为焦仲卿妻作》：“十三能织素，十四学裁衣。”

（2）剪裁，删减。南朝梁刘勰《文心雕龙·镕裁》：“剪截浮词谓之裁。”

（3）裁决。《左传·僖公十五年》：“若晋君朝以入，则婢子夕以死；夕以入，则朝以死。唯君裁之。”

（4）成，成就。《荀子·王制》：“故序四时，裁万物，兼利天下。”

（5）通“才”。仅仅，刚刚。《战国策·燕策一》：“寡人蛮夷辟处，虽大男子，裁如婴儿。”

按：《说文·衣部》：“裁，制衣也。从衣𢦏声。”“裁”的各义位之间的关系（词义系统）是：

裁：①裁衣 → ②泛指剪裁，删减
　　　　　 → ③裁决
　　　　　 → ④成，成就

⑤通“才”。仅仅，刚刚。

“之”，在古汉语中的常用义项有：

(1) 往，到……去。《战国策·齐策三》：“臣请为君之楚。”

(2) 第三人称代词。他、她、它（们）。《诗经·邶风·谷风》：“匍匐救之。”

(3) 指示代词。这，此。《诗经·周南·桃夭》：“之子于归，宜其室家。”

(4) 助词。放在定语和中心语之间，相当于“的”。《诗经·召南·羔羊》：“羔羊之皮。”

(5) 助词。放在主谓间，或取消句子独立性，或不取消句子独立性。《左传·僖公四年》：“不虞君之涉吾地也。”《史记·项羽纪》：“天之亡我，我何渡为？”

(6) 助词。宾语前置的标志。《左传·隐公元年》：“《诗》曰：‘孝子不匮，永赐尔类。’其是之谓乎！”

(7) 助词。用在表时间的副词后面，表示时间的持续等状态。《史记·陈涉世家》：“怅恨久之。”

按：甲骨文“之”作，从止从一，止是脚，一表示起点，字义表示离此前往。《尔雅·释诂》：“之，往也。”“之”的各义位之间的关系（词义系统）是：

(1) 往，到……去。

(2) 假借为代词。①表指示，相当于这，此。②表人称，相当于他、她、它（们）。

(3) 假借为助词。①放在定语和中心语之间，相当于“的”。②放在主谓间，或取消句子独立性，或不取消句子独立性。③宾语前置的标志。④用在表时间的副词后面，表示时间的持续等状态。

总之，面对众多纷繁的一词多义现象，该怎样学习呢？办法有两条：一是抓常用义。常用义使用面广，频率高，学了管用，要首先学好。冷僻义可以在碰上时再去查辞书字典。二是分析该词的义位系统，把繁多的义项按照直接、间接引申来系联好，以便于纲举目张，以简驭繁，这样就容易掌握了。

（二）新生义与承用义

新生义，就是某时期新产生的意义，或简称为新义。新生义与承用义相对。承用义就是某时期继续承用前一时期的语词的意义。从事汉语史专书词汇研究，新义是其重要内容。新义与新词一样，是相对而言的。一般来讲，只要是遍查某个时期的以前的所有文献，都没有这个意义，而只在这个时期的文献中开始出现这个意义，就可以认定其为新义。东汉刘珍等撰的《东观汉记》中，就有不少东汉时期出现的新义。例如：

【精舍】门下生共禁止，因留精舍门下，拾薪，执苦数年，遂通经。（卷十四·承宫传）

按："精舍"，也即精庐、学舍，是聚集生徒读书讲学的地方。宋吴曾《能改斋漫录·辨误二》："古之儒者，教授生徒，其所居皆谓之精舍。"郭沫若《中国史稿》第三编第五章第一节："东汉时候，私人传经的事业很盛，有些学者设立'精舍'，先后着籍的学生有一万多人，往往从几千里外到那里去求学。"

【率常】(1) 甲夜读众书，乙更尽乃寐，先五鼓起，率常如此。（卷二·孝明帝纪）(2) 自延平之初，以国新遭大忧，故悝兄弟率常在中供养两宫。（卷九·邓悝传）

按："率常"，本义为"遵循常规。"《左传·哀公六年》："允出兹在兹，由己率常可矣。"这里指"经常、通常"，为东汉时新兴的意义。又《汉书·宣帝纪》："尤乐杜、鄠之间，率常在下杜。"又《汉书·沟洫志》"河决率常于平原、东郡，左右其地形下而土疏恶。"

新义有两种类型，一为既是新词也是新义，如上"精舍"例；二为新的引申义，如上"率常"例。

从事专书新词新义研究，要借助《汉语大词典》，这一词典古、今词兼收，是当前收词最多的工具书。该词典例证源流并重，尽量列出始见例。因此，通过与《汉语大词典》的释义及其例证的比较，研究者可以找到某专书中的某词所用的可能是新义，这是第一步。然后再来遍查这个时期之前的所有文献，倘若之前的所有文献都没有这个词或者没有这个意义，那么就可以确定其为新义。

另外，词义的历时分类还有“古义”与“今义”之分。当然，这里的“古”“今”是相对而言的。学习古代汉语词汇，特别要重视常用词里古今意义有细微差别的词义。

（三）词汇义、语源义及其相关概念

1. 词汇义和语源义

词在使用时都有一个表面的义值，称之为词汇义。除此之外，词义内部还存在一种在表面上并不直接显现的深层意义，这是造词的理据，即人们给事物或现象命名时所根据的事物或现象本身的特征或标志。这种深层意义就是语源义，有人叫词源义。传统训诂学中称为“语义特点”或“语义特征”。例如，“蚯蚓”这种动物，之所以叫做“蚯蚓”，大概得名于它一屈一伸的行进特征。“引”（《说文》“开弓也”）这一动作，之所以叫“引”，大概得名于“长”（把弓拉长）的语义特征。

后代的字词典一般只列词汇义，不列语源义。语源义要通过对同源词的系联，从中概括抽取而得。表 4－1 是一组同源词的词汇义和语源义。

表 4－1　同源词的词汇义和语源义

词	词汇义	语源义（语义特征）
稍	禾末（《说文通训定声》）	（末端）渐小
秒	禾芒（《说文》）	（末端）渐小

续上表

词	词汇义	语源义（语义特征）
鞘	鞭鞘（梢）（《玉篇》）	（末端）渐小
梢	木也（树尖或树枝的末端）（《说文》）	（末端）渐小
弰	弓末（《集韵》）	（末端）渐小
筲	竹器（多用于盛粮或盛饭）（《玉篇》）	（出口处）渐小
消	尽也（冰雪融化）（《说文》）	（使之）渐小
销	铄金（融化金属）（《说文》）	（使之）渐小
削	析也（斜着刀切刮物体）（《说文》）	（使之）渐小

观察表4－1同源词，可以看出词汇义与语源义的关系：同源词的词汇意义不论怎样不同，包含在其中的语义特征，即语源义，是相同的。而且，语源义虽然不在词汇义中直接体现，但对词汇义的特点有决定作用。

2. 声训以及所释之义

打开《说文》《尔雅》，会看到里面有不少训释，既不是同义词，也不是直陈词汇义，而是用音近义通的字也就是用同源词来作训释，此为声训。一般来讲，其不是所释之词的一个义项（义位），而是这个词的语源义，或者相关的意义。后代的字词典一般也不收此义。例如：

(1)《说文·上部》："帝，谛也。"

按：谛，审谛，详细周密。朱骏声《通训定声》引《风俗通》："帝者任德设刑以则象之，言其能行天道，举措审谛。"此训意谓"帝"的举措要"审谛"。

(2)《说文·示部》："礼，履也。"

按："履"，踩，践踏。引申为实践，执行。儒家认为，礼是要实践的。

(3)《说文·示部》："禛，以真受福也。"

按：此条主训词是"真"。此训意谓"禛"是用真情感化神明来获得福。

(4)《说文·王部》："王，天下所归往也。"

按：此条主训词是"往"。此训意谓，全天下的人都归顺于你，你才是王。

(5)《尔雅·释言》："履，礼也。"

按：其义同上"礼"条。经典中，"履""礼"常互训。

(6)《尔雅·释训》："鬼之言归也。"

按：古人认为人死后为鬼，称死为归。

刘熙的《释名》，则是全部使用声训的著作。例如：

(1)《释形体》："颈，径也，径挺而长也。"

按："颈"的形状特征是"径挺而长"。

(2)《释天》："冬，终也，物终成也。"

按：何时为"冬"？在"物终成"的时候。

(3)《释饮食》："饼，并也，溲面使合并也。"

按：为什么叫"饼"？因为它的制作方法是"溲面使合并"。

但由于古人对声训缺乏正确的认识，因而制作了不少牵强附会的、不合理的声训，有的甚至达到了荒唐的程度。例如：

《释名·释疾病》："痔，食也，虫食之也。"

按：很难想象，"痔"的命名理据是"虫食之"。

因此，要审慎地对待古代的声训。

总之，古代字词典以及古代注释中有不少声训。一般来讲，声训不是所释之词的一个义项（义位），而是这个词的语源义，或者相关的意义。后代的字词典一般不收此义。合理的声训，被释词与训释词属于同源词。

(四) 语文义和文化义

作为全部词语总和的词汇，从体现文化意义的强弱有无的状况而言，可分为两类：无特定文化意义的语文词语和有不同程度文化意义的文化词语。相应地，词义从共时的角度，可以分成语文义和文化义。①

可以从“文化”的含义入手来看“文化义”的内涵。文化的含义主要有三种：第一义，指人类在社会发展过程中，通过体力和脑力劳动所取得的各种物质文明和精神文明的总和。可分为物质文化和精神文化。第二义，专指精神文明，即社会意识形态以及与之相应的典章制度、政治和社会组织、风俗习惯、学术思想、宗教信仰、文学艺术等。第三义，主要指一个民族的思想基础即哲学。显然，以上三义的范围是递减的，这说明，第三义所包含的范围是文化的核心部分。

于是，文化义也有宽狭三种：第一义，词义所显示的是物质文明和精神文明方面的意义；第二义，词义所显示的是精神文明方面的意义；第三义，词义所显示的是哲学思想方面的意义。

词义所显示的是没有特定文化方面的意义，则是语文义。

《说文解字》是我国第一部字典，一般来说，许慎所解释的意义大多是字词的本义。同时，许慎的释义还有一些是事物的得名之由，称之为语源义或相关的意义。另外，许慎是一位经学家，而且是当时的权威，时人称他“五经无双许叔重”。他的经学思想、伦理道德、哲学观念，自然要在《说文》中流露出来，例如：

一　唯初太极，道立于一，造分天地，化成万物。

地　元气初分，轻清阳为天，重浊阴为地，万物所陈列也。

示　天垂象，见吉凶，所以示人也。

三　天、地、人之道也。从三数。

① 黄金贵．古代文化词义集类辨考［M］．上海：上海教育出版社，1995：1 454.

这四个字词的解释，其中“一”是讲宇宙的形成，“地”是讲“地”的形成，“示”是讲天象显示吉、凶给人们看，“三”是讲它代表天道、地道和人道。这些解释都是哲学观念或文化概念，我们称之为文化义。

有时，许慎在词义之外再加上一些文化义；有时，许慎在声训之外再加上一些文化义。例如：

玉　石之美。有五德：润泽以温，仁之方也。䚡理自外，可以知中，义之方也。其声舒扬，尃以远闻，智之方也。不挠而折，勇之方也。锐廉而不忮，絜之方也。

禾　嘉穀也。二月始生，八月而孰，得时之中，故谓之禾。禾，木也。木王而生，金王而死。

木　冒也。冒地而生。东方之行。

火　燬也。南方之行。炎而上。

水　準也。北方之行。象众水并流，中有微阳之气也。

许慎对“玉”“禾”的训释，是在词义之外再加上一些文化义，对“木”“火”“水”的训释，是在声训之外再加上一些文化义。其中，“玉”是附加了像仁人、义士、智士、勇士、廉洁之士一样的五种美德；“禾”“木”“火”“水”是附加了阴阳五行之说：“禾”是属于五行中的“木”，而在五行中，“木”与四季之“春”相配，“金”与“秋”相配，因此“禾”是春天发芽生长，在秋天枯萎收割（按“木王”“金王”的“王”，后作旺）。在五行中，“木”与五方中的东方相配，“火”与南方相配，“水”与北方相配。

在古代文献中，对文化方面的概念解释得很多，这些解释有的具有社会性，能构成一个义位；有的没有社会性，不能构成一个义位。能构成义位的如：《论语·卫灵公》：“子贡问曰：‘有一言而可以终身行之者乎?’子曰：‘其恕乎！己所不欲，勿施于人。’”孔子的话解释了他所提倡的一种伦理道德。由于在封建社会中儒家思想占有统治地位，“恕”的“己所不欲，勿施于人”义便具有社会性，于是构成一个义位，各种古代汉语字词典都会列出这个义项。又如，“仁”的“对人亲善、仁爱”义、“义”的“符合正义或道德规范”义、“中庸”的“待人、处事不偏不倚，无过无不及”义，“节”的“气节、节操”义和“贞节”义等也都具有社会性，都分别构成了义位。不能构成义位的如：《左传·僖公二十四年》：“心不则德义之经为顽，口不道忠信之言为嚚。”（按：心里不学德义的准则为“顽”，嘴里不说忠信的话为“嚚 yín”）对“顽”和“嚚”的这种解释就不能构成一个义位。《说文》讲“一”的“宇宙形成”义，“地”的“大地形成”义，“示”的“天象显示吉、凶”义，“三”的“天道、地道和人道”义也都不能构成义位。

一个多义词往往既有语文义，又有文化义。例如，“趋”通用义是疾行、奔跑。《论语·微子》：“孔子下，欲与之言。趋而辟之，不得与之言。”又表示古代的一种礼节，即以碎步疾行表示敬意。《战国策·赵策四》：“入而徐趋，至而自谢。”再如，“道”的本义是道路，这是一个语文义。“道”还有如下一些文化义，一是指宇宙万物的本原、本体，如《周易·系辞上》：“一阴一阳谓之道。”《老子》第二十五章中称“道”是“先天地生”，“可以为天下母”。二是指道德、道义。三是指政治主张或思想体系。四是指道家、道教等。

词义的共时分类还有：基本义和非基本义、常用义和非常用义、主要义和次要义、中心义与过渡义和边缘义、通语义和方言义、泛指义和特指义、具体义和抽象义、固有义和临时义、中性义和褒贬义等，这些概念都不难理解。

第五章　古代汉语中词的书写形式

时有古今，地有南北，人们用文字来书写某词的时候，往往会出现用不同的字形来书写同一个词的现象，即出现一词多形现象也就是异形词，以前也有人叫异体词。

古代汉语以单音词为主，但也有不少复音词。古代汉语单音词的多形现象比较突出，在第二章中讲到的正体字和异体字、俗字与正字、古字和今字、繁体字和简化字，以及本字与通假字等，从词的角度来讲，也就是单音词的一词多形现象。本章则讨论古代汉语复音词的一词多形现象。

《第一批异形词整理表》称：普通话异形词指“普通话书面语中并存并用的同音（本规范中指声、韵、调完全相同）、同义（本规范中指理性意义、色彩意义和语法意义完全相同）而书面形式不同的词语”。该表整理了338组异形词（包括复音词和固定词组）。

那么古代汉语异形词呢？结合实际，可以认为古代汉语异形词是指在古代汉语书面语中并存并用的字数相同、读音相同相近（相近限于由于历史音变、方言音变等所形成的音近，以及限于单纯异形词、通假字、专名词语中）、意义相同（指一个义位的词汇意义、色彩意义、语法意义完全相同）而书写形式不同（或有造字上的联系）的词语。

一、单纯词的异形现象

两个或两个以上音节的单纯词，其音节字大多只是表音，字形与词义大多没有联系（注：有的单纯词中某一字单用有义，如“邂逅”的“逅”；有的单纯词本来由义同义近字联合而成，后来人们只注重其语音形式，而忽略其字义，如“窈窕”），不同地域或不同时代的人往往用不同的同音字（包括异体字、古今字、通假字等）来表示。单纯词的特点之一就是一词多形现象比较突出。

（一）古今字、异体字、通假字音节构成异形词

这里称其为“音节”，是因为构成单纯词的这些字虽是古今字、异体字、本字和通假字关系，但它们不表义，只是一个音节符号。

【扶疏】【枎疏】【扶疎】【扶踈】（fúshū）

枝叶繁茂分披貌。联绵词。今通用“扶疏”。

《说文·木部》：“枎，枎疏，四布也。”段注：“古书多作扶疏，同音假借也。”《吕氏春秋·任地》：“树肥无使扶疏，树墝不欲专生而族居。”南朝宋刘义庆《世说新语·汰侈》：“枝柯扶疎，世罕其比。”明刘基《梅颂》：“扶踈樠森清以直兮，玄冰冱寒不挠其节兮。”

按：依《说文》、段注，“枎”是本字，“扶”是通假字；“枎疏”是正形，其余是异形，其理据盖因该词是用以描写树木枝叶，故当从木。“疏”，《说文》有“疏”无“踈”“疎”，《广韵》作“踈”，而“疎”是俗写。《说文》：“疏，通也。”指疏通。《广韵·鱼韵》：“踈，通也。分也。俗作疎。”

【孜孜】【孳孳】【滋滋】

勤勉不懈怠。叠音词。今通用“孜孜”，如：“孜孜不倦”。

《尚书·益稷》：“予何言？予思日孜孜。”孔颖达疏：“孜孜者，勉功不怠之意。”《礼记·表记》：“俛焉日有孳孳，毙而后已。”陈澔集说：“孳孳，勤勉之貌。”西汉孔臧《与子琳书》：“顷来闻汝与诸友讲肄《书传》，滋滋昼夜，僮僮不怠。”

按：《说文·攴部》：“孜，汲汲也。从攴子声。《周书》曰：

‘孜孜无怠。’”指孜孜不倦。但“孜”一般不单用，“孜孜”应视作单纯词。“孜孜”通假为“孳孳”“滋滋”。《说文·子部》：“孳，汲汲生也。从子兹生。”指孳生（生育）。《玉篇·水部》：“滋，长也。”指生长。“孳”“滋”同源。

【呜呼】【呜乎】【呜虖】【乌乎】

表示悲伤，或赞美、感叹。感叹词。今通用“呜呼”。

《尚书·五子之歌》：“呜呼曷归，予怀之悲。”此表示悲伤。又《旅獒》：“呜呼！明王慎德，四夷咸宾。”此表赞美。《左传·襄公三十年》：“乌乎，必有此夫！”陆德明《释文》：“乌乎，本又作‘呜呼’，音同。”《汉书·武帝纪》：“麟凤在郊薮，河洛出图书。呜虖，何施而臻此与！”颜师古注：“虖读曰呼。呜呼，叹辞也。”清戴名世《戴氏宗谱序》：“呜乎！此先王之所以为平天下之要道也欤！”此表感叹。

按：“呜”，省略形旁为“乌”。“乎”，本是表示呼吸、呼唤，又假借为语气词。为区别起见，后造“呼”来表示“乎”的呼吸、呼唤义，“乎”“呼”成为古今字。然后“呼”又通作语气词“乎”。而“虖”本是表示老虎咆哮，也通作语气词“乎”。

（二）省略形旁构成异形词

【恍惚】【恍忽】【慌惚】【慌忽】【荒忽】（huǎnghū）

迷茫；神志不清。联绵词。该词还有一些其他写法。今通用“恍惚”“恍忽”。

《楚辞·九歌·湘夫人》：“荒忽兮远望，观流水兮潺湲。”洪兴祖补注：“荒忽，不分明之貌。”《礼记·祭义》：“于是谕其志意，以其慌惚以与神明交，庶或飨之。”《东观汉记·郅恽传》：“令为狂疾，恍惚不自知所言。”《全唐诗·梁太庙乐舞辞·送神》：“再拜慌忽，遐想昊穹。”《敦煌变文集新书·降魔变文》：“六师战惧惊嗟，心神恍忽。”

按：“慌”“恍”声、韵相同，“荒”“忽”分别是“慌”

“惚”的省略形旁字。

【赼趄】【趑趄】【趑且】【趦趄】【次且】(zījū)

想前进又不敢前进的样子，形容疑惧不决，犹豫观望。联绵词。今通用“趑趄”。

汉刘向《新序·杂事五》：“《易》曰：‘臀无肤，其行趑趄。’”一本作“趦趄”；今本《周易·夬》作“次且”。《文选·张载〈剑阁铭〉》：“一人荷戟，万夫趑趄。”李善注：“《广雅》曰：‘趑趄，难行也。’”《资治通鉴·陈文帝天嘉三年》：“帝征江州刺史周迪出镇湓城，又征其子入朝。迪趑且顾望，并不至。”

按：《说文·走部》：“赼，赼趄，行不进也。从走次声。”“趑”“趦”是变换了不同层级的声旁字；“赼”是“趑”的省声字；“次”“且”分别是“赼”“趄”的省略形旁字。

(三) 更换声旁构成异形词

【逶迤】【委蛇】【逶蛇】【逶迆】【委虵】【委佗】【委它】(wēiyí)

曲折伸展貌。联绵词。该词还有不少其他写法，这里仅列几种常见的。今通用“逶迤”“委蛇”。

《楚辞·离骚》：“驾八龙之婉婉兮，载云旗之委蛇。”《楚辞·远游》：“玄螭虫象并出进兮，形蟉虯而逶蛇。”蛇，一本作“迤”。《文选·扬雄〈甘泉赋〉》：“梁弱水之濎濙兮，蹑不周之逶迆。”吕向注：“逶迆，长曲貌。”迆，一本作“蛇”。《史记·苏秦传》：“嫂委虵蒲服，以面掩地而谢。”司马贞索隐：“委虵谓以面掩地而进，若虵行也。”《后汉书·任李万邳刘耿传赞》：“委佗还旅，二守焉依。”《后汉书·儒林传序》：“服方领习矩步者，委它乎其中。”李贤注：“委它，行貌也。”唐卢纶《与从弟瑾同下第后出关言别》诗：“杂花飞尽柳阴阴，官路逶迆绿草深。”

按："委"为"逶"的省略形符字；上古"也""它"同为喻$_{三}$歌部，同音，因此上古"迤""池""虵""蛇（委蛇）""佗（委佗）""它（委它）"同音。而"它"，古蛇字。曲折伸展貌，犹如蛇行，用"它""蛇"，声中有义。"佗"字从人，取人行义，从"人"与从"辵"义相通。

【芃芃】【蓬蓬】【菶菶】（péng péng）

茂盛的样子。叠音词。今通用"芃芃"。

《诗经·墉风·载驰》："我行其野，芃芃其麦。"毛传："愿行卫之野，麦芃芃然方盛长。"《诗经·小雅·采菽》："维柞之枝，其叶蓬蓬。"毛传："蓬蓬，盛貌。"《诗经·大雅·卷阿》："菶菶萋萋，雝雝喈喈。"毛传："梧桐盛也。"孔疏："其梧桐之生，则菶菶萋萋而茂盛。"

按："芃""蓬""菶"是更换声符形成异形。声符"凡""逢""奉"，上古均为並纽，今读唇齿音，反映了"上古轻唇归重唇"。"逢""奉"，上古为东部合口三等；"凡"，上古为侵部合口三等，而上古由"凡"得声的字如汎、風、颿、楓等都在东部（见《定声》。以平赅上去），这说明"凡"与"逢""奉"上古韵近。因此，三个声符字上古是音同或音近的，声符标音是准确或比较准确的。

（四）音同音近字构成异形词

【葡萄】【蒲陶】【蒲萄】【蒲桃】

西域大宛国语 bādaga 的音译词。一种落叶藤本植物，亦指此植物的果实。今通用"葡萄"。

《汉书·西域传上·大宛国》："汉使采蒲陶、目宿种归。"南朝梁何思澄《南苑逢美人》诗："风卷蒲萄带，日照石榴裙。"唐李颀《古从军行》："年年战骨埋荒外，空见蒲桃入汉家。"明李时珍《本草纲目·果五·葡萄》："葡萄……可以造酒……《汉书》言张骞使西域还，始得此种，而《神农本草》已有葡萄，则汉前陇西旧有，但未入关耳。”

按：四形中古汉语同音（上字同为並纽模韵合一平声，下字同为定纽豪韵开一平声），翻译同一词。

【师比】【犀毗】【鲜卑】【胥纰】【犀比】

匈奴语 serbi 的音译词。一种上有貔虎形象的金属带钩。今不常用。

《战国策·赵策二》：“遂赐周绍胡服衣冠，具带黄金师比，以傅王子也。”《楚辞·招魂》：“晋制犀比，费白日些。”《楚辞·大招》：“小腰秀颈，若鲜卑只。”王逸注：“鲜卑，衮带头也。”《史记·匈奴传》：“黄金饰具带一，黄金胥纰一。”《索引》引张晏云“鲜卑郭落带，瑞兽名也，东胡好服之”。《汉书·匈奴传上》：“黄金饬具带一，黄金犀毗一。”颜师古注：“犀毗，胡带之钩也。亦曰鲜卑，亦谓师比，总一物也，语有轻重耳。”

按：五形读音相同、相近，翻译同一物品，为异形词（“犀”［心脂］、“胥”［心鱼］、“师”［生脂］、“鲜”［心元］，心、生准双声，“脂”“元”旁对转，“鱼”“元”通转，四字读音相近；“毗”［並脂］、“纰”［滂脂］、“卑”［帮支］、“比”［帮脂］，帮、滂、並旁纽，脂、支通转，四字读音相近）。

【浮屠】【浮图】【佛陀】

梵语 buddha 的音译词，即佛。三形今都通用。

《后汉书·西域传·天竺》：“其人弱于月氏，脩浮图道，不杀伐，遂以成俗。”李贤注：“浮图，即佛也。”晋袁宏《后汉纪·明帝纪上》：“浮屠者，佛也。”《新唐书·狄仁杰传》：“后将造浮屠大像，度费数百万。”《魏书·释老志》：“浮屠正號曰佛陀。”

按：三形读音相同或相近，翻译同一称名，为异形词（浮，奉纽尤部开三；佛，奉纽物韵合三，两字声纽相同，韵主要元音相同，阴阳对转，所以两字音近。陀，定歌开一；屠、图，定模合一，两字声母相同，韵部相近，所以两字也音近）。

【铿锵】【铿鎗】

形容金玉或乐器等声音响亮。象声词。今通用“铿锵”。

《汉书·张禹传》：“优人筦弦铿锵极乐，昏夜乃罢。”《汉书·礼乐志》：“但能记其铿鎗鼓舞，而不能言其义。”颜师古注：“铿鎗，金石之声也。”《文选·司马相如〈上林赋〉》：“铿鎗闛鞈，洞心骇耳。”李善注：“铿鎗，钟声也。”《洛阳伽蓝记·永宁寺》：“至于高风永夜，宝铎和鸣，铿锵之声，闻及十余里。”

按：“锵”“鎗”同音（七羊切），而且都从金，同音替换。

二、合成词的异形现象

（一）古今字语素造成的异形词

“古今字语素”是指作为同一“语素”的两个字属于古今字关系。

【雷同】【靁同】

旧说打雷时，许多东西都同时响应。喻指随声附和，也指不该相同而相同。今用“雷同”。

《礼记·曲礼上》：“毋剿说，毋雷同。”郑玄注：“雷之发声，物无不同时应者；人之言当各由己，不当然也。”《后汉书·桓谭传》：“略靁同之俗语，详通人之雅谋。”李贤注：“靁之发声，众物同应，俗人无是非之心，出言同者谓之靁同。”唐杜甫《前出塞》诗之九：“众人贵苟得，欲语羞雷同。”

按：《说文》用“靁”。“靁”“雷”是古今字语素。

【晡时】【餔时】

申时，即午后三时至五时。今用“晡时”。

《淮南子·天文训》：“〔日〕至于悲谷，是谓餔时。”《汉书·王莽传下》：“乃壬午餔时，有列风雷雨发屋折木之变。”《汉书·五行志》：“日中时食从东北，过半，晡时复。”《西京杂记》卷四：“至二十四日晡时死。”

按：《说文》有“餔”无“晡”。《说文·食部》：“餔，日加申时食也。”指在下午申时（午后三时至五时）的时候吃饭。然后引申为申时。为区别起见，另造从日甫声之“晡”来表示此引申义（申时）。“晡”为“餔”的分化字。

【先驱】【先敺】

前行开路。先锋，前导。今用“先驱”。

《楚辞·离骚》：“前望舒使先驱兮，后飞廉使奔属。”《史记·绛侯周勃世家》：“天子先驱至，不得入。”《汉书·郊祀志下》：“前上甘泉，先敺失道。”师古曰：“敺與驱字同。”《汉书·薛广德传》：“先敺光禄大夫张猛进曰：‘臣闻主圣臣直’。”师古曰：“先敺，导乘輿也。敺与驱同。”

按：《说文·马部》：“驱，马驰也。（依王筠《句读》）从马区声。敺，古文驱从攴。”“敺”为“驱”的古字。

（二）异体字语素造成的异形词

“异体字语素”是指作为同一“语素”的两个或多个字属于异体字关系。

【光輝】【光暉】【光煇】

光明，光芒。今常用“光輝”，简化作“光辉”。

《孟子·尽心下》：“充实之谓美，充实而有光輝之谓大。”《荀子·天论》：“日月不高，则光暉不赫。”《史记·封禅书》：“权火举而祠，若光煇然属天焉。”

按：《说文》有“暉”“煇”无“輝”。《说文·日部》：“暉，光也。从日軍声。”指日光。《说文·火部》：“煇，光也。从火軍聲。”指火光。“輝”字从光軍聲，指光輝。三字造字所据事物有别，但表“光明”“光芒”义一也。三字实同一词。因此，“光暉”“光煇”“光輝”是异形词。

【懦夫】【愞夫】

软弱无能的人。今常用“懦夫”。

《孟子·万章下》：“故闻伯夷之风者，顽夫廉，懦夫有立志。”《全后汉文》王粲《吊夷齐文》：“厉清风于贪士，立果志于懦夫。”《晋书·山涛传论》：“岂闻伯夷之风欤，愞夫能立志者也。”

按：《说文·心部》：“懦，驽弱者也。”指胆小软弱。《广韵·过韵》：“愞，弱也。或从需。”“懦”“愞”异体字。

【耽思】【躭思】(dānsī)

潜心研究。该复音词今不常用。

《后汉书·荀爽传》：“爽遂耽思经书，庆吊不行，征命不应。”《三国志·魏志·李业兴传》：“耽思章句，好览异说。”《三国志·魏志·荀彧传》“叔父爽，司空”裴松之注引晋张璠《汉纪》：“爽字慈明，幼好学，年十二，通《春秋》《论语》，躭思经典，不应征命，积十数年。”《南齐书·祖冲之传》：“专功躭思，咸可得而言也。”

按：《说文》有“耽”无“躭”。《玉篇·身部》：“躭，俗耽字。”

（三）通假字语素造成的异形词

“通假字语素”是指某一语素字属于某个本字的通假字。

【女工】【女功】【女红】(nǚgōng)

古代指从事纺织、刺绣、缝纫等工作的妇女。引申之，指女子从事的纺织、刺绣、缝纫等工作。今用“女工”“女红”。

《周礼·天官·叙官》：“缝人奄二人，女御八人，女工八十人，奚三十人。”郑玄注：“女工，女奴晓裁缝者。”《淮南子·齐俗训》：“锦绣纂组，害女工者也。”《周礼·地官·酂长》：“趋其耕耨，稽其女功。”郑玄注：“女功，丝枲之事。”《汉书·

景帝纪》："雕文刻镂，伤农事者也；锦绣纂组，害女红者也。"颜师古注："红读曰功。"

按："工""功"古今字，"红"通假"工""功"，读作gōng。

【学童】【学僮】

年幼的学生。今常用"学童"。

许慎《说文解字·叙》："《尉律》：'学僮十七已上始试，讽籀书九千字，乃得为吏。'"清龚自珍《拟上今方言表》："夫乃外史达之，太史登之，学僮讽之，皆后兴者也。"《汉书·艺文志》："太史试学童，能讽书九千字以上，乃得为史。"鲁迅《呐喊·白光》："他刚到自己的房门口，七个学童便一齐放开喉咙，吱的念起书来。"

按：《说文·人部》："僮，未冠也。"年幼的学生本作学僮。《说文·辛部》："童，男有罪曰奴，奴曰童，女曰妾。""童"本是男性的奴仆。"僮"又通假"童"：《周易·蒙》："匪我求童蒙，童蒙求我。"《释文》："童，《字书》作僮。"可见，"学僮"为"学童"。

【熹微】【希微】

光线暗淡貌。今常用"熹微"。

晋陶潜《归去来兮辞》："问征夫以前路，恨晨光之熹微。"《晋书·陶潜传》作"希微"。宋叶适《营师常秉烛为人说气色戏成此绝》："曙色熹微已出门，擘浮热眼相旁人。"宋苏轼《欧阳少师令赋所蓄石屏》诗："何人遗公石屏风，上有水墨希微踪。"

按：《说文·火部》："熹，炙也。从火喜声。"指炙烤。引申为光明。《管子·侈靡》："古之祭，有时而星，有时而星熹。"注："熹，星之明。""熹微"当是主谓结构。而"希"是稀疏、稀少。盖"希"通作"熹"："希"，晓纽微部三开；"熹"，晓纽之部三开，两字音近。

(四) 语素字因声符类化或简省声符而造成的异形词

【穹隆】【穹窿】

凡物体中间隆起、四周下垂者，常用以形容天的形状。今用“穹隆”。

汉扬雄《太玄·玄告》：“天穹隆而周乎下。”范望注：“穹隆，天之形也。”《尔雅·释天》“穹苍”晋郭璞注：“天形穹隆，其色苍苍，因名。”南朝梁萧纲《梁简文帝集·京洛篇》：“重门远照耀，天阁复穹窿。”

按：“隆”字盖受前字“穹”的影响而类化增加形符“穴”作“窿”。

【瑕疵】【瘕疵】

玉的斑点，又喻指事物以及人的小小缺点。今常用“瑕疵”。

《全汉文·段孝直〈上表讼冤〉》：“寻以论迁剧邑，稍免瑕疵。”《淮南子·诠言训》：“岂若忧瘕疵之与痤疽之发，而豫备之哉！”北齐颜之推《颜氏家训·省事》：“或有劫持宰相瑕疵，而获酬谢。”《大藏经·佛说佛名经》：“故包藏瘕疵佛教不许。”

按：《说文·玉部》：“瑕，玉小赤也。从玉叚声。”指玉石上略有赤色。桂馥《义证》：“玉尚洁白，故谓小赤为病。”引申为玉上的斑点，又喻指事物以及人的缺点。《广韵·支韵》：“疵，黑病。”指黑斑。引申之，喻指事物以及人的缺点。“瑕疵”是同义并列复音词。《说文·疒部》：“瘕，女病也。乎加切。”指一种妇科病，即腹内结块。可见，“瑕疵”作“瘕疵”，是“瑕”受“疵”的字形影响而产生的声符类化现象。

【蛟龙】【交龙】

古代传说中指兴风作浪、能发洪水的龙。今常用“蛟龙”。

《庄子·秋水》：“夫水行不避蛟龙者，渔父之勇也。”《荀子·劝学》：“积土成山，风雨兴焉；积水成渊，蛟龙生焉。”《汉书·高帝纪上》：“父太公往视，则见交龙于上。已而有娠，遂产高祖。”《史记·高祖纪》作“蛟龙”。北魏郦道元《水经注·渭水》：“交龙扶舆而机不发。

按：“交”乃“蛟”之省略意符字。《四库全书总目（提要）·班马异同》：“蛟龙作交龙之类，特传写讹舛。”

（五）多种因素造成的异形词

【边陲】【边垂】【边埵】

犹边境。今用“边陲”。

《左传·成公十三年》：“芟夷我农功，虔刘我边垂。”汉刘向《新序·杂事四》：“〔郑伯〕曰：‘寡人无良边陲之臣以干天之祸。’”旧题宋人尤袤《全唐诗话·白敏中》：“崔铉诗云：‘边埵万里注恩波，宇宙群方洽凯歌。’”《全唐诗》崔铉诗作“边陲”。

按：《说文·土部》：“垂，远边也。从土𠂹（chuí）声。”指边境，边疆。古人往往在边境线上垒土石作标志，故字从土。《荀子·臣道》：“边境之臣处，则疆垂不丧。”杨倞注：“垂与陲同。”“垂”又通作“𠂹”，表示垂挂义等，于是乎又为其本义另造“陲”。因此，“垂”“陲”在表示边陲义上为古今字。至于“埵”，本音duǒ，本是表示坚土、土堆、堤防等义，《说文·土部》：“埵，坚土也。”而把“边陲”写作“边埵”，盖因误写所致。如上所述，在边境线上垒土石为“垂（陲）”，可见“垂（陲）”当有土石，而今楷书“陲”又不见“土”“石”，故想当然地误作“埵”。

【毫厘】【豪氂】【毫氂】【豪釐】【毫釐】（háolí）

一毫一厘（毫、厘是较小的计量单位），形容极少的数量。今作“毫厘”。

《礼记·经解》：“差若豪氂，缪以千里。”《史记·太史公自序》：“故《易》曰‘失之豪釐，差以千里’”。《后汉书·律历志》(中):“损益毫氂,差以千里。”《晋书·虞预传》:“毫釐之失,差以千里。”《全唐诗》钱起《江行无题一百首》:“较量人世事,不校一毫厘。”

按:“失之毫釐,差以千里”,大概是古代的格言,所以经传多用之。现代一般作“失之毫厘,谬以千里”,形容细微的失误,可导致巨大的差误。

其一,《说文》:“豪,豕鬣如笔管者,出南郡。”指豪猪。转指细而尖的毛。后来由于“豪”经常表示豪杰,为区别起见,就为“细而尖的毛”义另造“毫”字。

《说文》无“毫”字。《集韵·豪韵》:“毫,长锐毛。”指细而尖的毛。“毫”是“豪”的区别字。引申之,喻指极细微的东西。再引申,指较小的计量单位。

而后,“豪”又借作“毫”,表示较小的计量单位。陆德明《释文》释《礼记·经解》“差若豪氂”曰:“豪,依字作毫。”

其二,《广韵·之韵》:“氂,十毫。”指长度单位,十毫为氂,十氂为分。

“氂”字后来写作釐。《广韵·之韵》:“釐,理也。”指治理。转义表示较小的计量单位。陆德明《释文》释《礼记·经解》“差若豪氂”曰:“氂,李其反,本又作釐。”

“釐”字后来省作“厘”。

综上所述,“毫”“豪”是本字和假借字语素;“氂”“釐”是古今字语素,“釐”“厘”是异体字语素。

【疮痍】【创痍】【创夷】

创伤。引申之,比喻遭受破坏或灾害后的景象。今主要作“疮痍”,如满目疮痍。

《史记·季布栾布传》:“于今创痍未瘳,哙又面谀,欲摇动天下。”汉桓宽《盐铁论·国疾》:“然其祸累世不复,疮痍至今未息。”《三国志·吴志·程普传》:“攻城野战,身被创夷。”

按：《说文》“创”为“刅”的或体，释为“伤也”。本义就是创伤。读平声。后因“创”又表示开创等义，便为本义另造“疮”。《玉篇·疒部》：“疮，疮痍也。古作创。”创、疮古今字。《说文·疒部》：“痍，伤也。”指创伤。而《说文·大部》：“夷，东方之人也。”指我国古代居住在东部的民族，也用来泛指少数民族。“夷”，通假“痍”。

三、专名词语的异形现象

专名词语或称专有名词，人们一般将其与普通名词相对应。普通名词是表示一般的人和事物的名称的名词，而专名词语是表示特有的人或事物的名称的词语。对于古代汉语而言，专名词语包括人名、神祇名、民族名、国家名、地名、山河名，等等。

专名词语一般是单义词语。

【庖犧】【包犧】【炮犧】【包羲】【伏羲】【伏戲】【伏犧】【虙羲】【宓犧】【宓戲】（páoxī、fúxī）

古代传说中的三皇之一，风姓。相传其始画八卦，又教民渔猎，取犧牲以供庖厨，因称庖犧。

唐司马贞《三皇本纪》：“太皞庖犧氏，风姓，代燧人氏继天而王……养犧牲以庖廚，故曰庖犧。”《周易·系辞下》：“古者包犧氏之王天下也。”《汉书·律历志下》：“《易》曰：‘炮犧氏之王天下也。’言炮犧继天而王，为百王先，首德始於木，故为帝太昊。作罔罟以田渔，取犧牲，故天下号曰炮犧氏。”《汉书·郊祀志下》：“故包羲氏始受木德。”

《庄子·缮性》：“逮德下衰，及燧人、伏羲始为天下，是故顺而不一。”《庄子·大宗师》：“伏戲氏得之，以袭气母。”汉扬雄《法言·问道》：“鸿荒之世，圣人恶之，是以法始乎伏犧而成乎尧。”

《汉书·叙传》：“虙羲画卦，书契后作。”《汉书·古今人表》："太昊帝宓羲氏。"《礼记·月令》："其帝大皞。"汉郑玄注："大皞，宓戲氏。"《战国策·赵策二》："宓戲、神农教而不诛。"

按："庖犧"之名，盖因斯皇"取其犧牲以供庖廚"（孔颖达疏《尚书序》语）。名之后加"氏"字即"庖犧氏"为尊称。"庖"，通假为"包"、为"炮"，即"庖""炮""包"，是更换形旁或省略形旁。"庖"作"伏"："庖"，並纽幽部，"伏"，並纽职部，音近通假。"伏"今音读作fú，是语音演变的结果，反映了"古无轻唇音，轻唇读重唇"之说。"伏"作"虙"，"虙"並纽职部，同音替换。"宓"，亦音伏（按当今的古汉语字词典缺此音读，当补），字本作虙，即"宓"是"虙"的改换形符字。"羲"，分化字"犧"，通作"戲"，即"犧"是"羲"的增加形旁字，"羲""戲"同音（晓纽歌部）替换。

【荀卿】【孙卿】

荀子（约前313—前230），战国末思想家、教育家。名况，时人尊而号为"卿"。著有《荀子》。

《史记·荀卿传》："荀卿，赵人。年五十始来游学于齐……而荀卿三为祭酒焉。齐人或谗荀卿，荀卿乃适楚，而春申君以为兰陵令。春申君死而荀卿废，因家兰陵……序列着数万言而卒。因葬兰陵。"《索隐》："卿者，时人相尊而号为卿也。"《汉书·刑法志》："时唯孙卿明于王道。"师古曰："孙卿，楚人也，姓荀字况。"《汉书·艺文志》："孙卿子三十三篇。"师古曰："本曰荀卿。"

按：汪荣宝《法言义疏·君子》疏"孙卿非数家之书"曰："盖荀音同孙，语遂移易。如荆轲在卫，卫人谓之庆卿，而之燕，燕人谓之荆卿……然则'荀'之为'孙'，正如此比。""荀"，心纽真部；"孙"，心纽文部，真、文旁转。盖某方言"荀"之语音由真部流转为文部尔。今梅州、厦门读"荀"亦如"孙"。

【江妃】【江斐】【江婔】

传说中的神女。

汉刘向《列仙传·江妃二女》："江妃二女者，不知何所人也，出游於江汉之湄，逢郑交甫，见而悦之，不知其神人也。"《文选·郭璞〈江赋〉》李善注引《列仙传》作"江斐"。晋左思《蜀都赋》："试水客，舣轻舟；娉江斐，与神游。"梁陶弘景《真诰》："江婔登湄而解珮。"《广韵·微韵》："婔，江婔，神女。"

按："妃"，女神的尊称。"妃"（滂微），更换声旁作"斐"，盖因声旁"己"（见之）标音差别太大，于是更换语音很接近的声旁"非"（帮微），从而形成异形。"斐"又作"婔"，变上下结构为左右结构。

【由余】【繇余】

春秋时秦国大夫。祖先原为晋人，逃亡入戎。初在戎任职，转入秦，为秦穆公重用，任上卿。

《韩非子·十过》："昔者戎王使由余聘于秦。"《史记·秦纪》："戎王使由余于秦。由余，其先晋人也，亡入戎，能晋言。闻缪公贤，故使由余观秦。"《汉书·古今人表》："繇余。"师古曰："即由余。"《汉书·梅福传》："缪公行伯，繇余归德。"师古曰："即秦穆公也。伯，读曰霸。繇，读曰由。"

按：《说文·系部》："繇，随从也。"段《注》："繇之讹体作繇。当以周切。由，或繇字。古繇由通用一字也。"可见"由""繇"是同音替换字、异体字，而通用"由"。

【于阗】【于窴】（yūtián）（【和阗】【和田】）

古西域国名，在今新疆和田一带。

《史记·大宛传》："〔大宛〕东北则乌孙，东则打罙、于窴。于窴之西，则水皆西流，注西海。"《汉书·西域传上·于阗国》："于阗国，王治西城，去长安九千六百七十里……多玉石。”

按：《说文·门部》“阗，盛皃也。从门真声。”段《注》：“谓盛满于门中之皃也。”指充满的样子。又《穴部》：“窴，塞也。从穴真声。”指填塞。填塞则充满，“阗”“窴”音同义近，同源通用。《汉书·西域传》：“于阗国……多玉石。”“多玉石”犹如充满玉石，盖此为“于阗国”得名之由。“阗”作“窴”，在字形上则是更换相通的形旁构成异形。

作为地名，“于阗”后作“和阗”：“于”，匣纽鱼部；“和”，匣纽歌部，声同韵近，一声之转。“和阗”，现作“和田”：“阗”“田”同音替换，“田”字简单易写。

四、熟语的异形现象

熟语指习用的固定结构。例如，“乱七八糟”“不管三七二十一”“死马当作活马医”等。熟语语义结合紧密、语音和谐，经常作为一个完整的单位来使用，是语言中独立运用的词汇单位。熟语包括成语、谚语、歇后语和惯用语。

汉语熟语中最常见的是由四字构成的成语和习惯用语，如“一丝一毫”“年富力强”“喜笑颜开”等，人们通称其为四字熟语。

【孤苦伶仃】【孤苦零丁】

形容孤独困苦，无依无靠。《第一批异形词整理表》推荐用“孤苦伶仃”。

语出晋李密《陈情表》：“零丁孤苦，至于成立。”唐白居易《祭郎中弟文》：“今年春，除刑部侍郎。孤苦零丁，又加衰疾，殆无生意，岂有宦情？”元纪君祥《赵氏孤儿》第二折：“可怜三百口亲丁饮剑锋，刚留得孤苦伶仃一小童。”

按：“零丁”，叠韵联绵词，指孤独，没有依靠。由于该词通常用来形容人，于是改为或增加“人”旁，成为“伶仃”。

【骄奢淫逸】【骄奢淫泆】【骄奢淫佚】（jiāoshē yínyì）

指骄横奢侈，荒淫无度。《第一批异形词整理表》推荐用“骄奢淫逸”。

《左传·隐公三年》：“石碏谏曰：‘臣闻爱子，教之以义方，弗纳於邪。骄奢淫泆，所自邪也。”释文：“泆，音逸。”《旧唐书·柳泽传》引作“骄奢淫逸”。《朱子语类》卷一〇九：“故公卿之子孙，莫不骄奢淫佚。”

按：孔颖达疏《左传》“骄奢淫泆，所自邪也。”曰：“骄谓恃己陵物，奢谓夸矜僭上，淫谓耆欲过度，泆谓放恣无艺。此四者之来，从邪而起。”据此，“骄奢淫泆”是指傲慢无礼，荒淫放纵。“泆”“佚”“逸”，在表示放纵义上，实同一词。《尚书·酒诰》“淫泆于非彝”，《释文》云：“泆，又作逸，亦作佚。”从字形上看，“泆”“佚”是更换形旁而异形，“佚”“逸”是同音替代。今通用“骄奢淫逸”，并解释为指骄横奢侈，荒淫无度。(《现代汉语词典》)

【铤而走险】【挺而走险】

指因无路可走而采取冒险行动。《第一批异形词整理表》推荐用“铤而走险”。

《左传·文公十七年》：“铤而走险，急何能择。”唐萧颖士《赠韦司业书》：“挺而走险，何公之门，不可曳长裾乎?”

按：《说文·金部》：“铤，铜铁朴也。”指未经冶铸的铜铁。音 dìng。假借为快跑的样子，音 tǐng。“走险”，奔赴险处。《说文·手部》：“挺，拔也。”指拔出。“挺”通假“铤”。从字形上看，是更换形旁而异形。

【义无反顾】【义无返顾】

秉义直前，决不退缩回头。本作“义不反顾”。《第一批异形词整理表》推荐用“义无反顾”。

《史记·司马相如传》：“夫边郡之士……唯恐居后，触白刃，冒流矢，义不反顾。”《大明熹宗皇帝实录》卷之一：“此微臣当日具揭之，实忠愤所郁，义无返顾，一官七尺，都所不惜。”《宋大诏令集·武臣三·刘法检校少保制》：“竭智能而自奋，义无反顾。”

按：“反”“返”在表示返回义上，是古今字。

另外，《第一批异形词整理表》中整理的四字熟语还有一些是出自古代汉语的，例如（破折号前面的为推荐书写形式）：

无动于衷——无动于中

小题大做——小题大作

信口开河——信口开合（按亦作“信口开喝”“信口开呵”）

秀外慧中——秀外惠中

原原本本——源源本本、元元本本

再接再厉——再接再砺

直截了当——直捷了当、直接了当

必恭必敬——毕恭毕敬

出谋划策——出谋画策

发人深省——发人深醒

骨瘦如柴——骨瘦如豺

摩拳擦掌——磨拳擦掌

披星戴月——披星带月

死心塌地——死心踏地（按亦作“死心搭地”）

综上所述，古代汉语异形词的异素主要由同音字尤其是属于同音的异体字（包括正字与俗字）、古今字、本字和通假字、正字与讹字构成。异形词的异素若为不参与表义的同音字时，一词的多形现象就尤为突出。判断异形词的主要依据是：字数相同、语音相同或相近、意义相同、字形不同或有造字上的联系。

第六章　古代汉语的造词法

造词法是指创制新词的方法。新生事物出现以后，人们进行社会交际时需要用新词来表达，于是就会创制出新词。然而，一个个的新词，从无到有，是用什么方式方法制造出来的呢？这就是造词法问题。

当然，人们创制新词时，绝不会想到用什么方式或方法，更不会有个什么专家坐在屋里专门来造词，而是普通大众仿照当时已有的词汇，随时随地地进行类比创制出来，然后约定俗成的。

对造词法的研究，成就突出的有孙常叙、任学良、葛本仪等先生。孙常叙著有《汉语词汇》(1956)，其弟子张志毅称："在中国语言学史上，从科学意义上，先生第一次把造词法跟构词法并列，予以区分界定，并且构建了造词法体系。"（张志毅《再版序言》）任学良先生著有《汉语造词法》（1981)，这是时至今日唯一专门研究汉语造词法的专著，任氏建立了一个令人耳目一新的庞大造词法体系。葛本仪先生著有《汉语词汇研究》(1985)，他第一个把造词法与构词法区分开来，把两者构建成一个既相关但又独立的体系。

任学良先生的造词法体系，虽有不完善之处（如认为修辞学造词法所造出来的词不能分析结构形式)，但突出了造词法与构词法的联系，容易为初学者所接受，所以本章拟以任学良先生的成果为主，同时兼采葛本仪先生的造词法及其他新成果。

一、音义任意结合造词法

音义任意结合造词法就是用某一声音形式任意指称某种物象或任意表示某种概念内容，约定俗成，从而产生新词。

在人类创造语言的原始时期，词义和语音是没有必然的联系的。词是一种语言符号，语言符号的音义结合最初都是任意性的，当人们用某一语音形式去指称某种物象的时候，这一语音形式同时就获得了该物象所赋予的某种意义，音义这样结合后并且经过反复使用，约定俗成，就产生了语言中的词。这也就是说，先民造词，用什么音来表示什么义是偶然的，是约定俗成的。正如《荀子·正名》中所说的那样："名无固宜，约之以命，约定俗成谓之宜，异于约则谓之不宜。"语言中最早产生的一些词，往往就是用音义任意结合造词法创制出来的。以甲骨文为例：

日　月　水　火　山　石　土
春　秋　年　岁　月　日　今
麦　木　林　桑　苗　穗　叶
田　门　井　刀　网　弓　玉
兄　弟　妹　妻　子　侄　孙
首　面　眉　目　口　耳　足
东　西　上　下　左　右　中
甲　乙　丙　丁　子　丑　寅
一　二　三　四　十　百　千
大　小　长　幼　多　少　黄
见　立　采　取　游　战　射

以上甲骨文中的这些词，它们的音义之间都无必然联系，某种物象为什么要用这样的语音形式来表示，人们是无法解释的。

二、滋生造词法

汉语是有滋生词的。滋生造词法就是指在旧词的基础上，滋生出与之在音、义上具有历史渊源关系，彼此音近义通的新词，这种造词方法就叫滋生造词法。用滋生造词法造出的词可叫滋生词，或叫派生词；赖以造滋生词的旧词叫原生词，或叫根词、源词。

滋生造词法可分为义衍滋生式和音转滋生式两种。

（一）义衍滋生式

义衍滋生造词是指由词义引申分化而滋生新词的造词方法。词义引申产生新义，使一个词的义位多了起来，成为多义词。当多义词的义位之间差别较大时，或者人们认为需要明确区分不同的义位表达的不同事物时，便会把多义词中的某些义位从原生词中分化出来，成为独立的新词，即义衍滋生词。由于义衍滋生词是从原生词引申分化而来，所以会读音相同或相近、意义相近相通。例如：

（1）分 fēn（《广韵》府文切），分开，分别。——分 fèn，名分，职分。《礼记·礼运》："男有分，女有归。"《释文》："（分），扶问反。"

（2）将 jiāng（《广韵》即良切），扶持；带领。——将 jiàng，将领。《周礼·夏官·叙官》："军将皆命卿。"《释文》："（将），子匠反。"

（3）观 guān（《广韵》古丸切），观看。——观 guàn，宗庙或宫门外两旁的高建筑物。《礼记·礼运》："出游于观之上。"《释文》："（观），古乱反。"

（4）闻 wén（《广韵》无分切），听见；闻名。——闻 wèn，名声，名望。《诗经·大雅·卷阿》："令闻令望。"《释文》："（闻），音问。"

(5) 缝 féng (《广韵》符容切)，用针连缀，缝合。——缝 fèng，缝合的地方。《礼记·深衣》："要缝半下。"《释文》："(缝)，扶用反。"

(6) 卷 juǎn (《广韵》居转切，上声)，把物弯转成圆筒形。——卷 juàn，书卷。《礼记·曲礼上》："请业则起。"郑玄注："业谓篇卷也。"《释文》："(卷)，音眷，徐久恋反"。

(7) 冠 guān (《广韵》古丸切)，帽子。——冠 guàn，戴，戴帽子。《论语·先进》："冠者五六人。"《释文》："(冠)，古乱反。"

(8) 见 jiàn (《广韵》古电切)，看见。——见 xiàn，出现，显现，后作"现"。《论语·微子》："止子路宿，杀鸡为黍而食之，见其二子焉。"《释文》："(见)，贤遍反"。

(9) 弹 tán (《广韵》徒干切)，用弹弓发射弹丸。——弹 dàn，弹弓。《庄子·山木》："蹇裳躩步，执弹而留之。"《释文》："(弹)，徒旦反。"

(10) 朝 zhāo (《广韵》陟遥切)，早晨。——朝 cháo，朝见。《论语·宪问》："孔子沐浴而朝，告于哀公。"《释文》："(朝)，直遥反。"

(11) 恶 è (《广韵》乌各切，入声)，丑陋；不好，坏。——恶 wù，讨厌，厌恶。《左传·隐公元年》："庄公寤生……遂恶之。"《释文》："(恶)，乌路反。"

(12) 食 shí (《广韵》乘力切，入声)，吃。——食 sì，给……吃，后作"饲"。《诗经·豳风·七月》："采荼薪樗，食我农夫。"《释文》："(食)，音嗣。"

以上各组中的后词，是与前词（原生词）在音、义上有联系但书写形式相同的滋生词。又如：

(1) 右 (又)、佑、祐——"右"是右手。《说文·又部》："又，手也。""又"即今之"右"字。《广韵·宥韵》："右，左右。”“佑”是用右手助人。《广雅·释诂二》：“佑，助也。”“祐”是神助。《周易·系辞上》：“‘自天祐之，吉无不利。’子曰：‘祐者，助也。’”

“佑”“祐”都以“右”为声符，三字音同。可见，“右(又)”“佑”“祐”声同义通。“右”(又)是原生词，“佑”“祐”是滋生词。

(2) 耳、珥、刵——“耳”是耳朵。《说文·耳部》：“耳，主听也。”“珥”是塞耳的装饰品。《说文·玉部》：“珥，瑱也。”《一切经音义》(八)引《仓颉篇》：“珥，珠在耳也。耳珰垂珠者曰耳。”按：“珥”最初是塞在耳内的珠玉，后来变为耳坠子。“刵”是断耳的肉刑。《说文·刀部》：“刵，断耳也。”《尚书·康诰》：“劓刵人。”传：“刵，截耳。”“珥”“刵”以“耳”为声符，三字音同。可见，“耳”“珥”“刵”声同义通。“耳”是原生词，“珥”“刵”是滋生词。

(3) 蹄、踢(踶)——“蹄”是兽蹄。《庄子·马蹄》：“马，蹄可以践霜雪。”《释文》引司马云：“蹄，马足甲也。”“踶”是用蹄踢，后来扩大到一般的踢，写作“踢”。《玉篇·足部》：“踶，蹋也。”《庄子·马蹄》：“怒则分背相踶。”《释文》引《通俗文》：“小蹋谓之踶。”《正字通》：“踢，以足蹴物。”“蹄”“踶”定纽支部，“踢”透纽锡部，三字读音相同或相近。可见，“蹄”“踢(踶)”，音近义通。“蹄”是原生词，“踢(踶)”是滋生词。

(4) 颠、巅、槙——“颠”，头顶。《说文·页部》：“颠，顶也。”“巅”，山顶。《诗经·唐风·采苓》：“首阳之巅。”集传：“巅，山顶也。”“槙”，木顶(树杪)。《说文·木部》：“槙，木顶也。”“颠”“巅”“槙”，端纽真部。三字读音相同。可见，“颠”“巅”“槙”音同义通。“颠”是原生词，“巅”“槙”是滋生词。

（5）割、犗（jiè）、羯（jiè）、羠（jié）、犍（jiān）——“割”，割断。《尔雅·释诂一》：“割，断也。”“犗”，阉割牛。《说文·牛部》：“犗，騬牛也。”“羯”，阉割羊。《集韵·辖韵》：“羯，騬羊也。”“羠”，阉割过的公羊。《说文·羊部》：“羠，羊羖犗。”“犍”，阉割过的公牛。《说文·牛部》：“犍，騬牛。”“割”“犗”“羯”“羠”，见纽月部；“犍”，见纽元部。五字读音相同或相近。可见，“割”“犗”“羯”“羠”“犍”音近义通。

五字的关系可图示如下（直线前者是原生词，直线后者是滋生词。下同）：

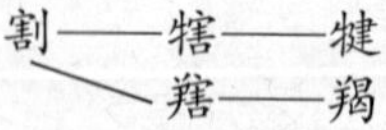

（6）北、背、脢（méi）、偝、负——“北”有背义。《说文·北部》：“北，乖也。从二人相背。”徐灏曰：“古者宫室皆南向，故以所背为北。”朱骏声曰：“人坐立皆面明背闇，故以背为南北之北。”“背”，脊背。《说文·肉部》：“背，脊也。”“脢”，背部的肉。《说文·肉部》：“脢，背肉也。”“偝”，背向。《广韵·队韵》：“偝，向偝。”“负”，用背驮东西。《释名·释姿容》：“负，背也。置项背也。”“北”“背”，帮纽职部；“偝”“负”，並纽职部；“脢”，明纽之部。可见，“北”“背”“脢”“偝”“负”音近（或同）义通。五字的关系可图示如下：

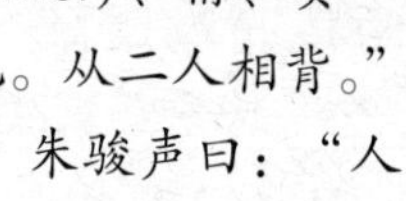

（7）枸篓、岣嵝、痀偻、瓯窭、偻句——“枸篓”有弯曲之意。王念孙《广雅疏证》卷七云：“枸篓者，盖中高而四下之貌。山颠谓之岣嵝，曲脊谓之痀偻，高田谓之瓯窭，义与枸篓并相近。倒言之则曰偻句。《昭二十五年左传》‘臧会窃其宝龟偻句’，龟背中高，故有斯称矣。”

按：“枸篓”，表示弯曲如弓的样子。“岣嵝”指山峰如弓，“痀偻”指人脊背如弓，“瓯窭”指高田如弓。“枸篓”又可倒言之曰“偻句”。四词都是联绵词，语音相同相近，意义相关。

以上是与原生词在音、义上有联系但书写形式不同的滋生词。

（二）音转滋生式

音转滋生造词是指由语音的流转变化而滋生新词的造词方法。一个词由于时间或空间的变动，语音会发生一些变化，从而滋生出与古音有某些差异而意义相同的新词，或滋生出与通语读音有某些差异而意义相同的方言词。这些新词或方言词，即音转滋生词。由于音转滋生词也是从原生词滋衍而来，所以会读音相同或相近、意义相同或基本相同。例如：

（1）超、跳——“超”“跳”都表示跳跃义。《说文·走部》：“超，跳也。”《孟子·梁惠王上》：“挟泰山以超北海。”《楚辞·九思·伤时》：“超五岭兮嵯峨。”注：“超，越也。”《说文·足部》：“跳，一曰跃也。”《楚辞·九辩》：“见执辔者非其人兮，故跼跳而远去。”洪兴祖补注引陆德明释文：“跳，徒聊切，跃也。”“超”，透纽宵部；“跳”，定纽宵部。两字音近义同。

（2）父、爸——两词都表示父亲义。《诗经·周南·葛覃》：“归宁父母。”《广雅·释亲》：“爸，父也。”王念孙曰：“爸者，父声之转。”“父”，並纽鱼部；“爸”，帮纽鱼部（按：“爸”的韵母保留了古读）。两字音近义同。

（3）怖（悑）、怕——两词都表示恐怖、害怕义。《说文·心部》：“悑，惶也。怖，或从布声。”通常写作“怖”。《文选·宋玉〈神女赋〉》：“意离未绝，神心怖覆。”李善注：“谓恐怖而反复也。”《淮南子·诠言训》：“福至则喜，祸至则怖。”《广韵·祃韵》：“怕，怕惧。”王力（1982）曰：“‘怕’是保存了‘怖’的古音。‘怕’就是‘怖’。‘怕’是中古新字，与入声‘怕’（音拍）解作恬静者不同字。”韩愈《双鸟》诗：“鬼神怕嘲咏。”“怖（悑）”，帮纽鱼部；“怕”，《广韵》“普驾切”，“怕”的韵母保留了“怖”的古读，声纽为旁纽。可见两字音近义同。

（4）迎、逆——两词都表示迎接义。《说文·辵部》：“逆，迎也。关东曰逆，关西曰迎。”《尔雅·释言》：“逆，迎也。”《方言》一：“逆，迎也。自关而东曰迎。”“迎”，疑纽阳部；“逆”，疑纽铎部，声纽相同，韵部对转。可见，两字音近义同。

（5）饷、饟——两词都表示进食给别人。《说文·食部》：“饷，饟也。”《广韵·漾韵》：“饷，饷馈。”《说文·食部》：“饟，周人谓饷曰饟。”《尔雅·释诂》：“饟，馈也。”“饷”，式亮切；“饟”，人漾切。两字音近义同。

（6）崔嵬、嵯峨、岑崟、岝崿、巉岩——五词都表示高峻貌。《楚辞·九章·涉江》：“带长铗之陆离兮，冠切云之崔嵬。”王逸注：“崔嵬，高貌。”《楚辞·淮南小山〈招隐士〉》：“山气巃嵸兮石嵯峨，溪谷崭岩兮水曾波。”王逸注：“嵯峨，巀嶭，峻蔽日也。”《说文·山部》：“岑，山之岑崟也。”《广雅·释诂》：“岑崟，高也。”《汉书·司马相如传·子虚赋》：“岑崟参差，日月蔽亏。”《广韵·铎韵》：“岝崿，山高。”三国魏嵇康《琴赋》：“互岭巉岩，岝崿岖崟。”《广雅·释诂》：“巉岩，高也。”《文选·宋玉〈高唐赋〉》：“登巉岩而下望兮。”

五词的音韵情况排列成下表：

崔（清微）	嵬（疑微）
嵯（从歌）	峨（疑歌）
岑（从侵）	崟（疑侵）

岺（从铎）　崿（疑铎）

巉（崇谈）　岩（疑谈）

这是五个迭韵联绵词。其中，五个词的第一字都是齿音，声纽相近；第二字都是疑纽。五个词的第一、第二字的韵部都是旁转、旁对转关系。可见，五词读音相近，意义相同。

三、语音学造词法

语音学造词法就是用不表义的音节来摹拟某种自然界的声音，从而创制新词的方法。事实上，这就是把某种声音语言化，使其变成了语言中的词。语音造词法或叫摹声造词法。

古代汉语词汇的发生和发展大致经历了原生、派生和合成三个阶段。语音造词法是各阶段都要采用的造词法，但在原生阶段则是一种主要造词法。

语音造词法可分为取声命名式、描绘情貌式、单纯拟声式、双声叠韵式、合音式、音译式等类型。

（一）取声命名式

用模仿事物发出的声音来给事物命名，这就是取声命名式造词法。例如：

[精卫] 鸟名，因为它叫的时候自呼其名，所以就用它的叫声命名为“精卫”。成语有“精卫填海”。

[布谷] 杜鹃（鸟名），它的叫声为“布谷”，所以一般就称它为布谷（或布谷鸟）。

[知了] 蝉，因叫的声音像“知了”，所以一般不称蝉而叫“知了”。

[促织] 蟋蟀，因叫声而得名。桂馥《说文解字义证》引高诱注《吕氏春秋》：“鸣似促织。”今或叫蛐蛐儿，也是取声命名。

刘熙《释名·释乐器》：“筝，施弦高急，筝然也。”“铙，声铙铙也。”意谓“筝”“铙”是取声命名。章太炎的《国故论衡》认为，马、牛、鹊、雀、雁、鹘鸠等都是摹其声而得其名的。杨树达的《高等国文法》认为鸦、猫、狗、鹅、鸭等“皆以其物自身所发生之声为其物之名”。刘师培《中国文学教科书》：“故‘火’之音即象火炽之声。”

学界比较公认的例子还有：“卜”，烧灸龟甲之声；“金”，金属撞击之声；“草”，履草之声；“萧”，风吹蒿叶之声；“水”，急湍相激之声；“风”，风动之声；“桐”，木鸣之声；“栗”，果裂之声；“蟋蟀”，该虫在草中跳动之声；“鸡”，鸡鸣之声；“蛙”，青蛙的叫声；等等。

（二）描绘情貌式

通过声音来描绘事物的情貌，这种造词方法就叫做描绘情貌式造词法。例如：

[汤汤] 水流大而急的样子。《尚书·尧典》：“汤汤洪水方割，荡荡怀山襄陵。”

[乾乾] 自强不息的样子。《周易·乾》：“君子终日乾乾，夕惕若厉，无咎。”

[赳赳] 雄壮威武的样子。《诗经·周南·兔罝》：“赳赳武夫，公侯干城。”

[习习] 微风和煦的样子。《诗经·邶风·谷风》：“习习谷风，以阴以雨。”

[章章] 繁盛的样子。《吕氏春秋·本生》：“万物章章，以害一生，生无不伤。”

[盈盈] 清澈的样子。《古诗十九首》之十：“盈盈一水间，脉脉不得语。”

一般的感叹词也是这样造的。例如：

[嘻] 叹词。表示赞叹。《庄子·养生主》：“文惠君曰：‘嘻，善哉！技盖至此乎！’”

[嘻] 叹词。表示惊叹。《庄子·让王》：“二人相视而笑曰：

‘嘻，异哉！此非吾所谓道也。’”

［嘻］叹词。表示遗憾或悲恨。《礼记·檀弓上》：“伯鱼之母死，期而犹哭。夫子闻之，曰：‘谁与哭者?’门人曰：‘鲤也。’夫子曰：‘嘻，其甚也。’”郑玄注：“嘻，悲恨之声。”

［嘻］叹词。表示惊怒或不满。《吕氏春秋·行论》：“楚庄王使文无畏于齐，过于宋，不先假道。还反，华元言于宋昭公……乃杀文无畏于杨梁之堤。庄王方削袂，闻之曰：‘嘻！’投袂而起，履及诸庭，剑及诸门。”高诱注：“嘻，怒貌也。”《战国策·赵策三》：“鲁仲连曰：‘然吾将使秦王烹醢梁王。’辛垣衍怏然不悦曰：‘嘻！亦太甚矣，先生之言也！先生又恶能使秦王烹醢梁王？’”

［噫］叹词。表示感叹或悲痛。《尚书·金縢》：“噫！公命我勿敢言。”《论语·先进》：“颜渊死。子曰：‘噫！天丧予！天丧予！’”何晏集解引包咸曰：“噫，痛伤之声。”

［訾］叹词。表示愤怒。《吕氏春秋·权勋》：“子反叱曰：‘訾！退，酒也。’”

［嗟乎（虖）］叹词。表示感叹。《韩非子·内储说下》：“嗟乎！臣有三罪，死而不自知乎?”《汉书·龚胜传》：“嗟虖！薰以香自烧，膏以明自销。”

［呜呼］叹词。表示悲伤。《尚书·五子之歌》：“呜呼曷归，予怀之悲。”

［呜呼（虖）］叹词。表示赞美或慨叹。《尚书·旅獒》：“呜呼！明王慎德，四夷咸宾。”《汉书·武帝纪》：“麟凤在郊薮，河洛出图书。呜虖，何施而臻此与！”颜师古注：“虖读曰呼。呜呼，叹辞也。”

（三）单纯拟声式

单纯拟声式造词法，既不命名，又不表示感情色彩，仅仅模拟客观事物的声音。例如：

［关关］鸟鸣声。《诗经·周南·关雎》："关关雎鸠，在河之洲。"

［薨薨］虫群飞声。又为填土声。《诗经·周南·螽斯》："螽斯羽，薨薨兮。"《诗经·大雅·绵》："捄之陾陾，度之薨薨。"

［辚辚］车行声。屈原《九歌·大司命》："乘龙兮辚辚，高驰兮冲天。"

［札札］织机声。《古诗十九首》之十："纤纤擢素手，札札弄机杼。"

［舆謣］抬重物时发出的号子声。《吕氏春秋·淫辞》："今举大木者，前呼舆謣，后亦应之。"

（四）双声叠韵式

这种造词法，就是取声母相同或韵部相同或声母韵部都相同的音节来造词。这种词通常是联绵字。例如：

［鸳鸯］鸟名。似野鸭，体形较小。嘴扁，颈长，趾间有蹼，善游泳，翼长，能飞。为我国著名特产珍禽之一。旧传雌雄偶居不离，古称"匹鸟"。《诗经·小雅·鸳鸯》："鸳鸯于飞，毕之罗之。"毛传："鸳鸯，匹鸟也。"晋崔豹《古今注·鸟兽》："鸳鸯，水鸟，凫类也。雌雄未尝相离，人得其一，则一思而死，故曰疋鸟。"

［蜻蛉］蜻蜓的别称。一说极似蜻蜓，唯前翅较短，不能远飞。《战国策·楚策四》："王独不见夫蜻蛉乎？六足四翼，飞翔乎天地之间。"

［契阔］勤苦，劳苦。《诗经·邶风·击鼓》："死生契阔，与子成说。"毛传："契阔，勤苦也。"

按："鸳鸯"，同为影纽，同声；"蜻蛉"，同为耕部，叠韵；"契阔"，同为溪纽月部，声母韵部均同。

（五）音译式

音译式造词法，就是模仿外族语言中某些词的声音来造词。平常大家都把这类词称作音译词。事实上，音译词也是一种摹声造词，只是模拟的对象是外语词的声音罢了。例如：

［医无闾］山名。盖为上古东夷语的音译词。见下“珣玗璂”。

［珣玗璂］玉名。盖亦为上古东夷语的音译词。《说文·玉部》：“珣，医无闾之珣玗璂。”段注：“《尔雅》曰：‘东北之美者，有医无闾之珣玗琪焉。’璂、琪同。医无闾，山名，在今盛京锦州府广宁县西十里，屈原赋谓之于微闾。珣玗璂合三字为玉名……盖医无闾，珣玗璂皆东夷语。”段氏谓医无闾、珣玗璂为上古东夷语的音译词。

［猩猩］一种哺乳动物。臂长，头尖，吻突，鼻平，口大。初作“生生”。盖为北狄语的音译词。《逸周书·王会》：“都郭生生，欺羽生生，若黄狗，能言。”晋孔晁注：“都郭，北狄；生生，兽名。”《山海经·海内经》作“狌狌”，《尔雅》作“猩猩”。

以上几种类型虽然模拟的对象不同，但它们却有一个共同的特点，那就是它们都是用汉语的语音形式对这些被模拟的声音加以改造，以使它们符合汉语语音的特点。这种模拟改造的过程，就是用语音造词的具体过程。

四、语法学造词法

语法学造词法包括词法学造词法和句法学造词法。词法学造词法是运用词法中的手段创造新词，可分为附加式、重叠式等；句法学造词法即复合式造词法，是把语素按照句法关系组合起来以创造新词，可细分为联合式、偏正式、述宾式、述补式、主谓式等类型。

（一）附加式

附加式造词法，就是给词根语素添加附加语素从而造出新词的方法。附加式一般按附加语素所在的位置分为前附式和后附式两种。先秦汉语已经使用附加式造词法。但前附式一般只认为有“有”字，后附式则有“然”“如”“若”“而”“尔”“耳”以及“焉”等。例如：

［有周］指周王朝。《尚书·召诰》：“王先服御事，比介于我有周御事。”《诗经·大雅·王文》：“有周不显，帝命不时。”毛传：“有周，周也。”

［喟然］感叹、叹息貌。《礼记·礼运》：“昔者仲尼与于蜡宾，事毕，出游于观之上，喟然而叹。”

［喟焉］感叹貌。《吕氏春秋·慎势》：“简公喟焉太息。”

按：“喟然”“喟焉”语义、用法相同，可见“然”“焉”语法作用相同。

（二）重叠式

重叠式造词，就是重叠词素造成新词的方法。这种造词法在先秦已经普遍使用。例如：

［世世］代代，累世。《徐王鼎》：“世世是若。”《尚书·微子之命》：“世世享德，万邦作式。”孔传：“言微子累世享德。”《史记·孟尝君传》：“齐得东国益强，而薛世世无患矣。”

［依依］轻柔披拂貌。《诗经·小雅·采薇》：“昔我往矣，杨柳依依；今我来思，雨雪霏霏。”

［皎皎］洁白貌。《诗经·小雅·白驹》：“皎皎白驹，在彼空谷。”

按：“世世”由名词性语素重叠而成；“依依”由动词性语素重叠而成；“皎皎”由形容词性语素重叠而成。

以上是由两个单音语素重叠构成AA式合成词，先秦还有由两个双音语素重叠构成的AABB式合成词。AA和BB意义或相近，或关系较为密切，组成合成词后表示一个更加概括的意义。例如：

［子子孙孙］子孙后裔，世世代代。《尚书·梓材》："欲至于万年惟王，子子孙孙永保民。"孔传："又欲令其子孙累世长居国以安民。"《列子·汤问》："子又有子，子又有孙；子子孙孙，无穷匮也。"汉扬雄《甘泉赋》："辉光眩耀，隆厥福兮；子子孙孙，长亡极兮。"

［战战兢兢］畏惧谨慎貌。《诗经·小雅·小旻》："战战兢兢，如临深渊，如履薄冰。"毛传："战战，恐也。兢兢，戒也。"《汉书·武帝纪》："战战兢兢，惧不克任，思昭天地，内惟自新。"

(三) 复合式

复合式造词法一般又分为联合式、偏正式、述宾式、主谓式、述补式五种。先秦汉语中，联合式、偏正式已经广泛使用，述宾式次之，主谓式刚刚出现，述补式还在孕育之中。

所谓联合式就是将两个具有并列关系的实语素组合凝固成词。例如：

［朋友］同师同道的人。《周易·兑》："君子以朋友讲习。"孔颖达疏："同门曰朋，同志曰友。朋友聚居，讲习道义。"《诗经·大雅·抑》："无言不雠，无德不报。惠于朋友，庶民小子。"《后汉书·马援传》："春卿事季孟，外有君臣之义，内有朋友之道。"

所谓偏正式就是将两个具有偏正关系的实语素组合凝固成词。例如：

［王道］儒家提出的一种以仁义治天下的政治主张。与霸道相对。《尚书·洪范》："无偏无党，王道荡荡。"《史记·十二诸侯年表》："孔子 明王道，干七十余君，莫能用。"

［先生］年长有学问的人。《孟子·告子下》："宋牼将之楚，

孟子遇于石丘，曰：'先生将何之？'"赵岐注："学士年长者，故谓之先生。"《战国策·齐策三》："孟尝君谳坐，谓三先生曰：'愿闻先生有以补之阙者。'"姚宏注："先生，长老，先己以生者也。"又称老师。《礼记·玉藻》："〔童子〕无事，则立主人之北南面，见先生，从人而入。"孔颖达疏："先生，师也。"《庄子·应帝王》："列子曰：'嘻，子之先生死矣，弗活矣。'"

按："王道"的正语素"道"是名词性的，"先生"的正语素是谓词性的。

所谓述宾式就是将两个具有述宾关系的实语素组合凝固成词。例如：

［执事］从事工作；主管其事。《周礼·天官·大宰》："九曰闲民，无常职，转移执事。"郑玄注引郑司农云："闲民，谓无事业者，转移为人执事，犹今佣赁也。"《史记·蒙恬传》："及成王有病甚殆，公旦自揃其爪以沉于河，曰：'王未有识，是旦执事。有罪殃，旦受其不祥。'"

所谓述补式就是将两个具有述补关系的实语素组合凝固成词。例如：

［磨（摩）灭］消失，湮灭。《文选·司马迁〈报任安书〉》："古者富贵而名摩灭，不可胜记，唯倜傥非常之人称焉。"

所谓主谓式就是将两个具有主谓关系的实语素组合凝固成词。例如：

［日食］月球运行到地球和太阳的中间时，太阳的光被月球挡住，不能射到地球上来，这种现象叫日食。《左传·昭公七年》："晋侯问于士文伯曰：'谁将当日食？'"《史记·秦纪》："三十四年，日食。厉共公卒，子躁公立。"

五、修辞学造词法

修辞学造词法就是利用现有的语言材料（词、语素），通过修辞手法（即所谓的辞格）来创造新词的方法。修辞学造词法是汉语词汇在合成阶段所用的一种次要的造词法。

修辞学造词法可按修辞方式来分类，分为比拟式、借代式、夸张式等。

(一) 比拟式

比拟式造词法则是用现有的语言材料，通过比喻、比拟等手段创制新词的方法。可分为两种类型：整个词是一个完整的比喻和词的一部分是比喻成分。

1. 整个词是一个完整的比喻

例如：

［秋毫］亦作“秋豪”。鸟兽在秋天新长出来的细毛。喻细微之物。《商君书·错法》：“夫离朱见秋豪百步之外，而不能以明目易人。”《孙子·形》：“举秋毫不为多力，视日月不为明目，闻雷霆不为聪耳。”

［涂炭］泥淖和炭灰。喻污浊之地。《孟子·公孙丑上》：“立於恶人之朝，与恶人言，如以朝衣朝冠坐於涂炭。”《韩诗外传》卷一：“廉洁直方，疾乱不治，恶邪不匡，虽居乡里，若坐涂炭。”

［肺腑］肺部。比喻帝王的宗室近亲。《史记·魏其武安侯传》：“上初即位，富於春秋，蚡（田蚡）以肺腑为京师相。”司马贞索隐：“腑音府，肺音废，言如肝肺之相附。”

［禽兽］鸟类和兽类的统称。比喻不知礼义或行为卑劣的人。《孟子·滕文公下》：“无父无君，是禽兽也。”

［鸳鸯］鸟名。旧传雌雄偶居不离，故称“匹鸟”。比喻夫妻。汉司马相如《琴歌》之一：“室迩人遐独我伤，何缘交颈为鸳鸯。”

［鸾凤］鸾鸟与凤凰。比喻贤俊之士。《楚辞·贾谊〈惜誓〉》：“独不见夫鸾凤之高翔兮，乃集大皇之野。”王逸注：“以

言贤者亦宜处山泽之中，周流观望，见高明之君，乃当仕也。”

［豺狼］豺与狼，皆凶兽。比喻凶残的恶人。《东观汉记·阳球传》：“愿假臣一月，必令豺狼、鸱枭悉伏其辜。”

［巨擘］大拇指。比喻杰出的人物。《孟子·滕文公下》：“于齐国之士，吾必以仲子为巨擘焉。”赵岐注：“巨擘，大指也。”

2. 词的一部分是比喻成分

例如：

［蚕食］如同蚕一样地吃。“蚕”是比喻成分。《韩非子·存韩》：“荆人不动，魏不足患也，则诸侯可蚕食而尽，赵氏可得与敌矣。”《史记·秦始皇本纪论》：“自缪公以来，稍蚕食诸侯，竟成始皇。”

［瓜分］如同切瓜一样地分割或分配。“瓜”是比喻成分。《战国策·赵策三》：“天下将因秦之怒，乘赵之敝而瓜分之。”唐柳宗元《封建论》：“周有天下，裂土田而瓜分之。”

［狐疑］像狐狸那样多疑。“狐”是比喻成分。《楚辞·离骚》：“欲从灵氛之吉占兮，心犹豫而狐疑。”《汉书·文帝纪》：“方大臣诛诸吕迎朕，朕狐疑，皆止朕，唯中尉宋昌劝朕。”

［响应］像回声那样应和。“响”是比喻成分。汉贾谊《过秦论上》：“天下云合响应，嬴粮而景从。”

［天河］银河。“河”是比喻成分。汉郑玄笺《诗经·大雅·云汉》“倬彼云汉”曰：“云汉，谓天河也。”北周庾信《镜赋》：“天河渐没，日轮将起。”

［瀑布］从悬崖或河床纵断面陡坡处倾泻下的水流，远看如挂着的白布。“布”是比喻成分。北魏郦道元《水经注·漯水》：“瀑布飞梁，悬河注壑，湍湍十许丈。”

又如，“鳞伤”，形容伤痕如鱼鳞一样多。“人熊”，罴的别名。因其直立行走时像人，故称。“冰凉”，像冰一样凉。“雪白”，像雪一样白。“笼罩”，像笼子一样罩在上面。“木耳”，菌的一种，生于朽木上，形状如人耳，故称。“吻合”，像嘴唇那样合在一起。

（二）借代式

借代式造词法是指借用事物本身的某特征来指称本事物，用得多了，便成为新词。例如：

［丹青］古代丹册纪勋，青史纪事，因以指代史籍。汉王充《论衡·书虚》：“俗语不实，成为丹青；丹青之文，贤圣惑焉。”宋文天祥《正气歌》：“时穷节乃见，一一垂丹青。”

［干戈］干和戈是古代常用武器，因以指代战争。《史记·儒林传序》：“然尚有干戈，平定四海，亦未暇遑庠序之事也。”晋葛洪《抱朴子·广譬》：“干戈兴则武夫奋，《韶》《夏》作则文儒起。”

［桑梓］家乡的桑树和梓树。《诗经·小雅·小弁》：“维桑与梓，必恭敬止。”朱熹集传：“桑、梓二木。古者五亩之宅，树之墙下，以遗子孙给蚕食、具器用者也……桑梓，父母所植。”东汉以来一直以“桑梓”借指故乡或乡亲父老。张衡《南都赋》：“永世克孝，怀桑梓焉；真人南巡，睹旧里焉。”

［请缨］《汉书·终军传》载：“南越与汉和亲，乃遣军使南越，说其王，欲令入朝，比内诸侯。军自请：‘愿受长缨，必羁南越王而致之阙下。’”后以“请缨”指自告奋勇请求杀敌。唐王勃《秋日登洪府滕王阁饯别序》：“无路请缨，等终军之弱冠；有怀投笔，慕宗悫之长风。”

又如，“巾帼”中的“帼”是古代妇女戴的头巾，因用巾帼指代妇女。（男子戴巾，这里偏指帼）“须眉”，胡子眉毛，指代男子。“驸马”，汉代有驸马都尉的官，后来皇帝的女婿都做这个官，因此驸马就成了皇帝女婿的代称。“东宫”，太子住的地方，借指太子。“玉兔”传说月中有兔，用以代称月亮。

（三）夸张式

用夸张手法造成新词，就是夸张式造词法。所谓夸张，就是极而言之，或极言其大，或极言其小。例如：

［万一］万分之一。表示极少的一部分。《文子·下德》："老子曰：'欲治之主不世出，可与治之臣不万一，以不世出求不万一，此至治所以千岁不一也。'"《后汉书·张俊传》："陛下德过天地，恩重父母，诚非臣俊破碎骸骨，举宗腐烂，所报万一。"

［万年］祝祷之词。犹万岁，长寿。《诗经·大雅·江汉》："虎拜稽首，天子万年。"郑玄笺："拜稽首者，受王命策书也。臣受恩，无可以报谢者，称言使君寿考而已。"《汉书·王褒传》："雍容垂拱，永永万年。"

［万世］很多世代。形容时代久远。《尚书·太甲上》："惟朕以怿，万世有辞。"宋苏轼《司马温公神道碑》："劝帝不受尊号，遂为万世法。"

［万端］形容方法、头绪、形态等极多而纷繁。《史记·魏公子传》："公子患之，数请魏王，及宾客辩士说王万端。"

［万千］形容数量很多。《武王伐纣平话》卷中："西伯侯囚牢中，常时占卜……有万千般祥瑞，可以待出免囚牢之难。"

［千言万语］形容说的话很多。唐吕岩《七言》诗之一："此道非从它外得，千言万语谩评论。"

可见，汉语常常用"万""千"来极言之。

汉语造词法主要有如上五大类若干小类。汉语单音词的制造，主要使用音义任意结合造词法、派生造词法，以及语音造词法；汉语复音词的制造，则主要使用语法造词法，以及语音造词法和修辞造词法。

六、综合式造词法

汉语词汇也有一些多音节词。这些多音节词往往是用两种或更多的造词法造出来的。例如：

［侃侃如］和悦的样子。《论语·乡党》：“朝，与大夫言，侃侃如也。”

按：“侃侃”先重叠，是重叠式造词法；然后再附加“如”，是附加式造词法。

［栩栩然］活泼生动的样子。《庄子·齐物论》：“昔者庄周梦为胡蝶，栩栩然胡蝶也。”

按：造词法同上。

［巍巍焉］高峻的样子。《吕氏春秋·观世》：“左右视，尚巍巍焉山在其上。”

按：造词法亦同上。

［高才生］才质颖异之士。亦作“高材生”。《后汉书·儒林传序》：“又诏高才生受《古文尚书》《毛诗》《谷梁》《左氏春秋》，虽不立学官，然皆擢高第为讲郎，给事近署，所以网罗遗逸，博存众家。”

按：“高”和“才”，是复合式（偏正）式造词法；然后“高才”和“生”，也是复合式（偏正）造词法。

［急性子］性情急躁。元尚仲贤《柳毅传书》第三折：“他须不仁，你也太急性子。若上帝不见谅时，怎么是好。”

按：“性子”，附加式；“急”和“性子”，复合式（偏正）造词法。

造词法和构词法是词汇学中的两个重要内容，它们的关系与文字学中的造字法和汉字的结构关系相当，属于一个问题的两个方面。造词法是从动态的角度，研究一个个的新词是怎样创制出来的，有哪些条例；构词法是从静态的角度，研究一个个现有词的结构，有哪些条例。两者在合成词方面有一定的对应关系，具体如下：

造词法	构词法	词例
附加式造词法——	附加式合成词	有夏、石头
重叠式造词法——	重叠式合成词	夭夭、岌岌
复合式造词法——	复合式合成词	朋友、妇人

但是，造词法中有修辞学造词法，但在构词法中没有修辞式合成词，用修辞学造词法造出的词一般分属于各种复合式合成词。例如：

[龙眼] 比喻式造词法、偏正式合成词

[丹青] 借代式造词法、联合式合成词

第七章　古代汉语词汇的构成和特点

古代汉语词汇是古代汉语所拥有的词和固定语的总汇，是一个集合体。古代汉语词汇十分丰富，数量很庞大，以目前通行的《汉语大词典》为例，该词典是目前收词最多的汉语词典，该词典采取“古今兼收，源流并重”的做法，共收词目 37 万余条，其中主要是古代汉语词汇。对于这样一笔庞大的语言财富，有必要加以分类，进而掌握其特点。

古代汉语的词汇，可以从下面五个角度来看其构成和特点。

一、从词汇的历史形成来看构成

古代汉语词汇是由各个历史时期所产生的词逐渐积累而成的。古代汉语词汇的发生和积累，大约经历了三个阶段，即原生阶段、滋生阶段和合成阶段。① 这三个阶段各自造的词，主要是原生词、滋生词和合成词。

（一）原生词

原生词是汉语词汇在原始积累时期所制造的词。汉语和世界其他任何一种语言一样，有过一段为时很长的原生造词时期。这段时期，汉语可能在殷商以前。殷商甲骨文中应该承载了一批原生词，例如，表示天文气象的词，如“日”“月”“风”“云”

① 王宁. 训诂学原理［M］. 北京：中国国际广播出版社，1996：134.

“雨”“虹”“蜺”“雪”等；表示人体的词，如“人”“手”“止”“口”“耳”“目”等；表示第一人称代词，如“余”“朕”“我”，第二人称代词，如“女”“乃”；表示数字的词，如“一”“二”“十”等。原生词的音义结合不能从语言内部寻找理据，而是先民在社会活动中约定俗成的。

（二）滋生词

滋生词是由原生词滋生而来的词。滋生词或称派生词。“汉语滋生词和欧洲语言的派生词不同。欧洲语言的派生词，一般是原生词加后缀，往往是增加一个音节。汉字都是单音节的，因此，汉语滋生词不可能是原生词加后缀，只能在音节本身发生变化，或者仅仅在声调上发生变化，甚至只有字形的不同。”① 滋生阶段是汉语词汇积累最重要的阶段。在原生阶段的晚期，就已经产生了少量的滋生词。而当词汇的原始积累接近完成时，滋生造词逐渐成为占主导地位的造词方法。这一阶段，汉语由已有的旧词大量滋生出单音节的新词。周秦时代是汉语词汇滋生的高峰期，在纷繁的滋生活动中，积累了大量的同源词。②

古汉语词汇的第一个特点是拥有丰富的滋生词。

（三）合成词

合成词是由两个或两个以上的单音原生词或滋生词汇合凝结而成的复音词。由于汉语音节是有限的，因此原生词、滋生词也是有限的，否则势必产生过多的同音词而影响人们的正常交际。当滋生造词不能满足词汇继续增长的需要时，新的造词法势必孕育而生，这就是合成造词。早在周秦时期就已产生了不少复合式合成词，其中以并列合成式为主。到了东汉，复合式造词法已经

① 王力. 同源字典［M］. 北京：商务印务馆，1982：46.

② 王宁. 训诂学原理［M］. 北京：中国国际广播出版社，1996：147.

基本成熟，而后，复合式造词法成为汉语造词的主要方法，新生词则主要是复合词了。例如，《世说新语》："躯体"（即身体），属于并列式；"江表"（指长江以南地区），属于偏正式；"瞋目"（瞪大眼睛），属于述宾式；"自居"（自以为具备某种特长），属于主谓式；"说合"，属于述补式。

二、从词的语音形式来看构成

从语言来讲，词的表现形式是语音，语音是词的物质外壳。古代汉语的词，在语音上有多种形式：单音词、复音词。

（一）单音词

由一个音节构成的词，叫单音词。由两个或两个以上的音节构成的词，叫复音词。从书面形式来看，单音词是用一个字表示的词，例如，"子""曰""学""而""时""习""之"。

古汉语词汇的第二个主要特点就是以单音词为主，尤其在先秦时代，单音词占绝对优势（见表 7－1）。

表 7－1　《论语》与《孟子》中的词语使用情况①

	词语数量			使用频率			材料来源
	总量	单音词	复音词	总次数	单音词	复音词	
《论语》	1 588 个	1 121 个（70.6%）	467 个（29.4%）	14 123 次	12 769 次（90.5%）	1 345 次（9.5%）	杨伯峻《论语译注》
《孟子》	2 394 个	1 579 个（66%）	815 个（34%）	31 870 次	28 800 次（90.4%）	3 070 次（9.6%）	杨伯峻《孟子译注》

注：这里的复音词还包括常见的习语、词组。

① 林仲湘．古汉语词汇常识［M］．贵阳：贵州人民出版社，1986．

从表 7－1 中可以清楚看到上古汉语的单音词无论是在数量上，还是在使用频率上，都是占优势的。

古代汉语词汇为什么以单音词为主呢？这不是偶然的，而是有其深刻的历史原因的。

首先，古代汉语词汇以单音节词为主，这是与其载体——汉字完美配合、相得益彰的结果。汉字是一种表意体系的文字，一般来讲，每一个汉字（字形）都有一定的音和义，具有很大的独立性；而古汉语词汇以单音词为主，每一个词都是一个音和义结合体，在语言中独立性强，能够灵活运用，这正好与汉字相配合——一个汉字正好能记载一个词，一个词正好由一个汉字来表示，因而单音词成为上古汉语词汇的主体。

其次，古代汉语词汇以单音节词为主，也是由当时的社会条件决定的。上古时代的书写条件是相当困难的。相传东汉蔡伦发明了纸，那么在纸张发明以前，古人是怎样书写呢？最初是把字刻在龟甲或兽骨上，这些刻有文字的甲骨，就是那个时代的"书籍"。稍后，是把字刻在竹简或木札上（直到发明笔墨后，才改用笔墨书写），再串联起来成为"书"。这样的书写条件，当然就要求文字越简单越好。因此，古人在写文章时，总是力求用最少的字来表达自己最丰富的思想，单音词正好适应了这种需求。

（二）复音词

由两个或两个以上的音节构成的词，叫复音词。其中两个音节的词又叫双音词，例如，"君子""孝悌""朋友""弟子""诸侯""便辟""寡小君""牛马走""战战兢兢"。在古代汉语复音词中，以双音词为多数。

古代汉语词汇已有不少复音词。例如：

诗经·关雎

<u>关关</u> <u>雎鸠</u>，在河之洲。<u>窈窕</u> <u>淑女</u>，<u>君子</u> 好逑。

参差 荇菜，左右流之。窈窕 淑女，寤寐 求之。
求之不得，寤寐 思服。悠哉悠哉，辗转 反侧。
参差 荇菜，左右采之。窈窕 淑女，琴瑟友之。
参差 荇菜，左右芼之。窈窕 淑女，钟鼓乐之。
（说明：下加线条者为复音词）

这是一首八十字的民歌。其中复音词有："关关""雎鸠""窈窕（4 次）""淑女（4 次）""君子""参差（3 次）""荇菜（3 次）""寤寐""辗转""反侧"，共 10 词，出现 20 次。由于是民歌，接近口语，故复音词相对较多。

三、从词的结构来看构成

古代汉语的每一个词，是由不同的结构成分组合而成的。从这个角度来看，古代汉语的词可分为单纯词和合成词。

（一）单纯词

由一个语素构成的词，叫做单纯词。单纯词有单音节的，如"天""地""人""口""耳""目"等。单纯词又有双音节的，古汉语的双音节单纯词主要是联绵词、音译词和叠音词，而联绵词又分双声、叠韵和其他（没有双声叠韵关系）三小类。图示如下：

- 单纯词
  - 单音节：天、地、人、口、耳、目
  - 双音节
    - 联绵词
      - 双声：踟躇、仓猝
      - 叠韵：苍茫、匍匐
      - 其他：芙蓉、翱翔
    - 音译词：咖啡、葡萄
    - 叠音词（叠字）：菁菁、湿湿

古代汉语词汇的第三个特点是有不少联绵词和叠音词。

联绵词是一种双音节的单纯词，两个音节大多有双声、叠韵或既有双声又有叠韵的关系。双声就是构成复音词的两个音节的声母相同，如“蜘蛛”（声母都是端纽。按指上古音，下同）。叠韵就是构成复音词的两个音节的韵部相同，如“窈窕”（韵部都是幽部）。这种双声叠韵词具有听觉上的美感，听起来和谐悦耳。

双声词，例如：

（1）击鼓其镗，踊跃用兵。（《诗经·邶风·击鼓》）

（2）蒹葭苍苍，白露为霜。（《诗经·秦风·蒹葭》）

（3）一之日觱发，二之日栗烈。（《诗经·豳风·七月》）

（4）惟草木之零落兮。（《楚辞·离骚》）

（5）彼尧舜之耿介兮。（《楚辞·离骚》）

（6）璆锵鸣兮琳琅。（《楚辞·九歌·东皇太一》）

（7）聊逍遥兮容与。（《楚辞·九歌·湘夫人》）

叠韵词，例如：

（1）彼汾沮洳，言采其莫。（《诗经·魏风·汾沮洳》）

（2）绸缪束薪，三星在天。（《诗经·唐风·绸缪》）

（3）月出皎兮，佼人僚兮，舒窈纠兮，劳心悄兮。（《诗经·陈风·月出》）

（4）予发曲局，薄言归沐。（《诗经·小雅·采绿》）

（5）灵偃蹇兮姣服，芳菲菲兮满堂。（《楚辞·九歌·东皇太一》）

（6）带长铗之陆离兮，冠切云之崔嵬。（《楚辞·九章·涉江》）

（7）心婵媛而无告兮，口噤闭而不言。（《楚辞·刘向〈九叹·思古〉》）

没有双声叠韵的，例如：

（1）月离于毕，俾滂沱矣。（《诗经·小雅·渐渐之石》。按：滂沱：大雨貌。非双声叠韵联绵字。上古音中，滂：滂、阳，沱：定、歌）

（2）缥乎忽忽，若神仙之仿佛。（司马相如《子虚赋》。按：仿佛：好像、似乎。非双声叠韵联绵字。上古音中，仿：滂、阳，佛：並、屋）

总之，古代汉语的双声叠韵词很丰富，人们很喜欢运用双声叠韵的办法构成复音词，甚至连人名也都用双声、叠韵，如灭明、提弥明、袁涛涂、曹翰胡和皋陶、奚齐、须无、伶州鸠等。动植物名也多用双声叠韵，如詹诸、伊威（虫名）、鸯鸳、鷦鷯（鸟名）、薢茩、蒹葭（草名）、唐棣（木名）等是双声词；而螟蛉、蜉蝣（虫名）、仓庚、鸖鷍、鵜鶘（鸟名）、芍药、芙蕖、夫须（草名）、无姑、茱萸（木名）等是叠韵词。

叠音词是用两个语音形式相同的音节重叠起来构成的词。古代汉语中，出现了大量的这类词语，例如：

（1）桃之夭夭，灼灼其华。（《诗经·周南·桃夭》）

（2）河水洋洋，北流活活。（《诗经·卫风·硕人》）

（3）氓之蚩蚩，抱布贸丝。（《诗经·卫风·氓》）

（4）风雨凄凄，鸡鸣喈喈。（《诗经·郑风·风雨》）

（5）溱与洧，方涣涣兮。（《诗经·郑风·溱洧》）

（6）坎坎伐檀兮，寘之河之干兮。（《诗经·魏风·伐檀》）

（7）肃肃鸨羽，集于苞栩。（《诗经·唐风·鸨羽》）

（8）老冉冉其将至兮，恐修名之不立。（《楚辞·离骚》）

（9）五音纷兮繁会，君欣欣兮乐康。（《楚辞·九歌·东皇太一》）

（10）灵连蜷兮既留，烂昭昭兮未央。（《楚辞·九歌·云中君》）

（11）望长楸而太息兮，涕淫淫其若霰。（《楚辞·九章·哀郢》）

这些叠音词主要是形容词。

（二）合成词

由两个或两个以上的语素构成的词，叫做合成词。合成词分为重叠式、复合式、附加式三种。重叠式合成词是由一个语素重叠以后构成的。复合式合成词是由实词素与实词素合成的词。复合式又分“联合（或称并列）”“偏正”“述宾”“述补”“主谓”五小类。附加式合成词是由实词素和附加词素构成的词。附加式又分“前缀式”“后缀式”两小类。列表如下：

- 合成词
  - 重叠式（叠词）：迟迟、忡忡
  - 复合式
    - 联合式：聪明、窗牖；车马、得失
    - 偏正式：元帅、夫人
    - 述宾式：执事、将军
    - 述补式：摧折、枯死
    - 主谓式：政治、自杀
  - 附加式
    - 前缀式：第一、老虎
    - 后缀式：晏然、女子

古代汉语词汇的第四个特点是古汉语复合词的构词法跟句法一致。例如，汉语词组的主要结构类型为“联合”（或称并列）“偏正”“述宾”“述补”“主谓”，而复合词的构成格式也同样是这五种。因此，汉语里常有词组转化为词的现象（如“国家”“衣裳”），而一个双音组合是词还是词组有时难以确定（如“打仗”“吵架”）。

古汉语词汇的第五个特点是古代汉语有一种特殊的词汇——偏义复词。偏义复词指构成复合词的两个语素，它们在表现整个词的意义时，其中一个语素的意义不起作用，而由另一个语素表现其意义。也就是说，复合词的词义只偏于其中的一个语素的意义一边，另一个语素只起陪衬的作用。在学习古代汉语的词汇时，必须注意这种现象，不然，就不能正确掌握这些词语的意义。例如，《韩非子·储说右上》：“宋人有酤酒者，升槩甚平。”

这里的“升槩”是一个复合词，升是量酒器（按：升也是量米器，即斗升的升），槩是“平斗斛木”，是量米时括平升、斗面的工具。在这个句子里，酤酒只用到升，不会用到槩，所以这里所说的“升槩”实际只指升，槩字的意义不起作用，词语的意义偏于升的一面。这就是偏义现象。又如，《汉书·张汤传》：“安世应曰：君之功高，明主所知。人臣执事，何长短而自言乎?”这里的“长短”实只用到“长”的意义，即自言长处。再如，诸葛亮《前出师表》：“宫中府中，俱为一体，陟罚臧否，不宜异同。”“异同”一词，在这里实也只用到“异”的意义，“同”字仅作陪衬。《史记·刺客传》：“今杀人之相，相又国君之亲，此其势不可以多人。多人不能无生得失，生得失则语泄。”“得失”只偏于“失”。

偏义复词的构成，大致可以分为两类。一类是由相同相类的语素构成的，例如，《韩非子·解老》中的“田荒则府仓虚”，古代府与仓的意义有别，府是指财库，仓是指粮库。“田荒”只能使仓虚，府在这里只是作为陪衬；又如，《墨子·非攻》：“今有一人，入人园圃，窃其桃李。”古代以园表示种树之所，以圃表示种菜之所。这里，“窃其桃李”的只能是园，圃字无义。这些都是由同义或类义语素构成偏义复词。另一类是由反义语素构成，例如，《后汉书·何进传》：“先帝尝与太后不快，几至成败。”“成”“败”的意义相反，这里只取“败”的意义。又如，曹操《整齐风俗令》：“闻冀州俗，父子异部，更相毁誉。”“毁”“誉”反义，这里只用毁的意义。

偏义复词既然只是其中的一个语素起作用，为什么要使用复合词呢？大概使用双音节的复合词，其目的是在于使词语形成双音节（即形成骈偶），以便与上下的词语相调配，同时也使语言的节奏更加平稳，语气更加和缓、委婉，从而达到一定的修辞效果。

四、从词的意义来看构成

从词的意义来分，古代汉语的词可分为单义词和多义词。

（一）单义词

一个词只有一个意义，叫单义词。现代汉语的单义词不多，古代也较少。如“嚏”，只有“打喷嚏”这一意义；“嚭”只有“大”这一意义；“葡萄”仅表示一种水果的名称；等等。

（二）多义词

一个词具有多个意义，就叫做多义词。古代汉语多义词很多，词的多义性可以说是古代汉语词汇的第六个特点。古代汉语复音词虽然也有一词多义的问题，但与单音词比较起来，就“相形见绌”了。例如：

“行（xíng）”这个词，就有好多个义项：

首先，“行”本指道路，读 háng。《诗经·豳风·七月》：“女执懿筐，遵彼微行。”孔颖达疏：“行，训为道也。步道谓之径，微行为墙下径。”

转而作动词，读 xíng，一指行走。《诗经·唐风·杕（dì，树木挺立貌）杜》：“独行踽踽（jǔ，孤单貌），岂无他人？不如我同父。”唐杜甫《无家别》诗：“人行见空巷，日瘦气惨凄。”

一指（车船）行驶。《庄子·天运》：“夫水行莫如用舟，而陆行莫如用车。”

一指运行。《尚书·洪范》：“日月之行，则有冬有夏。”

一谓围棋下子。《淮南子·说林训》：“行一棋不足以见智，弹一弦不足以见悲。”

一指疏通，疏浚。《汉书·沟洫志》：“禹之行河水，本随西山下东北去。”颜师古注：“行谓通流也。”

一指流动，流通。《周易·小畜》：“风行天上。”《素问·举痛论》：“寒则腠理闭，气不行，故气收矣。”

一指流行，流传。汉阮瑀《为曹公作书与孙权》：“疫旱并行，人兵减损。”唐李阳冰《李翰林〈草堂集〉序》：“今古文集，遏而不行，惟公文章，横被六合，可谓力敌造化欤！”

一指传布，散布。《左传·襄公二十五年》：“言之无文，行而不远。”唐李白《送王屋山人魏万还王屋》诗：“五峰转月色，百里行松声。”

一谓斟酒。《仪礼·大射》：“公又行一爵，若宾若长，唯公所赐。”

一指出游。南朝谢惠连《捣衣》诗：“纨素既已成，君子行未归。”

一指行装。《史记·曹相国世家》：“惠帝二年，萧何卒。参闻之，告舍人趣治行，‘吾将入相’。居无何，使者果召参。”

一指去，离开。《国语·晋语二》：“舟之侨告诸其族曰：‘众谓虢亡不久，吾今乃知之……内外无亲，其谁云救也。吾不忍俟也。’将行，以其族适晋。”韦昭注：“行，去也。”

一指去世。《吕氏春秋·知接》：“管仲有疾，桓公往问之，曰：‘仲父之疾病矣，将何以教寡人？’管仲曰：‘齐鄙人有谚曰：‘居者无载，行者无埋。今臣将有远行，胡可以问。’’”高诱注：“行，谓即世也。”

一指埋葬。《谷梁传·庄公元年》：“生服之，死行之，礼也。”

一指出嫁。《左传·桓公九年》：“凡诸侯之女行，唯王后书。”杨伯峻注：“《诗经·邶风·泉水》云：‘女子有行，远父母兄弟’，《诗经·鄘风·蝃蝀》《卫风·竹竿》亦皆云：‘女子有行，远兄弟父母’，行，皆指出嫁。此行字义亦同。”

一指前往。《诗经·秦风·无衣》：“王于兴师，修我甲兵，与子偕行。”毛传：“行，往也。”

一指返还。《吕氏春秋·贵因》：“武王至鲔水，殷使胶鬲

(lì) 候周师，武王见之。胶鬲曰：‘西伯将何之？无欺我也。’武王曰：‘不子欺。将之殷也。’胶鬲曰：‘曷至？’武王曰：‘将以甲子至殷郊，子以是报矣。’胶鬲行，天雨，日夜不休。”高诱注：“行，犹还也。”

一指经历。《管子·问》：“城粟军粮，其可以行几何年也？”尹知章注：“行，由经。”古有“行年”，指经历的年岁，指当时年龄。《荀子·君道》：“以为好丽邪？则夫人行年七十有二，齳(yǔn)然（无齿貌）而齿堕矣。”

一指做；从事某种活动。《尚书·汤誓》：“非台小子，敢行称乱。有夏多罪，天命殛之。”元汤式《一枝花·题白梅深处》套曲：“意会神交，想得到行得到，一逢春一遇着。”

一指行动。《商君书·更法》：“疑行无成，疑事无功。”

一指实施。《周易·系辞上》：“形而上者谓之道，形而下者谓之器，化而裁之谓之变，推而行之谓之通。”孔颖达疏：“因推此以可变而施行之，谓之通也。”

一指使用；行使。《周礼·天官·庖人》：“凡用禽献，春行羔豚，膳膏香。”贾公彦疏：“言行者，义与用同。”

一指赏赐；给予。《周礼·夏官·罗氏》：“中春，罗春鸟献鸠以养国老，行羽物。”郑玄注：“行谓赋赐。”《汉书·高帝纪下》：“法以有功劳行田宅，今小吏未尝从军者多满，而有功者顾不得。”颜师古注引苏林曰：“行，犹付与也。”

一指兼代（官职）。《后汉书·陈俊传》：“是时太山豪杰多拥众与张步连兵，吴汉言于帝曰：‘非陈俊莫能定此郡。’于是拜俊太山太守，行大将军事。”

可见，“行”的词义是很多的，这是古代汉语中一个典型的多义词。那么，为什么会产生那么多的义项呢？这是社会不断发展，事物与现象越来越多，人们对客观事物与现象的认识不断深化的结果。为了反映客观事物，词义也不断引申，拿原来已有的词去称呼与之有关的其他事物，这样，一个词就会不断增加新的用途，增加新的意义，造成了词的多义现象。

虽然古汉语单音词一般具有多义性，但是在一定的语言环境中只有一个确切的含义。换句话说，一个词尽管有好多个意义，但是每一次在使用的时候，实际上得到实现的只是其中的某一个意义，其余的意义则处于潜在的或被抑制的状态中。例如：

(1)“族”，在《左传·僖公五年》“宫之奇以其族行”里当家族讲，在《史记·项羽纪》“毋妄言，族矣”里当灭族讲，在《淮南子·俶真》“万物百族”里当种族讲。

(2)“辞”，在《战国策·齐策一》“靖郭君辞，不得已而受”里当辞谢讲，在《左传·僖公三十年》“辞曰：‘臣之壮也，犹不如人’”里当推辞讲，在《史记·项羽纪》“今者出，未辞也”里当辞别讲。

(3)“长”，在《诗经·齐风·猗嗟》“猗嗟昌兮，欣而长兮”中指在空间的两端之间距离大，与“短”相对。而在钟嵘《诗品》(卷中) 所说陶渊明“文体省净，殆无长语”中是“多余”的意思。

(4)“蚁 (螘)”，在《庄子·徐无鬼》“羊肉不慕蚁，蚁慕羊肉，羊肉羶也”中是“蚂蚁”义；而在陶渊明《拟挽歌辞》三首之二中的“春醪生浮蚁”中，是一个比喻义，指“新熟的米酒面上的浮糟”，曾经有人把它讲成“虽然是美酒，却已经浮满了一层虫蚁”①，那就是由于没注意词的多义性而造成的疏失了。

多义词各个意义之间必有联系，如果没有意义之间的联系，而只是读音或书写形式相同，不能算是多义词，而只是同音词、同形词。

---

① 张永言．词汇学简论［M］．武汉：华中工学院出版社，1982：48.

五、从词汇的组成成分来看构成

古代汉语的词汇，从其组成成分来看，有如下的划分。

(一) 基本词汇、一般词汇以及常用词

从词汇在社会交际中的地位、作用上来区分，可以分为基本词汇和一般词汇。

1. 基本词汇

基本词汇是一种语言词汇中以根词为核心的最基本、最主要和最稳固的部分。基本词汇具有“全民常用性”“构词能力强”“历史稳固性”三大特征。

从词汇中分出基本词汇，是斯大林的一个语言观。他在《马克思主义和语言学问题》中提出：“语言的词汇中的主要东西就是基本词汇，其中就包括成为它的核心的全部根词。基本词汇比语言的词汇少得多，可是它的生命却长久得多，它在千百年的长时期中生存着，并且为构成新词提供基础。”20世纪50年代以来，王力、潘允中、史存直等先生运用这一观点来分析古代汉语词汇。王力认为，汉语的基本词汇可以追溯到几千年以前。在奴隶时代以前的远古时期，基本词汇和一般词汇几乎可以说是没有差别的。在甲骨文时代，这两者之间的界限也还是不大的。王力还认为，基本词汇包括名词、动词、形容词里的一部分词和代词、数词和联结词等。①

古代汉语基本词汇按其性质可分为以下八大类：

(1) 关于自然现象、自然物的名称，例如，风、雨、雷、电、冰、霜、雪、星、云、露、水、火、山、石、土、天、地、日、月、草、木、虫、鱼、鸟、兽。

(2) 关于肢体和器官的名称，例如，心、手、耳、身、眉、

---

① 王力. 汉语史稿［M］. 北京：中华书局，1980：493.

鼻、发、首、领、面、目、口、齿、足、肌、肤、颈、脸、眼、嘴、牙、脚、肉、皮。

(3) 关于方位和时令的名称，例如，东、西、南、北、上、下、年、月、日、春、秋、岁、夏、冬、寒、暑。

(4) 关于亲属的名称，例如，父、母、子、女、祖、孙、伯、叔、兄、弟、姊、妹、哥、姐。

(5) 关于生产劳动的词汇，例如，田、获、鱼、禽、兽、牛、羊、豕、黍、稷、禾、麦、稻、粱、谷、弓、矢、畜、牧、饲、养、农、耕、工、匠、陶、冶、纺、织、锻、铸。

(6) 关于物质文化的词汇，例如，宫、室、房、屋、楼、家、布、帛、冠、巾、帽、绔、衣、裳、屦、履、屐、鞋、床、案、桌、椅、杯、盘、壶、爵、尊、盆、瓶、器、皿、桥、梁、舟、车。

(7) 关于动作的词汇，例如，饮、食、衣、居、坐、卧、起、立、行、走、进、退、来、往、追、逐、持、握、提、举、视、见、听、闻、言、思、喜、怒、哀、乐、爱、欲。

(8) 关于事物性状的词汇，例如，赤、白、青、黄、紫、绿、黑、大、小、多、少、高、低、长、短、方、圆、远、近、寒、热、冷、暖、明、暗、深、浅、美、丑、香、臭、好、恶、吉、凶。

2. 一般词汇

一般词汇则是指基本词汇以外的词汇，它们往往具有特指性、时间性和地域性。它们的意义发展变化比较大，而且，往往是由基本词分化、孳乳而来。例如，“斠”（jiǎo，古代量谷物时刮平斗面的工具）、“斝”（jiǎ，古代的一种铜制酒器）、“斪斸”（qúzhú，古代一种锄头类的农具）、“熏夕”（傍晚）、“斋公”（庙祝）、“脱籍”（古时妓女脱离乐籍，不再为妓）、“步摇”（古代妇女的一种首饰）等。这些词语，往往随社会生活的发展而变更意义或归于消失。

关于基本词汇和一般词汇，王力总结了如下结论：①

第一，汉语的基本词汇是富于稳固性的，多数的基本词有了几千年（或是几百年）寿命。在复音词逐渐发展以后，有些基本词转变为词素（如“月亮”的“月”）。第二，基本词汇虽然稳定，变化还是可能的。如古代需要区别的东西（如“豝”“豵”），后代不需要区别了；古代存在的东西（如“冠”），后代不再存在了。第三，古代没有，而后代产生的东西，当然要产生新词。例如，战国的“楼”字，宋代的“桌”字、“椅”字，都是好例子。第四，一般词汇的词可以转变为基本词汇的词，如“嘴”。反过来，基本词汇的词也可以转变为一般词汇的词。第五，阶级习惯语和行业语也可以转变为基本词汇，如“太阳”本是道家的行业语。反过来，基本词汇也可以转变为阶级习惯语和行业语，如人称代词“朕”字，先秦是一般人称代词，秦以后变成了皇帝专用的人称代词。

3．常用词

常用词是与基本词汇关系很接近的一种词语类聚。所谓常用词，顾名思义，就是各时期最常用的词，也就是汉语各时期使用频率较高的词。王力先生主编的《古代汉语》中的常用词是这样确定的，其《凡例》说：“一、二册的常用词大致是以《春秋三传》《诗经》《论语》《孟子》《庄子》书中出现十次以上的词为标准，而予以适当增减。三、四册的常用词一部分也是先秦的常用词，另一部分是汉魏南北朝的常用词。”可见，王氏《古代汉语》所收常用词有两个特点：一是先秦具有代表性的文献中使用频率较高的词，并予以适当增减；二是以先秦为主，兼顾汉魏南北朝。

① 王力．汉语史稿［M］．北京：中华书局，1980：514.

常用词与基本词汇在“全民常用性”上是相同的，但常用词不一定都具有“历史稳固性”和“构词能力强”。基本词汇通常是常用词中的一部分。

古代汉语常用词有多少？王力等编《古汉语常用字字典》原版收4 200多个字里头，即有4 000多个常用词。王力主编的《古代汉语》共收1 086个常用词，这是选录其中最主要的。学习古代汉语首先要掌握这1 000余个常用词，掌握它们的读音和常用义，尤其是那些古今略有差别的词义（加◎号者），因为这些词义最能迷惑人，最容易使人犯以今律古的错误。如果能这样，《古代汉语》这门课就掌握得比较好了。由于这1 000余个常用词散见于四册书的各单元文选之后，不集中，用时不太方便。学习者可花点时间，把它们与《古汉语常用字字典》相对照，把它们以及有关值得注意的义项标记在《古汉语常用字字典》上，这样使用起来就方便、好用、好记了。

虽然常用词中的基本词汇具有“历史稳固性”，但由于古代汉语历时很长，常用词会发生一些变化，如有增、有减、有更替。常用词的历史演变是汉语历史词汇学的重要内容。

（二）通语词汇和方言词汇

古代汉语的词汇从其运用的区域来说，可以分为通语词汇和方言词汇或民族语词汇等。通语词是流行于较为广阔地区的共通语的语词，在《尔雅》一书中，就指出许多通语词（古代或称为雅言），例如：

（1）“如、适、之、嫁、徂、逝，往也。”“往”是通语词。

（2）“赉（lài）、贡、锡、畀、予、贶（kuàng），赐也。”“赐”是通语词。

（3）“允、孚、亶（dǎn）、展、谌、诚、亮、询，信也。”“信”是通语词。

（4）“展、谌、允、慎、亶（dǎn），诚也。”“诚”是通语词。

(5)“绍、胤、嗣、续、纂、緌、绩、武、系，继也。”“继”是通语词。

方言词是指各地方或各个方言的语词，有时候又指这些地区少数民族语言的词。古代汉语中，也存在许多方言词，例如：

(1) 上所列举《尔雅》“往也”条中，“适”为宋鲁语词。(《方言》一：“适，往也。宋鲁语也。”)“徂”为齐语词。(《方言》一：“徂，往也。齐语也。”)“逝”为秦晋语词。(《方言》一：“逝，往也。秦晋语也。”)

(2) 上所列举《尔雅》“信也”条中，“允”为齐鲁语词。(《方言》一：“允，信也。齐鲁之间曰允。”)“展”为吴淮汭(ruì)语词。(《方言》一：“展，信也。吴淮汭之间曰展。”)“谌”，通“訦”，燕代东齐之间语词。(《方言》一：“訦，信也。燕代东齐曰訦。”)“亮”，通“谅”，周南、召南、卫之间语词。(《方言》一：“谅，信也。众信曰谅。周南、召南、卫之语也。”)“询”为宋卫汝颍之间语词。(《方言》一：“询，信也。宋卫汝颍之间曰询。”)

又如，《说文·艸部》：“菱，秦谓之薢茩。”“薢茩”为秦方言词。又聿部：“秦谓之笔。”指今之笔来自秦方言。又《南史·始兴王姐传》：“荆土方言谓父为爹。”“爹”是楚方言词。《玉篇》：“楚人呼灶曰寤。”《史记·陈涉世家》：“楚人谓多为伙。”《古今韵会举要》尤韵“猷”字注：“陇西谓犬子为猷。”则“猷”是陇西方言词。又《佛本行集经》音义引《纂文》云：“关西以逐物为趁。”“趁”是关西方言词；又《大般涅槃经》音义引同上文：“关西以书篇为篇。”“篇”也是关西方言词。又《尔雅》郭璞注：“南方人呼剪刀为剂刀。”《集韵》东韵引郭璞曰：“今江东呼夏月暴雨为涷雨。”玄应《一切经音义》卷十二引《纂文》：“吴人以积土为垛。”又卷七引同书曰：“吴人以步屈名桑阖。”又《说文·人部》：“东齐婿谓之倩。”玄应《一切经音义》引《苍颉篇》：“齐郡谓癞曰欬。”《尔雅》郭璞注：“今江东呼病曰瘵，东齐曰瘼。”等等。这些方言词，有的在古时被吸收入共通语的口语或书面语，因而保存下来，成为古代汉语书面语词汇的一部分；有的在后代消失了，不再使用。事实上，汉语的词汇是吸收了很多方言词的。

（三）本族语词汇和外来语词汇

本民族语言的词汇叫本族语词汇。从外国语言和本国其他民族语言中连音带义吸收来的词叫外来词，或叫借词，也就是一般所谓的音译词。例如，“麦克风”（源于英语 microphone）、“沙琪玛”（源于满语 sacima）。

外来词不包括意译词。意译词或叫译词，是指把别的语言中的词所代表的概念利用汉语自己的构词材料和构词方式制造出来的新词。例如，“科学”“民主”“啤酒”“摩托车”“马克思主义”等。古代汉语词汇的第六个特点是汉语吸收外来词，以意译为主。

古代汉语的外来词，按其来源分为以下两类。

1. 古代汉语中来自外国语言的外来词

有来自匈奴语的，例如：

（1）“骆驼”，匈奴词 dada 的音译。先秦已经借入汉语，最初作“橐駞”。《山海经·北山经》：“其兽多橐駞。”汉代开始写作“骆駞”，六朝以后，“骆驼”成为常用的名称。

（2）“胭脂”，也写作“烟支”“胭肢”“焉支”“燕支”“臙脂”，指用胭脂花制成的颜料，妇女用来擦面。汉代匈奴借词。

有来自梵语的，例如：

石榴一名“涂林”，是由梵语传入的，梵文作 darim；“佛”，也作“佛陀”，意为觉者，也是由梵语传入的，原语是 buddha；“塔”一词也来自梵语，原文为 stupa ；“沙门”（和尚）原文为

sramaa；“比丘”（男僧）原文为 bhiksu；“琉璃”，也写作“流璃”“流离”“碧琉璃”“壁流离”，原文为 veluriya，也都是来自梵语。

还有来自其他外国语的，例如：

“苜蓿”一种牧草和绿肥作物，今名“龙须草”，来自古伊兰语或大宛语，是 buksuk 或 buxsux 的音译；“葡萄”，也作“蒲桃”“蒲陶”，大宛语 badaga 的音译；“葫芦巴”（一种药名，又叫苦豆）来自阿拉伯语 hulbah。

2. 古代汉语中来自我国境内的其他少数民族语言的外来词

有来自鲜卑语的，例如，“阿干”一词，见《魏书·常山王遵传》，谓遵孙可悉陵“拜内行阿干”。《晋书·吐谷浑传》：“鲜卑谓兄为‘阿干’。”又如，“可汗”一词，来自古突厥语（后为鲜卑语），原语为 xan。《宋书·鲜卑吐谷浑传》：“虏言‘处可寒’，宋言‘尔官家’也。”“可汗”的意义是君长。再如“摩敦”一词来自鲜卑语，为母亲的音译。《周书·晋荡公护传》：“汝等三人并呼吾作阿摩敦。”“贺若”一词也来自鲜卑语，《广韵》箇韵“贺”字注曰：“北俗谓忠贞为贺若。魏孝文以其先祖有忠贞之称，遂以贺若为氏。”又“祁连”一词也来自匈奴鲜卑，《汉书·武帝纪》：“（天汉二年），贰师将军三万骑出酒泉，与右贤王战于天山。”颜师古注：“即祁连山也，匈奴谓天为祁连，今鲜卑语尚然。”又《魏书·尔朱荣传》：“秀容界有池三所，在高山之上，清深不测，相传曰祁连池，魏言天池也。”

有来自契丹语的，例如，“捺钵”（义为坐处或居处）一词，即来自契丹语，庞元英《文昌杂录》：“北人谓住坐处曰捺钵，四时皆然，如春捺钵之类是也，不晓其义。近者彼国中书舍人王师儒来修祭尊，余充接伴使，因以问师儒。答云：是契丹家语，犹言行在也。”

有来自蒙古语的，例如，“只孙”（义为“服装”）一词即来自蒙古语，原义为血，引申为特色，再引申为一色。元代朝廷大宴飨之时，百官、禁卫皆服同一颜色之服装，故称其宴为“只孙宴”。明陆容《菽园杂记》卷八云：“直驾校尉，着团花红绿衣，戴饰金漆帽，名曰‘只孙鹅帽’。只孙，衣名。今人有称执金吾帽者，亦似是而非也。”又如，“歹”，蒙古语 tai 的音译，意思是不好，坏。“蘑菇”，蒙语 moku 的音译，指一种优良的食用菌，生长在树林里或草地上。“站”，或作“站赤”，蒙语 jam 的音译，与汉语本族语词“站立”的“站”是同形词，“站”指驿站，为陆路传递信息休息换马之所或水路停留舟船之所。“戈壁”（沙漠）是蒙古语 gobi 的音译，“哈巴（狗）”是蒙语 xaba 的音译。“喇叭”（一种上细下粗的管乐器）是蒙语 labai 的音译。

有来自满语的。满族的前身是女真族，早就和北方汉族人民有着密切交往。产生一些借入汉语的词汇，例如，“阿马”，也叫“阿嘛”，女真语 ama 的音译，指父亲。元关汉卿《诈妮子调风月》一折：“这书房存得阿马，会得宾客。”“阿者”，女真语，母亲。《诈妮子调风月》二折：“老阿者使将来服侍你，展污了咱起身。”“兔鹘”也作“兔胡”“吐鹘”，女真语 tuhu 音译，指腰带，束带。关汉卿《刘夫人庆赏五侯宴》三折：“那官人系着条玉兔鹘连珠儿石碾。”到了清代，满语借词就更多了，例如，“阿哥”，满语 age 的音译，对皇子的通称。“巴图鲁”，满语 baturu 的音译，指勇士，英雄。“额娘”，满语 eniye 的音译，指母亲。“福晋”，满语 fujin 的音译，清代亲王、郡王及亲王世子的正妻。“格格”，满语 gege 的音译，小姐，清朝贵族女子的称呼。

这些借自外族语的语词，有的保存下来，有的在历史上的某一个阶段流行过一个时期，后来逐渐淘汰而归于消失。这些词语，往往出现于某一个历史时期的古籍中，在阅读古书时，也必须注意它们的用法和意义。

（四）传承词和新词

汉语史的某一时期的词汇以及专书词汇都可以分为传承词和新词两部分。传承词和新词是相对而言的，凡是某一时期之前就已经出现并且沿用到该时期的词是传承词，某一时期新产生的词是新词。

东汉郑玄的著作完整保存下来的有《毛诗笺》和三《礼》注，另外还有《论语注》残卷以及一些经注的佚文。郑玄注释语言中的词汇在汉语词汇史中具有很高价值。张能甫曾调查了郑注中的单音词1 642个，属于传承词1 556个，东汉新词86个；又调查了郑注中的复音词5 000余个，属于传承词的大约3 200个，东汉新词1 800余个。[①] 复音词如：

传承词：埤益、参差、乘马、东方、东门、颠倒、扶苏、耿耿、改作、河水、煌煌、昏姻、君子、栗烈、孽孽、青青、说怿、硕大、所谓、素冠、田狩、万舞、新昏，等等。

东汉新词：鬓发、错误、次数、陈说、等次、附著、更迭、广阔、功过、截然、兼职、近将、空缺、门神、平时、平视、区域、轻蔑、劝酒、柔刃、收束、损害，等等。

（五）成语和典故

1. 成语

成语就是人们长期以来习用的定型的词组或短句。其中大部分都是从古代文学语言里当作一个意义完整的单位继承下来的。成语属于熟语的一种。熟语包括成语、谚语、惯用语、歇后语等。古代汉语最常见的熟语是成语。一个成语包含两个以上的词，这些词结合在一起，表达某一固定的意义，在句子里充当一

① 张甫能. 郑玄注释语言词汇研究［M］. 成都：巴蜀书社，2000：327.

个句子成分。

成语的绝大部分是四字格。四字成语的内部结构大多两两并列，声律和谐配对，这是汉语骈偶性的一种表现。例如，“嗷嗷待哺”“比比皆是”“兢兢业业”（以上是重言），“利令智昏”“斑驳陆离”（以上是双声），“从容不迫”“户枢不蠹”（以上是叠韵），“分庭抗礼”“高朋满座”“鸡鸣狗盗”（以上是平平仄仄），“墨守成规”“见异思迁”“义正辞严”“暴虎冯河”（以上是仄仄平平）。

成语在结构上具有相对的固定性，其构成成分一般不能随意更换或颠倒的。成语的这种定型性使得绝大多数成语只有一种说法。例如，“安居乐业”“黯然失色”“百折不挠”“背水一战”“闭门造车”等。

成语在意义上具有整体性，一个成语表示某一特定的意义，概括性强。

有的成语用的就是字面意义，例如，“并行不悖”中的“悖”指违背，抵触。《礼记·中庸》：“万物并育而不相害，道并行而不相背。”“病从口入”，指有些病是由于吃东西不小心造成的，语出《太平御览》引晋代傅玄《口铭》：“病从口入，祸从口出。”“百战百胜”，指每战必胜，战无不胜。《管子·七法》：“故十战十胜，百战百胜。”“劳而无功”，谓徒劳而没有功效。《庄子·天运》：“今蕲行周于鲁，是犹推舟于陆也！劳而无功，身必有殃。”

有的成语字面意义不起作用，用的是从字面意义衍生出来的意义，例如，“不避汤火”中“汤”指滚开的水，此成语形容不畏艰险，奋勇向前。语出《尹文子·大道上》：“比及数年，民无长幼，临敌，虽汤火不避。”“三人成虎”，表示谣言重复多次有可能掩盖事实真相。《战国策·秦策三》：“闻‘三人成虎，十夫揉椎，众口所移，毋翼而飞’”。“尸位素餐”表示食禄而不尽职。《汉书·朱云传》："今朝廷大臣，上不能匡主，下亡以益民，皆尸位素餐。""冰清玉洁"，形容操行清白，品格高洁。唐徐坚《初学记》引《晋中兴书》："循冰清玉洁，行为俗表。"也比喻官吏办事清明公正。《魏书·广陵王传》："局事须冰清玉洁，明扬褒贬。"

有些成语既有字面意义，又有衍生出来的意义，例如，"多钱善贾"（亦作"多财善贾"），谓钱多好做买卖。《韩非子·五蠹》："长袖善舞，多钱善贾。此言多资之易为工也。"又用于比喻具备充分条件，则事容易办成。"任重道远"，谓负担沉重，路途遥远。《论语·泰伯》："曾子曰：'士不可以不弘毅，任重而道远。'"又用于比喻担负的责任既重大又要经过长久的努力。《后汉书·祭遵传》："临死遗诫牛车载丧，薄葬洛阳。问以家事，终无所言。任重道远，死而后已。"

成语大多有一定的出处。

有的成语是对某一寓言或历史故事的概括，例如，"五十步笑百步"，作战时逃跑了五十步的人讥笑逃跑了一百步的人，出自《孟子·梁惠王上》，后泛用于比喻自己跟别人有同样的缺点或错误，只是程度上轻一些，却因此就讥笑别人。"狐假虎威"，出于《战国策·楚策一》，比喻用别人的威势吓唬人。"韦编三绝"，用熟牛皮绳把书写的竹简编联起来。相传孔子晚年好《易》，反复研读，以致"韦编三绝"。（载《史记·孔子世家》）"邯郸学步"，比喻模仿别人不到家，连自己原来会的东西也忘掉了。（出自《庄子·秋水》）

有的成语是对古书文句的采用或截取，例如，"忧心忡忡"，采自《诗经·小雅·出车》："未见君子，忧心忡忡。""忧心如焚"，语本《诗经·小雅·节南山》："忧心如惔，不敢戏谈。""外强中干"，采自《左传·僖公十五年》，原来是说马到作战时一紧张，外貌虽还强壮，而内部已经气虚力竭；后泛指外表强壮，内部虚弱。“有条不紊”，谓有条有理，一点不乱。取自《尚书·盘庚上》：“若网在纲，有条而不紊。”“学而不厌”，形容好学。取自《论语·述而》“默而识（zhì）之，学而不厌，诲人不倦。”“一曝（pù）十寒”取自《孟子·告子上》：“虽有天下易生之物也，一日暴之，十日寒之，未有能生者也。”后用于比喻做事没有恒心，努力少，懈怠多。

汉语中的成语，很多在先秦两汉时就已形成了，如上述的例子都是如此。随着汉语的发展，在各个时期又都有一些新的成语形成，例如，“口若悬河”，说话像河水下泻，滔滔不绝。形容能言善辩。语出南朝宋刘义庆《世说新语·赏誉》：“王太尉云：‘郭子玄语议如悬河写水，注而不竭。’”“万水千山”，形容路途遥远险阻。唐贾岛《送耿处士》诗：“万水千山路，孤舟几月程。”“一尘不染”，佛教谓色、声、香、味、触、法为六尘，修道者达到真性清净不被六尘所染污为“一尘不染”。后多用于形容清净廉洁，品格高尚。宋张耒《腊初小雪后圃梅开》诗之二：“一尘不染香到骨，姑射仙人风露身。”“胡言乱语”，瞎说；胡诌。元无名氏《朱太守风雪渔樵记》二折：“你则管哩便胡言乱语将我厮花白。”“和盘托出”，把东西全盘端出，比喻将东西全部拿出或将意见全部说出，毫无保留。明冯梦龙《警世通言·庄子休鼓盆成大道》：“田氏将庄子所著《南华真经》及老子《道德》五千言，和盘托出，献与王孙。”“南腔北调”，指南北各种戏腔。清赵翼《檐曝杂记·庆典》：“每数十步间一戏台，南腔北调，备四方之乐。”又用于形容说话口音不纯，掺杂南北方音。清朝富察敦崇《燕京岁时记·封台》：“像声即口技，能学百鸟音，并能作南腔北调，嬉笑怒骂，以一人而兼之，听之历历也。”

2. 典故

典故是古代诗文和小说戏曲中经常引用的古代故事或有来历

出处的词语。很多典故都概括为成语，如上所举的成语均是。又如："刻舟求剑""亡羊补牢""掩耳盗铃""南辕北辙""画蛇添足""邯郸学步""叶公好龙""揠苗助长""守株待兔""自相矛盾""庖丁解牛""背水一战""完璧归赵""负荆请罪""望梅止渴""四面楚歌""破釜沉舟"等。

有的典故被概括为词或者从中提取一个词，例如：

(1) 称岳父为"泰山"。唐段成式《酉阳杂俎·语资》："明皇封禅泰山，张说为封禅使。说女婿郑镒，本九品官，旧例，封禅后，自三公以下皆迁转一级，惟郑镒因说骤迁五品，兼赐绯服。因大脯次，玄宗见镒官位腾跃，怪而问之，镒无词以对。黄幡绰曰：'此泰山之力也。'"

(2) 称女婿为"东床"。《晋书·王羲之传》："时太尉郗鉴使门生求女婿于导，导令就东厢遍观子弟。门生归，谓鉴曰：'王氏诸少并佳，然闻信至，咸自矜持。惟一人在东床坦腹食，独若不闻。'鉴曰：'正此佳婿邪！'访之，乃羲之也，遂以女妻之。"（导：王导，东晋宰相。信：使者。）后因称女婿为"东床"或"东床坦腹"。

(3) 称佳婿为"乘龙"。《艺文类聚》卷四十引《楚国先贤传》："孙俊字文英，与李元礼俱娶太尉桓焉女。时人谓桓叔元两女俱乘龙，言得婿如龙也。"

(4) 称美好的男子或女子爱恋的男子为"萧郎"：一是本于对姓萧的男子的敬称。《梁书·武帝纪上》："俭一见（萧衍）深相器异，谓庐江何宪曰：'此萧郎三十内当作侍中，出此则贵不可言。'"二是引申指女子爱恋的男子。唐崔郊之姑有一婢女，后卖给连帅，郊十分思慕她，因赠之以诗曰："公子王孙逐后尘，绿珠垂泪滴罗巾。侯门一入深如海，从此萧郎是路人。"（见旧题宋尤袤《全唐诗话·崔郊》）。后因以"萧郎"指美好的男子或女子爱恋的男子。唐于鹄《题美人》诗："胸前空带宜男草，嫁得萧郎爱远游。”宋张孝祥《浣溪沙》词：“冉冉幽香解钿囊，兰桡烟雨暗春江，十分清瘦为萧郎。”

(5) 称主人为“东道主”。春秋时，晋秦合兵围郑，郑文公使烛之武游说秦穆公。烛之武对秦穆公说：“若舍郑以为东道主，行李之往来，共其乏困，君亦无所害。”（见《左传·僖公三十年》）郑在秦之东，接待秦国出使东方的使节，故称“东道主”。后因以泛指接待或宴客的主人。

(6)“管窥”用来比喻见识狭小，“蠡测”用来比喻见识浅陋。

(7)“井蛙”用来比喻见识短浅的人，“井鲋”用来比喻处于困境之中。

(8)“染指”用来表示非分地插手，“推敲”用来表示斟酌字句。

(9)“中肯”用来表示切中要害，“中饱”称以不正当手段从中捞取钱财以饱私囊。

(10)“临邛”用来代称花花世界（按：临邛，在今天四川邛崃县，自古为蜀中商业重镇，是个繁华之地，也是司马相如和卓文君相遇而倾心的地方，所以后世诗文中用来代称花花世界。如唐孟郊《古别离》：“欲别牵郎衣，郎今到何处？不恨归来迟，莫向临邛去!”），“倾国”用来代称绝代佳人。

成语与典故的关系：一是成语与典故具有交叉关系。很多成语就是从典故中提取概括出来的精华或精神，也就是说，许多成语是由典故压缩而成的。二是典故很广泛，一个故事，一句名言，一句诗，一个意象都是典故，但不一定是成语。三是有的成语没有典故，而是约定俗成的。如“一败如洗”“一板三眼”“一本万利”“一步登天”。

古代汉语词汇的第七个特点是拥有大量的成语和典故。

（六）专名词语

专名词语又叫专有名词，是专指某一个体对象的词语。专名词语代表着反映某一个体对象的特殊概念，成为专指某一特定个体对象的名称；其既有词，也有固定语，所以称为专名词语。

汉语历史词汇中的专名词语有人名（包括神人名）、地名、国家民族名、建筑名、天文时令等，其中有很多都是为人们所共知和常用的。例如：

(1) 黄帝、唐帝尧、周武王、秦始皇、孔丘、李白

(2) 中原、关内、塞外、广东、泰山、蓬莱、洞庭湖、山海关、长江

(3) 秦（春秋战国国名）、前凉（十六国国名）、南唐（十国国名）

(4) 匈奴、鲜卑、蒙古、维吾尔、俄罗斯

(5) 镐京（西周都城名）、洛邑（西周都城名）、咸阳（秦国都城名）

(6) 阿房宫、紫禁城、颐和园、新华门、岳阳楼、爱晚亭

(7) 二十八宿、木星、正月、春分、春节

（七）礼貌词语[①]

我国是一个历史悠久的文明古国，人际交往中十分讲究谈吐文雅，举止有礼。汉语历史词汇中，积累了大量的有广泛群众基础的礼貌词语，主要有表敬词语、表谦词语和委婉词语。

古汉语词汇的第八个特点是礼貌词语极为丰富。

1．表敬词语

表敬词语简称为敬词，是用尊敬的词语敬称他人（主要是对方）或与他人有关的人和事。例如：

---

① 洪城玉．谦词、敬词、婉词概说［J］．首都师范大学学报，1998(5)．

(1) 令、尊、贵、贤、高、宝、大、上、玉、芳、华、清、雅、明、钧、台

此类为不同色彩的敬词，与后面的名词结合起来，敬称他人或与他人有关的人和事。如，令尊、令堂、令慈、尊堂、尊慈、尊萱、贵姓、贵名、贵号、贤阁、贤室、贤内、高姓、高寿、高篇、宝札、宝宇、宝坊、大作、大笔、大名、上姓、上院、玉容、玉颜、玉貌、芳名、芳龄、华篇、华函、华笺、清颜、雅号、雅篆、明公、钧慈、台甫、台讳、台颜。

(2) 公、子、君、卿、贤

此类用于敬称男子，都可单用，有的可以和姓氏连用。与姓氏连用，如称《毛诗》作者毛苌为“毛公”、称秦相张禄为“张君”、荆轲的先人或本姓庆，卫人称其为“庆卿”。

(3) 惠、光、幸

此类为副词性敬词，用在动词前，表示对方施加于己的行为，对自己是一种恩惠。如惠临、惠顾、惠赐、光临、光顾、幸临、幸承。

(4) 承、蒙、荷

此类敬词多用在主谓结构之前，用来感谢他人对自己的眷爱和照顾，如“承恩相呼唤”“蒙先生赐教”。但是，它们后面的主谓结构，主语常常隐去，如“承蒙施恩”“久荷栽培”。

(5) 伏、仰

此类也是副词性敬词，用在动词前，表示自己身处下位。如伏读、伏闻、伏奏、伏奉、伏祈、仰烦、仰攀、仰酬、仰祈。

(6) 俯、垂

此类也是副词性敬词，用在动词前，表示对方施加于己的行为，具有屈下的性质。如俯察（敬称对方俯身下察）、俯念、俯就、俯纳，垂鉴（敬称对方下察）、垂问、垂教、垂听。

(7) 敬、谨、恭、奉、拜、请

此类是直接用含有敬意的词用作敬词，和相关的词组合，用以表示敬意。如敬贺、敬祝、奉贺、奉祝（以上为表示祝贺的敬词），敬迓、奉迓、拜迎（以上为表示迎候的敬词），敬白、敬启、敬告、谨白、谨启、谨告、奉白、奉告（以上为表示告诉的敬词），敬请、恭请、拜请、奉请（以上为表示邀请的敬词），拜央、拜求、拜肯、奉央、奉求（以上为表示请求的敬词），敬呈、敬上、谨呈、谨上、奉呈、奉上（以上为表示递上的敬词）。

（8）先

“先”和亲属称谓组合，用以表示敬称自己已故的亲属。如先父、先严、先君、先考、先公（以上为敬称自己已故的父亲），先母、先慈、先媪、先妣（以上为敬称自己已故的母亲），先舅、先姑（以上为敬称自己丈夫的已故的父母），先祖（敬称自己的祖先）。

2. 表谦词语

表谦词语简称为谦词，是用谦卑的词语谦称自己或与自己有关的人和事。例如：

（1）家、舍

“家”用在称谓词前，谦称自己亲属中的长辈或同辈，如：家祖（谦称自己的祖父），家父、家严、家尊（谦称自己的父亲），家母、家慈（谦称自己的母亲），家兄、家姐（谦称自己同辈中的年长者）。“舍”用在称谓词前，谦称自己同辈中的年幼者，如舍弟、舍妹。

（2）孤、寡、不穀、愚、拙、蒙、不才、不肖、不佞、不敏、樗（chū）材

此类谦词是谦称自己寡德少善、愚昧无能。其中“孤”“寡”“不穀”专用于王侯的谦称，其他为一般的谦称。

（3）仆、走、妾、奴

此类谦词是谦称自己是供役使或驱使的人。其中“妾”“奴”用于女子自谦。

(4) 卑、鄙、贱、贫、寒、敝、下、微、末、浅、薄、菲、陋、寸

此类都是形容词或用如形容词的词，与后面的名词结合起来，或谦称自己地位卑贱，或谦称自己家道贫寒，或谦称自己才学疏浅，或谦称自己心意微薄。如卑人、鄙人、贱生、贫舍、寒舍、敝舍、下妾、微身、末见、浅见、薄才、菲才、陋身、寸心等。

(5) 辱、猥、枉、曲、屈、叨、忝

此类都是副词性谦词，与后面的动词结合起来，或表示对方加于自己的行为，是使对方蒙受了屈辱；或表示对自己的行为感到惭愧，如辱临、叨任、忝任、猥临、枉驾、曲临、屈临、叨陪、忝任等。

3. 委婉词语

委婉词语又称婉词、委婉语。古人说话、写文章，对别人或自己的不光彩、不如意、不文雅、不吉利的事，一般不直接说出来，而是换用间接、委婉而又为人所理解的话来代替，其中用来代替的词语就是委婉词语。

对不光彩、不如意的事所用的婉词，例如，旧社会做官被斥逐称为“玦赐”（玦是环形而有缺口的玉，古时与人相绝以玦遗之）；被遣谪的人称为“迁客”，降职称为“左迁”；杀戮称为“虔刘”；人貌丑陋叫做“少不飏”；丑陋的女子称为“嫫母”；面有饥色称为“菜蔬之色”；对不良的举动、不善的事也多用婉词，如称企图篡夺王位为“问鼎”；受贿而枉断官司叫做“鬻狱”；称酷吏为“虎冠之吏”，称互相勾结为“槃互”；称恶名为“腥闻”，称反目失好为“移恩改爱”等。

对不文雅或涉及污秽的事所用的婉词，例如，入厕称为

“更衣”“出恭”，今天说“上洗手间”；谓大小便为“便利”；又称大便为“大恭”，小便为“小恭”；称便壶为“兽子”“虎子”。

人去世是人事中的大忌，所以“死”是一个最不吉利的字眼。凡言人去世，一般用婉词。古人称说人去世的婉词很丰富。从词义来看，有说成离家远行的，如“逝世”“长逝”“亡故”“徂落”“往逝”；有说成升仙而去的，如“仙化”“仙逝”“升天”“升仙”“迁化”“迁逝”“登仙”“上西天”；有说成捐弃人生的，如“捐生”“弃世”“弃养”“委世”“谢世”“谢宾客”“背弃”；有说成泯没于世的，如“殁世”“没世”“泯没”“灭化”；有说成山崩星陨的，如“薨落”“薨陨”“薨逝”“星陨”“殒身”“陨落”；有说成事感突然的，如“溘逝”“溘谢”“奄忽”。从死者的身份和地位来看，不同等级的人去世有不同的婉词，如皇帝死为“山陵崩”“崩”“升遐”“登遐”“龙驭宾天”；诸侯死称为“薨”；大臣死称为“卒”；士死则称为“不禄”；庶人死则称“死”；和尚死称为“圆寂”“坐化”“示寂”“示灭”；称一般死亡为“填沟壑”“就木”“物故”“长眠”“永已”。另外，称父母死为“弃养”“见背”；称为国为民而死为“殉国”“捐躯”“牺牲”。

第八章　汉语词汇复音化的历史进程与研究

汉语词汇复音化是指汉语词汇由上古汉语的以单音词为主，发展到今天以复音词为主的语言现象。这一现象是在汉语史中逐渐发展形成的。

一、汉语词汇复音化的历史进程

这一节将以上古汉语、中古汉语、近代汉语和现代汉语为时段，各选一段或几段基本能反映当时口语的文段为语料，分析、统计其中复音词，以观察汉语词汇复音化的历史进程。

（一）上古汉语复音词的情况

以《论语·学而》为例，看看上古汉语复音词（下加横线者，下同）的情况。

子曰："学而时习之，不亦说乎？有朋自远方来，不亦乐乎？人不知而不愠，不亦君子乎？"有子曰："其为人也孝弟，而好犯上者，鲜矣；不好犯上，而好作乱者，未之有也。君子务本，本立而道生。孝弟也者，其为仁之本与！"子曰："巧言令色，鲜矣仁！"曾子曰："吾日三省吾身：为人谋而不忠乎？与朋友交而不信乎？传不习乎？"子曰："道千乘之国：敬事而信，节用而爱人，使民以时。"子曰："弟子入则孝，出则弟，谨而信，泛爱众，而亲仁。行有余力，则以学文。"子夏曰："贤贤易色，事父母，能竭其力；事君，能致其身；与朋友交，言而有信。虽曰未学，吾必谓之学矣。"子曰："君子不重，则不威；学则不固。主忠信。无友不如己者。过，则勿惮改。"曾子曰：

"慎终、追远，民德归厚矣。"子禽问于子贡曰："夫子至于是邦也，必闻其政，求之与？抑与之与？"子贡曰："夫子温、良、恭、俭、让以得之。夫子之求之也，其诸异乎人之求之与？"子曰："父在，观其志；父没，观其行；三年无改于父之道，可谓孝矣。"有子曰："礼之用，和为贵。先王之道斯为美，小大由之。有所不行，知和而和，不以礼节之，亦不可行也。"有子曰："信近于义，言可复也；恭近于礼，远耻辱也；因不失其亲，亦可宗也。"子曰："君子食无求饱，居无求安，敏于事而慎于言，就有道而正焉，可谓好学也已。"子贡曰："贫而无谄，富而无骄，何如？"子曰："可也。未若贫而乐，富而好礼者也。"子贡曰："《诗》云：'如切如磋，如琢如磨。'其斯之谓与？"子曰："赐也，始可与言《诗》已矣！告诸往而知来者。"子曰："不患人之不己知，患不知人也。"

《论语·学而》一共493字，其中复音词有：

其一，普通复音词。

联合式（6个）：君子（4次，下同）；孝弟（2）；朋友（2）；弟子（1）；忠信（1）；耻辱（1）。

偏正式（6个）：千乘（1）；敬事（1）；余力（1）；夫子（3）；慎终（1）；先王（1）。

述宾式（5个）：节用（1）；爱人（1）；使民（1）；追远（1）；何如（1）。

结构模糊的（1个）：其诸（1）。

固定词组（1个）：巧言令色（1）。

共18个双音词，1个四音节固定语。计词频，双音词共使用25次，四音节固定语共使用1次。普通复音词共占54字。

其二，复音专名词语。

有子（3次）、曾子（2次）、子夏（1次）、子禽（1次）、子贡（4次）。

复音专名词语共占22字。

《论语·学而》复音词的篇幅约占总篇幅的15%。

(二) 中古汉语复音词的情况

以《世说新语》（四则）为例，看看中古汉语复音词的情况。

《世说新语》是南朝宋刘义庆（403—444）所撰。刘氏是彭城（今江苏徐州）人。该书是一部著名的笔记小说，记载了汉末以来尤其是两晋士族文人的言谈轶事。文中含有较多的口语成分。

第一则　殷仲堪节俭

殷仲堪既为荆州，值水俭，食常五碗盘，外无余肴。饭粒脱落盘席间，辄拾以啖之。虽欲率物，亦缘其性真素。每语子弟云："勿以我受任方州，云我豁平昔时意。今吾处之不易。贫者，士之常，焉得登枝而捐其本？尔曹其存之！"(德行第一)

第二则　徐孺子幼时解释月光亮度

徐孺子年九岁，尝月下戏。人语之曰："若令月中无物，当极明邪?"徐曰："不然，譬如人眼中有瞳子，无此必不明。"(言语第二)

第三则　褚公迁太尉记室参军

褚公于章安令迁太尉记室参军，名字已显而位微，人未多识。公东出，乘估客船，送故吏数人投钱唐亭住。尔时吴兴沈充为县令，当送客过浙江，客出，亭吏驱公移牛屋下。潮水至，沈令起彷徨，问："牛屋下是何物?"吏云："昨有一伧父来寄亭中，有尊贵客，权移之。"令有酒色，因遥问"伧父欲食饼不?姓何等?可共语。"褚因举手答曰："河南褚季野。"远近久承公名，令于是大遽，不敢移公，便于牛屋下修刺诣公。更宰杀为馔具，于公前鞭挞亭吏，欲以谢惭。公与之酌宴，言色无异，状如不觉。令送公至界。(雅量第六)

第四则　韩寿幽会贾充女

韩寿美姿容，贾充辟以为掾。充每聚会，贾女于青璅中看，见寿，说之。恒怀存想，发于吟咏。后婢往寿家，具述如此，并言女光丽。寿闻之心动，遂请婢潜修音问。及期往宿。寿跃捷绝人，踰墙而入，家中莫知。自是充觉女盛自拂拭，说畅有异于常。后会诸吏，闻寿有奇香之气，是外国所贡，一箸人则历月不歇。充计武帝唯赐己及陈骞，余家无此香，疑寿与女通，而垣墙重密，门阁急峻，何由得尔？乃托言有盗，令人修墙。使反曰："其余无异，唯东北角如有人迹。而墙高，非人所踰。"充乃取女左右婢考问，即以状对。充秘之，以女妻寿。（惑溺第三十五）

《世说新语》（四则）一共513字（题名未计），其中复音词（包括复音专名词语）共占162字，复音词的篇幅约占这四段笔记小说总篇幅的32%。

（三）近代汉语复音词的情况

《水浒传》是明代的一部长篇小说，作者一般认为是施耐庵。以《水浒传》第四回中的一段文字为例，看看近代汉语复音词的情况。

赵员外重修文殊院，鲁智深大闹五台山（节选）

那女子拜罢，便请鲁提辖道："恩人上楼去请坐。"鲁达道："不须生受。洒家便要去。"金老便道："恩人既到这里，如何肯放教你便去。"老儿接了杆棒包裹，请到楼上坐定。老儿分付道："我儿陪侍恩人坐一坐。我去安排来。"鲁达道："不消多事，随分便好。"老儿道："提辖恩念，杀身难报。量些粗食薄味，何足挂齿。"女子留住鲁达在楼上坐地，金老下来，叫了家中新讨的小厮，分付那个丫环一面烧着火，老儿和这小厮上街来，买了些鲜鱼、嫩鸡、酿鹅、肥鲊、时新果子之类归来。一面开酒，收拾菜蔬，都早摆了，搬上楼来。春台上放下三个盏子，三双箸，铺下菜蔬果子下饭等物。丫环将银酒壶盪上酒来，子父二人轮番把盏。金老倒地便拜，鲁提辖道："老人家，如何恁地下礼？折杀俺也！"金老说道："恩人听禀，前日老汉初到这里，写个红纸牌儿，旦夕一炷香，子父两个兀自拜哩。今日恩人亲身到此，如何不拜。"鲁达道："却也难得你这片心。"

三人慢慢地饮酒，将及晚也，只听得楼下打将起来。鲁提辖开窗看时，只见楼下三二十人，各执白木棍棒，口里都叫："拿将下来！"人丛里一个人骑在马上，口里大喝道："休教走了这贼！"鲁达见不是头，拿起凳子，从楼上打将下来。金老连忙拍手叫道："都不要动手。"那老儿抢下楼去，直至那骑马的官人身边，说了几句言语。那官人笑将起来，便喝散了那二三十人，各自去了。

那官人下马，入到里面，老儿请下鲁提辖来。那官人扑翻身便拜道……

该段小说一共 456 字，其中复音词（包括复音专名词语）占 242 字，复音词的篇幅约占这段小说总篇幅的 53%。

（四）现代汉语复音词的情况

以邓小平《我国经济建设的历史经验》中的一段文字为例，看看现代汉语复音词的情况。

中国对第三世界朋友尽的力量还不多，这是因为中国地方虽大，但很穷，还有许多困难。建国以来，我们做了一些事情，基本上解决了吃饭穿衣问题，粮食达到自给。这是很了不起的事情，旧中国长期没有解决这个问题。在工业方面，我们已经建立了一个比较好的基础，尽管还很落后，但比过去好多了。我们现在正在一心一意地搞建设，力争经济有较快的发展。到那个时候，我们可以对第三世界的朋友们多尽点力量。现在我们的国民生产总值按人口平均只有二百五十到二百六十美元，你们也不高。但是我国人口多，如果国民生产总值按人口平均每人增加一百美元，国民生产总值就要增加一千亿美元。人多有人多的麻烦，很多问题不容易解决。国家小有小的好处，人少有少的好处。你们人口少、资源丰富，你们的事情比我们好办。

目前，我国实行经济开放政策，争取利用国际上的资金和先进技术，来帮助我们发展经济。这一政策已开始有些效果。但是，从发达国家取得资金和先进技术不是容易的事情。有那么一些人还是老殖民主义者的头脑，他们企图卡住我们穷国的脖子，不愿意我们得到发展。所以，我们一方面实行开放政策，另一方面仍坚持建国以来毛泽东主席一贯倡导的自力更生为主的方针。必须在自力更生的基础上争取外援，主要依靠自己的艰苦奋斗。

该段文字总共473字，其中复音词占358字，复音词的篇幅约占总篇幅的76%。

（五）结语

上古汉语以单音词为主，复音词只占很小的比例，中古、近代汉语逐渐增多，发展到现代汉语，复音词占大多数。汉语词汇复音化经历了漫长的历程。

二、古代汉语复音词的判定

复音词可分为两类：一类是单纯词，一类是合成词。单纯词只包含一个语素，容易确定；复合词包含两个语素，与词组相似，难以区分。那么，当碰到一个非单纯词的双音组合，怎样判定其是词而不是词组呢？

（一）要根据具体的语境而定，不能一概而论

一个双音组合有时是一个复音词，有时是两个单音词。因此判定它是不是复音词，首先要根据具体的语境而定，不能一概而论。例如：

【左右】

本来是两个单音词组成的词组，指左边和右边。如《左

传·成公二年》："韩厥梦子舆谓己曰：'旦辟左右。'"又："綦毋张丧车，从韩厥曰：'请寓乘。'从左右，皆肘之，使立于后。"又可作一个词用，不具体指左边还是右边，笼统地指旁侧。如《诗经·大雅·文王》："(周)文王陟降，在帝左右。"引申为在旁侍候的人或近臣。如《战国策·齐策四》："左右以君贱之，食以草具。"又进一步引申为敬词，相当于"您"，表示不敢直呼对方，只称对方的左右侍候的人。如司马迁《报任安书》："是仆终已不得舒愤懑以晓左右。"

【吾子】

可以作偏正词组用，表示"我的儿子"。如《礼记·檀弓下》："昔者，吾舅死于虎，吾夫又死焉，今吾子又死焉。"在古汉语中，多作偏正复音词使用，表示对对方的敬称，相当于"您"，又更亲热些。如：《孟子·公孙丑上》："或问乎曾西曰：'吾与子路孰贤?'"这两种情况很容易混淆，要根据上下文细心加以区别。再看些例子，《战国策·秦策二》："曾子之母曰：'吾子不杀人。'"在这句中"吾子"显然是指"我的儿子"，作词组用。而《左传·成公二年》："病未及死，吾子勉之!"却指对方，作一个词使用。

【当道】

作为述宾词组，是"拦路"的意思，如《史记·赵世家》："他日，简子出，有人当道，辟之不去。"晋干宝《搜神记》卷四："文王梦一妇人，甚丽，当道而哭。"又用为比喻义，变成述宾式复合词，指"执政者""掌权者"。如：张溥《五人墓碑记》："至于今，郡之贤士大夫请于当道。"

【屋漏】

如果是表示"破屋漏水"义，则是主谓词组。如：杜甫《茅屋为秋风所破歌》："床头屋漏无干处，雨脚如麻未断绝。"但是古汉语中，"屋漏"用来指称室内的西北角，这是为人所不见之处，古人常常在此施设小帐，安藏神主。这种用法的“屋漏”则是主谓式复合词了。《诗经·大雅·抑》：“相在尔室，尚不愧于屋漏。”毛传：“西北隅谓之屋漏。”郑玄笺：“屋，小帐也；漏，隐也。”

（二）意义标准

其一，一个双音组合，如果赋予了新的意义，那么就是一个复音词；如果只是两个字的意义的简单相加，则是词组。例如：

【寻常】

“寻”与“常”本来都是长度单位，前者八尺，后者一丈六尺。如《国语·周语下》：“夫目之察度也，不过步武尺寸之间；其察色也，不过墨（指五尺）丈寻常之间。”从词组变成词之后，有两种含义：一是指很短的长度或很小的面积。如《左传·成公十二年》：“诸侯贪冒，侵欲不忌，争寻常以尽其民。”二是引申为普通、平常，这个词义在唐宋以后用得比较多。如杜甫《曲江》诗之二：“酒债寻常行处有，人生七十古来稀。”又如刘禹锡《乌衣巷》诗：“旧时王谢堂前燕，飞入寻常百姓家。”

【先生】

从字面上看，谓早出生，是偏正词组。但是，实际含义是指“有学问的老年人”，成为偏正式复音词。如《孟子·告子下》：“先生将何之？”赵岐注：“学士年长者，故谓之先生。”又如《韩诗外传》卷六：“问者曰：‘古之谓知道者曰先生，何也？’‘犹言先醒也。’”所以又称老师为先生。如《礼记·曲礼上》：“从于先生，不越路而与人言。”郑玄注：“先生，老人教学者。”后来妻子也称丈夫为先生，如《列女传》卷二：“妾恐先生之不保命也。”

【持戟】

作为词组，是指“手执武器”。如《孟子·公孙丑下》：“子之执戟之士，一日而三失伍，则去之否乎？”作为词，则转为指

“手执武器的人”，即战士。如《史记·平原君传》：“今楚地方五千里，执戟百万，此霸王之资也。”

其二，两个意义相同或基本相同的单音词，复合后共同表示一个意义相关而又增强了交际职能的新概念，那么就成为一个复音词。

先看由意义相同的单音词合成的复音词。受单音词复合化规律的支配，有些意义相同的单音词在合成双音词后表面上似乎没增加多少意义，然而正是由于增加了一个音节，就在实际上增强了交际职能。音节的量变带来了双音组合的质变，一批由同义单音词并列组成的双音词甚至并不经过词组的阶段就径直在交际中出现了。例如：

【杀戮】

《说文·杀部》：“杀，戮也。”又《戈部》：“戮，杀也。”两个同义词表示一个概念，合成双音词。《韩非子·存韩》：“夫韩尝一背秦而国迫地侵，兵弱至今；所以然者，听奸臣之浮说，不权事实，故虽杀戮奸臣不能使韩复强。”

【攻伐】

《说文·攴部》：“攻，击也。”又《人部》：“伐，击也。”两个同义词表示一个概念，合成双音词。《韩非子·存韩》：“臣窃愿陛下之幸熟图之。夫攻伐而使从者间焉，不可悔也。”

再看由意义基本相同的单音词合成的复音词。例如：

【法度】

“法”，原指“刑法”，“度”本为量长短的标准，引申为“法制”（《说文·又部》：“度，法制也。”），合成后泛指一切法律制度。

【沐浴】

濯发为“沐”，洗身为“浴”，合成后泛指洗澡。

以上这些都是两个基本相同的概念，合成后表示一个更加概括、抽象的概念。

其三，如果这个双音组合的意义是偏重在其中一个语素上，另一个语素只是陪衬，不表义，那么就是一个复音词（偏义复词）。

先看两个反义语素构成的偏义复词。例如：

【缓急】

“缓”是缓和，“急”是急迫，分别指两个对立的方面。如《韩非子·难一》：“凡对问者，有因小大缓急而对也。”（对，回答。因，根据）作为偏义复词，则仅仅指急的一面，指情势急迫、困厄。如《史记·游侠传序》：“且缓急，人之所时有也。”又如《后汉书·窦融传》；“一旦缓急，杜绝河津（指黄河渡口），足以自守。”

【利害】

本指利益和害处。如《韩非子·观行》：“时有满虚，事有利害，物有生死。”用作偏义复词，只取“害”，指祸害。如《列子·杨朱》：“趋走不足以逃利害。”又如《史记·吴王濞传》：“且擅兵而别（指分兵），多佗利害。”

再看由两个意义相类相关的语素构成的偏义复词。例如：

【国家】

古代诸侯称“国”，大夫称“家”。如《孟子·离娄上》：“人有恒言，皆曰‘天下国家’，天下之本在国，国之本在家。”赵岐注：“国谓诸侯之国，家谓卿大夫家。”连用时多用作偏义复词，只指国，不指家。如《韩非子·爱臣》：“社稷将危，国家偏威（指君权旁落于大臣之手）。”“国家”跟“社稷”连文称说，显然就是指国，不包括家。这种用法现在还沿用。

【衣冠】

原来也是两个词，分别指衣服和帽子。《论证·尧曰》：“君子正其衣冠。”而在《史记·魏公子传》“侯生摄敝衣冠，直上载公子上坐”中，“冠”字无义，只指衣服。因为“摄”是撩起的意思，衣服能够撩起，帽子可不行。可见，句中“衣冠”是偏义复词。

（三）语法标准

有六种情况：

其一，从词汇结构上看，两个音节结合紧密，不能拆开或随意扩展的是复音词，否则是词组。例如：

【比及】

《论语·先进》：“求也为之，比及三年，可使足民。”

按：古代汉语中，“比”有及义，这里“比及”同义并列。但两音节结合紧密，共同充当谓语，中间不能加“与”等字。因此，“比及”是复音词。

【妻子】

《孟子·离娄下》：“好货财，私妻子，不顾父母之养，三不孝也……出妻，屏子，终身不养焉。”

按：“私妻子”中“妻子”是复音词还是词组呢？读了下文“出妻，屏子”之后，就可以肯定是词组了。

其二，从词性上看，一个双音组合，如果改变了原来作为单音词时的词性，那么就是一个复音词。例如：

【长老】

《韩非子·外储说左上》：“吾闻宋君无道，蔑侮长老，分财不中，教令不信，余来为民诛之。”《汉书·孝成许皇后传》：“近世之事，语尚在于长老之耳。”

按：“长”和“老”是形容词。“长老”，指老年人，是名词，改变了原来作为单音词时的词性，则成为复音词。

【有道】

《论语·学而》：“（君子）敏于事而慎于言，就有道而正焉。”

按："有道"，从字面来看，是一个动宾词组，但这里是指有道德学问的人，是一个名词，改变了原来作为单音词时的词性，则成为复音词。

其三，从句子结构上看，在对文中，如果其中某一位置上的双音组合已经确定为复音词，那么相对应位置上的另一个双音组合可以首先考虑是复音词而不是词组。例如：

【师旅】【饥馑】

《论语·先进》："千乘之国，摄乎大国之间，加之以师旅，因之以饥馑。"

按：《说文·食部》称"谷不孰为饥"，"蔬不孰为馑"。这里的"饥馑"是否也分训呢？当我们理解了相对应位置上的"师旅"是指侵略军队即是一个复音词之后，"饥馑"则应考虑是一个复音词，泛指荒年。反过来理解"师旅"也一样。

其四，从构词方式上看，相类似的同结构的双音组合可以类推。如果其中一个确定为复音词，那么另一个也可以类推为词。例如：

【淑人】【淑女】

这两个双音组合结构相同，都是偏正关系，而且修饰成分都是"淑"，相同；被修饰成分是"人"和"女"，同类。如果"淑人"是一个复音词的话，那么"淑女"也可以考虑是复音词，反之亦然。如《诗经·曹风·鸤鸠》："淑人君子，其仪一兮。"又《小雅·鼓钟》："淑人君子，怀允不忘。"

按："淑人"，善人。"淑人"与"君子"并列，它们都是复音词。向熹先生的《诗经词典》也都收作复音词，这是可取的。

《诗经·周南·关雎》："窈窕淑女，君子好逑。"

按："淑女"，善女。然而它是一个复音词还是一个词组呢？应该是复音词，因为如上所述，同是《诗》中的"淑人"已经是一个复音词，那么相类似的同结构的双音组合“淑女”也应该看作复音词。

其五，重叠的双音组合，如果重叠后不是原义的简单重复，而成为一个以原义为基础的状态词，用来摹写事物的状态、情貌，这样的双音组合则是词，不是词组。例如：

【冥冥】

《说文·冥部》：“冥，幽也。”指幽暗不明。《老子·道经》二十一章：“窈兮冥兮，其中有精。”《史记·龟策传》：“正昼无见，风雨晦冥。”重叠后“冥冥”表示昏暗貌。《诗经·小雅·无将大车》：“无将大车，维尘冥冥。”朱熹集传：“冥冥，昏晦也。”汉蔡琰《悲愤诗》之二：“沙漠壅兮尘冥冥，有草木兮春不荣。”

【滔滔】

《说文·水部》：“滔，水漫漫大貌。”指大水弥漫。《尚书·尧典》：“汤汤洪水方割，荡荡怀山襄陵，浩浩滔天。”《汉书·万石君传》：“间者，河水滔陆，泛滥十余郡。”重叠后“滔滔”表示水势很大的样子。例如：《诗经·小雅·四月》：“滔滔江汉，南国之纪。”毛传：“滔滔，大水貌。”汉王粲《赠文叔良》诗：“瞻彼黑水，滔滔其流。”

其六，从语素顺序来看，并列复音词在形成过程中，有的字序不十分稳定，或为AB式，或为BA式，但它们是表示同一个概念，应是一个复音词的不同形式。例如：

【爱怜】【怜爱】

在古汉语中，“怜”有“爱”的意思。连用时，起先是同义复用，表示强调，后来变成一个词。在这过程中，词序不固定，有时作“爱怜”，有时又作“怜爱”。不同的书中，有不同的字序；同一书中，也会有不同字序。如《战国策·赵策四》：“老臣贱息舒祺，最少，不肖。而臣衰，窃爱怜之。”可同是这句话，在《史记·赵世家》中“爱怜”却作“怜爱”。而《史记·赵世家》的下文“丈夫亦爱怜少子乎”又作“爱怜”。

【介绍】【绍介】

在古汉语中“介绍”和“绍介”的词义是一样的，指从中沟通，使双方发生关系，只是字序不同。前者如《礼记·聘义》：“介绍而传命。”后者如《战国策·赵策三》“平原君曰：‘胜请为绍介而见之于先生。’”

【人民】【民人】

古汉语中“人民”和“民人”都可指人类，字序却相反。作“人民”的，如《韩非子·五蠹》：“上古之世，人民少而禽兽众，人民不胜禽兽虫蛇。”作“民人”的，如《孟子·许行》：“后稷教民稼穑，树艺五谷，五谷熟而民人育。”

（四）词频标准

词是具有社会性的。一个词一旦使用了以后，就有可能常常出现。因此，词频也是判定复音词的一个标准。例如，在《论语》中，“小人”出现了24次，“小子”出现了7次，它们肯定是复音词。

当然，词频标准是辅助的，主要还是看意义标准和语法标准。

三、汉语史专书复音词研究的几个视角

（一）复音词的语义构成

从语义构成的角度来看，复音词能分为如下类型。

1. 联合式复合词

联合式复合词，两个构词成分之间的关系是并列的，没有什么主从之分。构成联合式的复合词，从意义构成上看，有的是同义联合，有的是类义联合，有的则是反义联合。

（1）同义联合。例如：

【边境（竟）】靠近国家边界的地方。《国语·楚语上》："夫边境者，国之尾也。"《汉书·元帝纪》："加以边竟不安，师旅在外。"颜师古注："竟读曰境。"

【变化】事物在形态上或本质上产生新的状况。《周易·乾》："乾道变化，各正性命。"孔颖达疏："变，谓后来改前；以渐移改，谓之变也。化，谓一有一无；忽然而改，谓之为化。"

【白皙】谓肤色白净。《左传·昭公二十六年》："有君子，白皙，鬒须眉，甚口。"

以上例一为名词，例二为动词，例三为形容词。下同。

（2）类义联合。例如：

如果两个单音词表示的是同一大类下面的两个互不包含的小类，那么这两个单音词就是类义词，由此构成的复音词就是类义联合复音词。如"戈""矛"同属于兵器，是类义词，所构成的复音词"戈矛"就是类义联合复音词。例如：

【臣仆】奴仆，亦为罪人与执役者及臣下的通称。《诗经·小雅·正月》："民之无辜，并其臣仆。"毛传："古者有罪，不入于刑则役之圜土，以为臣仆。"

【跋涉】登山涉水，指旅途艰苦。《诗经·鄘风·载驰》："大夫跋涉，我心则忧。"毛传："草行曰跋，水行曰涉。"

【清明】清澈明朗，指政治有法度，有条理。《诗经·大雅·大明》："肆伐大商，会朝清明。"毛传："不崇朝而天下清明。"

（3）反义联合。例如：

【本末】树木的下部与上部，指事件的始末、原委。《左传·庄公六年》："夫能固位者，必度于本末而后立衷焉。"杜预注："本末，终始也。"

【赏罚】奖赏和惩罚。《尚书·康王之诰》："惟新陟王，毕协赏罚，戡定厥功，用敷遗后人休。”

【厚薄】犹大小，多少。《商君书·开塞》：“夫过有厚薄，则刑有轻重；善有大小，则赏有多少。”

2. 偏正式复合词

偏正式复合词是由一个起修饰、限制作用的偏语素和一个表示中心成分的正语素复合而成。偏语素在前，正语素在后。这类复合词可按正语素的性质分为定中式和状中式两类。

(1) 定中式。

定中式偏正复合词，即正语素是表示人或事物等方面的意义，是名词性的。从偏语素所表示的义类来看，定中式偏正复合词又可细分为如下若干小类。

①偏语素表示身份、职业。例如：

【津人】渡船的船夫。《左传·昭公二十四年》：“甲戌，津人得诸河上。”

【谋士】设谋献计的人。《墨子·号令》：“县各上其县中豪杰若谋士、居大夫、重厚口数多少。”

②偏语素表示数量。例如：

【二毛】黑、白两色的头发。常用以指老年人。《左传·僖公二十二年》：“君子不重伤，不禽二毛。”杜预注：“二毛，头白有二色。”

【百姓】百官。《书·尧典》：“九族既睦，平章百姓。”按：平章，辨别彰明。百姓，百官。

③偏语素表示形状或情貌。例如：

【虎贲】勇士之称。贲，通“奔”。《尚书·牧誓序》：“武王戎车三百两，虎贲三百人，与受战于牧野。”孔传：“勇士称也。若虎贲兽，言其猛也。皆百夫长。”

【眉寿】长寿。《诗经·豳风·七月》：“为此春酒，以介眉寿。”毛传：“眉寿，豪眉也。”孔颖达疏：“人年老者必有豪眉秀出者。”高亨注：“眉寿，长寿也。”

④偏语素表示材料或质地。例如：

【虎韔】虎皮制的弓袋。《诗经·秦风·小戎》：“虎韔镂膺，交韔二弓。”毛传：“虎，虎皮也。韔，弓室也。”

【象箸】象牙制作的筷子。《韩非子·喻老》：“昔者纣为象箸而箕子怖。”

⑤偏语素表示特征、性质或品德。例如：

【利剑】锋利的剑。《公羊传·宣公六年》：“吾闻子之剑，盖利剑也。子以示我，吾将观焉。”

【新妇】新娘子。《战国策·卫策》：“卫人迎新妇。”

⑥偏语素表示用途。例如：

【兵车】战车。《左传·襄公十年》：“兵车十七乘。”

【佩玉】古代系于衣带用作装饰的玉。《左传·哀公二年》：“大命不敢请，佩玉不敢爱。”

⑦偏语素表示方位、时节。例如：

【东风】东方刮来的风。《楚辞·九歌·山鬼》：“东风飘兮神灵雨，留灵修兮憺忘归。”

【春酒】冬酿春成之酒。《诗经·豳风·七月》：“为此春酒，以介眉寿。”

⑧偏语素表示颜色。例如：

【赤子】婴儿。《汉书·贾谊传》：“故自为赤子而教固已行矣。”颜师古注：“赤子，言其新生未有眉发，其色赤。”

【苍天】指天（苍是青色）。《诗经·王风·黍离》：“悠悠苍天，此何人哉！”

⑨偏语素表示长幼亲疏。例如：

【伯父】父亲的哥哥。《礼记·曾子问》：“已祭而见伯父叔父，而后飨冠者。”

【外亲】旧指女系的亲属。如母亲、祖母的亲族，及女、孙女、诸姊妹、诸侄女、其他诸姑的子孙等。《后汉书·李膺传》："张孟卓与吾善，袁本初汝外亲，虽尔勿依，必归曹氏。"

⑩偏语素表示地点、范围。例如：

【朝臣】朝廷官员。《韩非子·三守》："国无臣者，岂郎中虚而朝臣少哉？"

【山谷】两山间低凹而狭窄处，其间多有涧溪流过。《吕氏春秋·谨听》："故当今之世，求有道之士，则于四海之内、山谷之中、僻远幽闲之所，若此则幸地得之矣。"

⑪表示类属关系。

一般是前面的语素是属，即逻辑学的下位概念，后面的语素是类，即上位概念。例如：

【鲂鱼】鳊鱼的古称。《诗经·周南·汝坟》："鲂鱼赪尾，王室如毁。"

【岁星】即木星。古人认识到木星约十二年运行一周天，其轨道与黄道相近，因将周天分为十二分，称十二次。木星每年行经一次，即以其所在星次来纪年，故称岁星。《韩非子·饰邪》："岁星非数年在西也。"

但是，有一些却是正语素在前、偏语素在后，传统称之为"大名冠小名"的结构方式。这是先秦所特有的一种偏正式，例如：

【草茅】即茅草，杂草。《楚辞·卜居》："宁诛锄草茅以力耕乎？将游大人以成名乎？"

【鸟乌】即乌鸟，乌鸦。《后汉书·赵典传》："且鸟乌反哺报德，况于士邪！"

⑫表示领属关系。

偏语素是领有或具有，而正语素为隶属或从属的关系。偏语素在前，正语素在后。例如：

【天子】古以君权为神所授，故称帝王为天子。《诗经·大雅·江汉》："明明天子，令闻不已。"

【熊掌】熊的脚掌。一种珍贵的食品。《孟子·告子上》："鱼，我所欲也，熊掌，亦我所欲也。二者不可得兼，舍鱼而取熊掌者也。"

（2）状中式。

状中式偏正复合词，即正语素是表示动作行为或性质状态，偏语素则起修饰、限定的作用。这类词绝大多数是修饰、限定语素在前，表中心意义的语素在后。状中式偏正复合词可细分为如下若干小类。

①正语素表示动作，偏语素表示性质、状态。例如：

【酣战】激战。《韩非子·十过》："酣战之时，司马子反渴而求饮，竖谷阳操觞酒而进之。"

②正语素表示动作或性状，偏语素表示方式、工具、凭藉。例如：

【跪坐】两膝着地，屁股靠着脚跟而坐。《管子·弟子职》："先生将食，弟子馔馈。摄衽盥漱，跪坐而馈。"

【毛炰（炮）】将整个牲畜（多为小猪）连毛投置火中去毛烤炙致熟。《诗经·鲁颂·閟宫》："毛炰胾羹，笾豆大房。"

③正语素表示动作，偏语素表示处所、时间。例如：

【野战】交战于旷野。《管子·重令》："内守不能完，外攻不能服，野战不能制敌，侵伐不能威四邻，而求国之重，不可得也。"

【后生】本谓较后出生。引申为弟子，学生。《墨子·非儒下》："夫为弟子后生，其师，必脩其言，法其行，力不足，知弗及而后已。"孙诒让间诂："后生亦弟子也。"

④正语素表示动作或性状，偏语素表示比拟的物象。例如：

【蚕食（蚀）】本指蚕食桑叶，喻指逐渐侵占。《韩非子·存韩》："荆人不动，魏不足患也，则诸侯可蚕食而尽，赵氏可得与敌矣。”

【柴立】如枯木般独立。《庄子·达生》：“无入而藏，无出而阳，柴立其中央。”

⑤正语素表示动作或性状，偏语素表示否定。

这种类型的偏语素是副词性的。例如：

【不肖】本谓子不似父。引申为不成材，不正派。《礼记·射义》：“发而不失正鹄者，其唯贤者乎？若夫不肖之人，则彼将安能以中。”孔颖达疏：“不肖，谓小人也。”

【非常】不合惯例，不适时宜。《韩非子·备内》：“是故明王不举不参之事，不食非常之食。”

3. 述宾式复合词

“述宾式”也称“动宾式”“支配式”。述宾式复合词是述语素在前，宾语素在后，述、宾语素之间具有支配或关涉的关系。述宾式复合词可按宾语素的义类分为如下类型。

（1）宾语素表示客体。例如：

【执事】从事某工作，主管某事。《周礼·天官·大宰》：“九曰闲民，无常职，转移执事。”郑玄注引郑司农云：“闲民，谓无事业者，转移为人执事，犹今佣赁也。”

【将军】本为统领军队，转指官名、高级将领。《墨子·非攻中》：“昔者晋有六将军。”

（2）宾语素表示主体。例如：

【拜手（首）】古代男子跪拜礼的一种。跪后两手相拱，俯头至手。《尚书·太甲中》：“伊尹拜手稽首。”孔传：“拜手，首至手。”清顾炎武《日知录·拜稽首》：“古人席地而坐，引身而起，则为长跪。首至手则为拜手，手至地则为拜，首至地则为稽首，此礼之等也。”

【竭力】竭尽力量。《礼记·燕义》：“臣下竭力尽能以立功于国，君必报之以爵禄。”

（3）宾语素表示时间。例如：

【立夏】二十四节气之一。在阳历五月五、六或七日。《礼记·月令》："立夏之日，天子亲帅三公、九卿、诸侯、大夫，以迎夏于南郊。"

（4）宾语素表示方位。例如：

【司南】我国古代辨别方向用的一种仪器。《韩非子·有度》："先王立司南以端朝夕。"陈奇猷集释："司南其制盖如今罗盘针，故可以正朝夕也。朝夕犹言东西，日朝出自东，夕入于西，故以朝夕为东西也。"

4. 主谓式复合词

主谓式复合词是主语素在前，谓语素在后。谓语素陈述主语素。例如：

【鸡鸣】鸡叫。指天明之前。南朝宋鲍照《行药至城东桥》诗："鸡鸣关吏起，伐鼓早通晨。"

【日入】指太阳落下之时。《谷梁传·庄公七年》："日入至于星出谓之昔。"

5. 述补式复合词

"述补式"也称"动补式""补充式"。述补式复合词是述语素在前，补语素在后，补语素补充说明述语素。一般认为，先秦汉语还没有产生述补式构词方式，但已经萌芽了。中古时则已经产生述补式。

（1）补语素表示动作的结果或状态。例如：

【磨（摩）灭】消失，湮灭。《文选·司马迁〈报任安书〉》："古者富贵而名磨灭，不可胜记，唯倜傥非常之人称焉。"

【说合】从中介绍，把两双方说道一块。《世说新语·识鉴》："何晏、邓扬、夏侯玄并求傅嘏交，而嘏终不许。诸人乃因荀粲说合之。"

（2）补语素表示动作的趋向。例如：

【走入】跑进。《史记·张耳陈余传》："张耳与赵王歇走入巨鹿城，王离围之。"

【挽回】扭转已成的不利局面。宋苏轼《浣溪沙·即事》词："黄菊篱边无怅望，白云乡里有温柔，挽回霜鬓莫教休。"

6. 附加式

附加式是由一个虚语素（前缀、后缀，或称词头、词尾）附着在一个实语素（词根）上的构词方式。其构成的合成词称为附加式合成词。根据其虚语素在词中的位置，附加式又可分为前附式和后附式两种。

(1) 前附式合成词。

王力在《古代汉语》中提出上古汉语词头有"有""其""言""于""薄"五字。但学术界普遍认同的只有"有"字。

"有"字作为词头，主要是用于专名的前面，组成朝代名、国名、部族名等。例如：

【有周】指周王朝。《诗经·大雅·王文》："有周不显，帝命不时。"毛传："有周，周也。"

【有娀】远古部族名。《诗经·商颂·长发》："有娀方将，帝立子生商。"

"有"字的这种用法，一直到明清，都在使用，如"有汉""有唐""有清"等。

"有"字又用于某些名词前面，例如：

【有政】政事，政治。《尚书·君陈》："惟孝，友于兄弟，克施有政。"

【有北】北方寒冷荒凉地区。《诗经·小雅·巷伯》："豺虎小食，投畀有北。"

"有"字又用于某些形容词的前面。例如：

【有忡】等于"忡忡"，表示忧虑不安的样子。《诗经·邶风·击鼓》："不我以归，忧心有忡。"

【有赫】等于“赫赫”，表示显赫的样子。《诗经·大雅·皇矣》：“皇矣上帝，临下有赫。”郑玄笺云：“天之视天下，赫然甚明。”

汉代以后产生新的词头“阿”，用在亲属称谓和疑问代词前，例如：

【阿母】母亲。也指乳母。《玉台新咏·为焦仲卿妻作》：“府吏得闻之，堂上启阿母。”《史记·扁鹊仓公传》：“故济北王阿母自言足热而懑。”司马贞索隐：“是王之奶母也。”张守节正义引服虔曰：“乳母也。”

【阿谁】犹言谁，何人。《乐府诗集·横吹曲辞五·紫骝马歌辞》：“十五从军征，八十始得归。道逢乡里人：‘家中有阿谁？’”

（2）后附式合成词。

上古汉语中，有一组日纽字，它们是“如（日纽鱼部）”“若（日纽铎部）”“然（日纽元部）”“而（日纽之部）”“尔（日纽支部）”“耳（日纽之部）”等，用作形容词、副词的词尾。王力先生认为它们是同一个词的变形。

如

【跃如】跃跃欲试貌。《孟子·尽心上》：“君子引而不发，跃如也。”

【晏如】安定太平貌。《史记·司马相如传》：“天下晏如也。”

若

【纷若】盛多貌。《周易·巽》：“巽在床下，用史巫纷若，吉，无咎。”孔颖达疏：“纷若者，盛多之貌。”

【沃若】润泽貌。《诗经·卫风·氓》：“桑之未落，其叶沃若。”朱熹集传：“沃若，润泽貌。”

然

【惠然】顺心貌。《诗经·邶风·终风》："终风且霾，惠然肯来？"

【油然】兴盛貌。《孟子·梁惠王上》："天油然作云，沛然下雨，则苗浡然兴之矣。"赵岐注："油然，兴云之貌。"

而

【突而】突然，忽然。《诗经·齐风·甫田》："未几见兮，突而弁兮。"

【俄而（尔）】不久，突然间。《庄子·大宗师》："俄而子舆有病，子祀往问之。"

尔

【率尔】轻率貌。《论语·先进》："子路率尔而对。"

【莞尔】微笑貌。《论语·阳货》："夫子莞尔而笑曰：'割鸡焉用牛刀！'"屈原《渔父》："渔父莞尔而笑，鼓枻而去。"

另外，还有"焉"，用作形容词、副词词尾；"乎"，用作形容词词尾。例如：

焉

【潸焉】流泪貌。《诗经·小雅·大东》："眷言顾之，潸焉出涕。"

【忽焉】快速貌。汉孔融《论盛孝章书》："五十之年，忽焉已至。"

乎

【确乎】坚而高貌；坚刚貌。《吕氏春秋·下贤》："迷乎其志气之远也，昏乎其深而不测也，确乎其节之不庳也。"

【茫（芒）乎】犹茫然；无所知的样子。《史记·日者传》："宋忠、贾谊忽而自失，芒乎无色，怅然噤口不能言。"

大约在春秋后期、战国以后，词尾"如""然""焉""乎"可以附在重叠式合成词的后面，组成三音节合成词。例如：

【訚訚（yín）如】恭敬而正直的样子。

【行行如】刚强的样子。

【侃侃如】温和而快乐的样子。《论语·先进》："闵子侍侧，訚訚如也；子路，行行如也；冉有、子贡，侃侃如也。"

【欣欣然】极其高兴的样子。《孟子·梁惠王下》："百姓闻王钟鼓之声，管籥之音，举欣欣然有喜色。"

【巍巍焉】高大貌。《吕氏春秋·观世》："譬之若登山，登山者，处已高矣，左右视，尚巍巍焉山在其上。"

【淳淳乎】朴实敦厚貌。《吕氏春秋·士容》："淳淳乎慎谨畏化，而不肯自足。"

7. 重叠式

重叠式是指重叠语素或音节成为复音词的构词方法。重叠音节而成的复音词是单纯词，重叠语素而成的复音词是合成词。

（1）重叠式单纯词（叠音词、叠字）。

重叠式单纯词是重叠音节而构成的复音词。重叠式单纯词又叫叠音词，或称"叠字"，属于古人所谓"重言"的一种。它所用的音节（汉字）可以分为两种：一是该字单用时无义；二是该字单用时虽有义，但这义与叠音词的意义没有联系。例如：

【猩猩】犬吠声。《说文·犬部》："猩，猩猩，犬吠声。"

【猩猩】兽名。《礼记·曲礼上》："猩猩能言，不离禽兽。"

【关关】模仿鸟类相和的鸣叫声。《诗经·周南·关雎》："关关雎鸠，在河之洲。"毛传："关关，和声也。"

【习习】形容微风和煦的样子。《诗经·邶风·谷风》："习习谷风，以阴以雨。"毛传："习习，和舒貌。"

按：以上词例中，单字"猩"无义，单字"关""习"虽有义，但其义与"关关""习习"的意义无关。换言之，叠音词"关关""习习"用的是假借字。

由于叠音词纯粹是重叠音节而成，与其字义没有联系，书面上写成哪些字，不过是同音字的借用罢了，因此，一个叠音词可以写成不同的文字形式。例如：

【锵锵/玱玱/鸧鸧】象声词。形容金石撞击发出的洪亮清越的声音，特指诗文音节清越响亮。“锵锵”“玱玱”“鸧鸧”都是阳部清母字，语音相同，意义也相同，都是形容铃声。《诗经·大雅·烝民》：“八鸾锵锵。”郑笺：“锵锵，鸣声。”《诗经·小雅·采芑》：“八鸾玱玱。”毛传：“玱玱，声也。”《诗经·商颂·烈祖》：“八鸾鸧鸧。”毛传：“八鸾鸧鸧，言文德之有声也。”

（2）重叠式合成词（叠词）。

重叠式合成词是重叠语素而构成的复音词，重叠式合成词又叫叠词。叠词的含义与原词基本一致，但却成为一个以原义为基础的模拟事物状态的词。例如：

【迟迟】徐行貌。《诗经·邶风·谷风》：“行道迟迟，中心有违。”毛传：“迟迟，舒行貌。”《说文·辵部》：“迟，徐行也。”

【凄凄】寒凉貌。《诗经·郑风·风雨》：“风雨凄凄，鸡鸣喈喈。”毛传：“风且雨，凄凄然。”

按：“凄凄然”即寒凉貌。“凄”即有寒凉义。《诗经·邶风·绿衣》：“絺兮绤兮，凄其以风。”毛传：“凄，寒风也。”

8. 非重叠式（单纯词）

非重叠式是指由不相同的音节构成单纯词的构词方式，非重叠式双音节单纯词中，有不少具有双声或叠韵的关系。非重叠式单纯词主要是联绵词、音译词。

（1）联绵词。

联绵词又称联绵字（或作连绵字），旧时又称连语、链语，现代学者从区分字、词出发，改称联绵词。关于联绵词的性质，现代学者则多认为它是一种单纯复音词。例如，《中国大百科全书·语言文字》收“联绵字”条，解释说：“两个字连缀在一起不能分开来讲的双音节词。”联绵词多是音节的部分要素重叠的单纯词。

①双声联绵词。例如：

【玄黄】马病貌。《诗经·周南·卷耳》：“陟彼高冈，我马玄黄。”《释诂》云：“玄黄，病也。”按：“玄”“黄”，上古同为匣纽。

【蝃蝀】虹的别名。《诗经·鄘风·蝃蝀》：“蝃蝀在东，莫之敢指。”毛传：“蝃蝀，虹也。”

②叠韵联绵词。例如：

【窈纠】体态轻盈、柔美多姿貌。《诗经·陈风·月出》：“舒窈纠兮，劳心悄兮！”毛传：“舒，迟也。窈纠，舒之姿也。”

【仓庚】黄莺的别名。《诗经·豳风·七月》：“春日载阳，有鸣仓庚。”毛传：“仓庚，离黄也。”

③双声叠韵联绵词。例如：

【辗转】翻来覆去的样子。《诗经·周南·关雎》：“悠哉悠哉，辗转反侧。”

【绵蛮】鸟鸣声。《诗经·小雅·绵蛮》：“绵蛮黄鸟，止于丘阿。”朱熹集传：“绵蛮，鸟声。”

④其他联绵词。

此指两个音节之间没有双声叠韵关系的联绵词。例如：

【权舆】起始。《诗经·秦风·权舆》：“今也每食无余，于嗟乎！不承权舆。”朱熹集传：“权舆，始也。”

【滂沱】雨大貌。《诗经·小雅·渐渐之石》：“月离于毕，俾滂沱矣。”

（2）音译词。

音译词是指把外国语或少数民族语中的词连音带义都接受过来，这样的词就叫音译词，又叫借词。例如：

【玁狁】即猃狁。我国古代北方少数民族。《诗经·小雅·采薇》:“靡室靡家,玁狁之故。”毛传:“玁狁,北狄也。”郑玄笺:“北狄,今匈奴也。”

【琵琶】弹拨乐器名。初作枇杷。《释名·释乐器》:“枇杷本出于胡中,马上所鼓也。”此类乐器原流行于波斯、阿拉伯等地,汉代传入我国。杜甫《咏怀古迹》:“千载琵琶作胡语,分明怨恨曲中论。”

9. 综合式

综合式是指一个多音词采用两种或两种以上的构词方式,如上文“巍巍焉”等三音节合成词,由“合成词(重叠式)+后缀”构成。例如:

【大将军】古代武官名。始于战国,汉代沿置,为将军最高称号,多由贵戚担任,统兵征战并掌握政权,职位极高。结构是“偏+正(述宾式)”。《汉书·高帝纪上》:“于是汉王齐戒,设坛场,拜信为大将军,问以计策。”

【遗腹子】指怀孕妇人于丈夫死后所生的孩子。结构是“偏(偏正式)+正”。《淮南子·说林》:“遗腹子不思其父,无貌于心也;不梦见像,无形于目也。”

(二)复合词的词性构成

古代汉语的复音词,大部分是由实语素组合而成的复合词。古代汉语复合词的词性构成情况大致如下。

1. 联合式复合词

(1)名词。

此指合成词由同词性的单音字(语素)构成。(按:{}表示里面的字是语素)

①{名}+{名}→名。例如:

【歌曲】诗歌与音乐结合,供人歌唱的作品。《论衡·讲瑞》:“歌曲弥妙,和者弥寡。”

②｛动｝＋｛动｝→名。例如：

【学问】知识，学识。《荀子·劝学》："不闻先王之遗言，不知学问之大也。"

③｛形｝＋｛形｝→名。例如：

【甘苦】比喻美好的处境和艰苦的处境。《史记·燕召公世家》："燕王吊死问孤，与百姓同甘苦。"

（2）动词。

①｛动｝＋｛动｝→动。例如：

【玩弄】玩味；研习。《论衡·案书》："刘子政玩弄左氏，童仆妻子皆呻吟之。"又《程材》："五曹自有条品，簿书自有故事，勤力玩弄，成为巧吏。"

②｛形｝＋｛形｝→动。例如：

【说怿】喜爱；喜悦。《诗经·小雅·頍弁》："未见君子，忧心弈弈；既见君子，庶几说怿。"

（3）形容词。

｛形｝＋｛形｝→形。例如：

【欢喜】快乐；高兴。《战国策·中山策》："长平之事，秦军大克，赵军大破；秦人欢喜，赵人畏惧。"

（4）数词。

｛数｝＋｛数｝→数。例如：

【亿万】极言其数之多。《尚书·泰誓上》："受有臣亿万，惟亿万心。"

（5）副词。

｛数｝＋｛数｝→副。例如：

【再三】一次又一次；一遍又一遍。《史记·孔子世家》："〔齐〕陈女乐文马于鲁城南高门外。季桓子微服往观再三，将受。"

2. 偏正式复合词

(1) 名词。

正语素一般是名词性语素，偏语素多数是名词性语素，另外还有形容词性语素、数词性语素、动词性语素等。

① {名} + {名} →名。例如：

【国人】古代指居住在大邑内的人。《周礼·地官·泉府》："国人郊人从其有司。"贾公彦疏："国人者，谓住在国城之内，即六乡之民也。"

② {形} + {名} →名。例如：

【暴君】专横残暴的君主或统治者。《孟子·滕文公上》："经界不正，井地不钧，谷禄不平，是故暴君污吏必慢其经界。"赵岐注："暴君，残虐之君。"

③ {数} + {名} →名。例如：

【三军】军队的通称。《论语·子罕》："三军可夺帅也，匹夫不可夺志也。"

④ {动} + {名} →名。例如：

【生民】人民。《尚书·毕命》："道洽政治，泽润生民。"曹操《蒿里行》："生民百遗一，念之断人肠。"

⑤ {名} + {动} →名。例如：

【车裂】俗称五马分尸。古代酷刑的一种。《左传·襄公二十二年》："昔观起有宠于子南，子南得罪，观起车裂。"

⑥ {形} + {动} →名。例如：

【后生】后辈，下一代。《论语·子罕》："后生可畏，焉知来者之不如今也。"

(2) 动词、形容词。

构成动词的正语素是动词性语素，偏语素有名词性语素、动词性语素、形容词性语素等。构成形容词的正语素和偏语素都是形容词性语素。

① {名} + {动} →动。例如：

【蚁附】像蚂蚁一样趋集缘附。《论衡·自纪》："充升擢在位之时，众人蚁附。"

② {动} + {动} →动。例如：

【刺杀】刺而杀之。《史记·游侠传》："人怒，拔刀刺杀解姊子，亡去。"

③ {形} + {动} →动。例如：

【久留】长期淹留，长久逗留。《史记·项羽纪》："将戮力而攻秦，久留不行。"

④ {数} + {动} →动。例如：

【首创】创始；创建。《东观汉记·李通传》："帝感通首创大谋，即日封通少子雄为邵陵侯。"

⑤ {副} + {形} →形。例如：

【正黄】纯正的黄色。《论衡·验符》："见湖涯有酒樽，色正黄，没水中。"

3. 述宾式复合词

由述宾关系的两个语素合成的复合词，有动词、名词、形容词等。

(1) 动词。

① {动} + {名} →动。例如：

【叩头】伏身跪拜，以头叩地。旧时为最郑重的一种礼节。《史记·滑稽传》："欲赴佗国奔亡，痛吾两主使不通。故来服过，叩头受罪大王。"

② {形} + {名} →动。例如：

【寒心】戒惧，担心。《逸周书·史记》："刑始于亲，远者寒心。"《新唐书·王琚传》："今天下已定，太平专思立功，左右大臣多为其用，天子以元妹，能忍其过，臣窃为殿下寒心。"

(2) 名词

{动} + {名} →名。例如：

【立春】二十四节气之一。在阳历二月三四或五日。《史记·天官书》："立春日，四时之始也。"

(3) 形容词。

{动} + {名} →形。例如：

【伤心】心灵受伤，形容极其悲痛。《论衡·雷虚》："且人闻人食不清之物，心平如故，观戚夫人者，莫不伤心。"

4. 主谓式复合词

由主谓关系的两个语素合成的复合词，有名词、动词等。

① {名} + {动} →名。例如：

【月食】亦作"月蚀"。《礼记·昏义》："月食则后素服，而修六宫之职，荡天下之阴事。"

② {名} + {动} →动。例如：

【口吃】一种习惯性的言语缺陷，说话字音重复或词句中断。《史记·老子韩非传》："非为人口吃，不能道说，而善著书。"《世说新语·言语》："邓艾口吃，语称'艾艾'。"

③ {代} + {动} →动。例如：

【自杀】杀死自己。《史记·秦始皇纪》："二十四年，王翦、蒙武攻荆，破荆军，昌平君死，项燕遂自杀。"

5. 述补式复合词

述补式复合词都是动词。其正语素和偏语素都有动词、形容词等。一般认为，先秦汉语还没有产生述补式构词方式，但已经萌芽了。中古时则已经产生述补式。

① {动} + {动} →动。例如：

【撼动】震动。《论衡·治期》："人君受以自责，愁神苦思，撼动形体，而危乱之变，终不减除。"

② {动} + {形} →动。例如：

【指明】《论衡·是应》："或佞人本不生出，必复更生一物以指明之，何天之不惮烦也?”

③｛形｝+｛动｝→动。例如：

【老死】年老而死。《老子》第八十章：“邻国相望，鸡犬之声相闻，民至老死，不相往来。”

（三）复音词的词义与语素义的关系

关于复音词的词义与语素义的关系，单纯词与附加词、重叠词相对比较单纯，而复合词比较复杂。古代汉语复合词的词义与语素义的关系大体有如下一些类型。

1．义同字面

这里的“字”，指语素字。

（1）词义由语素义重合构成。

联合式合成词中，有不少是由两个意义相同或基本相同的单音词双音化而成的，它们共同表示一个意义相关而又增强了交际职能的新概念。这些联合式合成词的词义，是由两个相同或基本相同的语素义重合构成的。例如：

【声音】指由物体振动而发生的声波通过听觉所产生的印象。《礼记·乐记》：“乐必发于声音，形于动静，人之道也。”《说文》：“声，音也”，又“音，声也”。

【人民】老百姓，指以劳动群众为主体的社会基本成员。《诗经·大雅·抑》：“质尔人民，谨尔侯度，用戒不虞。”

以上是名词。

【聆听】仔细注意地听。汉扬雄《法言·五百》：“聆听前世，清视在下，鉴莫近于斯矣。”《说文》：“听，聆也”，又“聆，听也”。

【更改】改变。《汉书·韩延寿传》：“颍川由是以为俗，民多怨雠。延寿欲更改之。”《说文》：“更，改也”，又“改，更也”。

以上是动词。

【谨慎】言行慎重小心，以免发生有害或不幸的事情。《谷梁传·桓公三年》：“父戒之曰：‘谨慎从尔舅之言。’母戒之曰：‘谨慎从尔姑之言。’”《说文》：“谨，慎也”，又“慎，谨也”。

【甘美】甜美。汉焦赣《易林·泰之小过》：“桃李花实，累累日息。长大成熟，甘美可食。”《说文》：“美，甘也”，又“甘，美也”。

以上是形容词。

（2）词义由语素义组合构成。

词义是两个语素义按照结构方式组合起来的意义。

【勤苦】勤劳刻苦。《墨子·兼爱下》：“今岁有疠疫，万民多有勤苦冻馁，转死沟壑中者。”

【谦和】谦虚平和。《晋书·邓攸传》：“性谦和，善与人交，宾无贵贱，待之若一。”

以上各词的结构是联合式，语素义并列联合起来就是各词的意义。

【勇士】勇敢的士兵。后亦泛指有力气有胆量的人。《左传·襄公二十一年》：“乐王鲋谓范宣子曰：‘盍反州绰、邢蒯？勇士也。’”

【久留】长期淹留；长久逗留。《史记·项羽纪》：“项羽曰：‘将戮力而攻秦，久留不行。’”

以上各词的结构是偏正式，语素义按照偏正关系组合就是各词的意义。

【化成】变成。《说文》：“一，惟初太始，道立于一，造分天地，化成万物。”《博物志·戏术》：“五月五日埋蜻蜓头于西向户下，埋至三日不蚀，则化成青真珠。”

【销落】熔化掉。例如，宋周辉《清波杂志》卷七：“李谱复云，思明销落佛铜所铸。贼平，无所用，复以铸佛。”

以上各词的结构是述补式，语素义按照述补关系组合就是各词的意义。

【兴师】举兵，起兵。宋苏轼《代张方平谏用兵书》："兴师十万，日费千金。"

【无量】没有限度。《左传·昭公十九年》："今宫室无量，民人日骇，劳罢死转，忘寝与食，非抚之也。"

以上各词的结构是述宾式，语素义按照述宾关系组合就是各词的意义。

【形秽】形态鄙俗、丑陋。多作谦词。南朝宋刘义庆《世说新语·容止》："骠骑王武子是卫玠之舅，俊爽有风姿，见玠辄叹曰：'珠玉在侧，觉我形秽。'"

【眼花】眼目昏花，看东西模糊不清。《祖堂集·卷第十二》："对云：'和尚莫眼花。'师云：'与摩则斫额望先师，未梦见在。'"

以上各词的结构是主谓式，语素义按照主谓关系组合就是各词的意义。

（3）语素义构成词义的主要内容。

客观事物具有多方面的特征，如不同的形状、颜色、性质、作用、构造等，人们用语素组成合成词来给事物命名时，往往只能根据其中某一或某些特征，因此这些语素义的组合只能构成词义的主要内容，而不是全部。例如：

【长城】供防御用的绵亘不绝的城墙。春秋战国时各国出于防御目的，分别在边境形势险要处修筑长城。秦始皇灭六国完成统一后，为了防御北方匈奴的南侵，将战国时秦、赵、燕三国的北边长城予以修缮，连贯为一，俗称"万里长城"，至今尚有遗迹残存。按：词义中的"供防御用"是补充的内容。

【彗星】绕太阳运行的一种星体，后曳长尾，呈云雾状。俗称扫帚星。《后汉书·李固传》："且永初以来，政事多谬，地震宫庙，彗星竟天，诚是将军用情之日。"按：词义中的"绕太阳运行”是补充的知识性内容。

【连弩】装有机栝，可以同发数矢或连发数矢之弓。《墨子·备高临》：“备临以连弩之车。”按：词义中，“装有机栝，可以同发数矢”“数矢”是补充的知识性内容。

2. 义偏一字

义偏一字即复词偏义，指词义由其所偏倚的某一语素义构成，另一语素义不表义。有相反相对的复词偏义和相类相关的复词偏义两种。例如：

【成败】偏指败，失败。《后汉书·何进传》：“先帝尝与太后不快，几至成败。”

【作息】偏指作，劳作。《玉台新咏·为焦仲卿妻作》：“昼夜勤作息，伶俜萦苦辛。”

以上为有相反相对的复词偏义。

【园圃】偏指园，种树的地方。《墨子·非攻（上）》：“今有一人，入人园圃，窃其桃李。”

【车马】偏指车。《礼记·玉藻》：“土功不兴，大夫不得造车马。”

以上为有相类相对的复词偏义。

3. 义在字外

义在字外为词义由语素义转移构成。语素义的“转移”，犹如义位的“转移”。义位的转移，就是通过联想，把具有相似、相关以及相反的事物或现象联系起来，由此及彼，实现词义的转变。例如：

【岑楼】高楼。《孟子·告子下》：“不揣其本而齐其末，方寸之木，可使高于岑楼。”朱熹集注：“岑楼，楼之高锐似山者。”按：岑，小而高的山。“岑楼”中的“岑”是比喻用法。

【累卵】比喻极其危险。《韩非子·十过》：“故曹，小国也，而迫于晋楚之间，其君之危，犹累卵也。”按：“累卵”是危险的比喻用法。

【蛾眉】蚕蛾触须细长而弯曲，因以比喻女子美丽的眉毛。《诗经·卫风·硕人》：“螓首蛾眉，巧笑倩兮。”按：“蛾眉”的“蛾”是拟人用法。

【锋刃】刀剑等的尖端和刃口。代称兵器。《尚书·费誓》：“备乃弓矢，锻乃戈矛，砺乃锋刃。”按：“锋刃”是兵器的代称用法。

【东西】“东西”本指东方与西方、东边与西边。转化为泛指各种具体或抽象的事物。明朱有炖《豹子和尚自还俗》：“我又无甚希奇物，我又无甚好东西，他偷我个甚的？”《红楼梦》第三十五回：“这一宗东西，家常不大做，今儿宝兄弟提起来了，单做给他吃。”

(四) 古代汉语复音词在现代汉语中的变化

1. 词性的变化

词性变了，当然意义也就变了。例如：

【便宜】

两汉通常指斟酌事宜。动词。《史记·廉颇蔺相如列传》：“以便宜置吏，市租皆输入莫府，为士卒费。”又指有利国家，合乎时宜之事。名词。《汉书·娄敬传》：“敬脱挽辂，见齐人虞将军曰：‘臣愿见上言便宜。’”

现代通常指价钱低。形容词。如今天菜价便宜。

【交通】

秦汉时通常指交相通达。动词。《管子·度地》：“山川涸落，天气下，地气上，万物交通。”又常指交往，往来。动词。《韩诗外传》卷十：“渊愿贫如富，贱如贵，无勇而威，与士交通，终身无患难。”

今天通常指运输事业。名词。如交通工具。

【教授】

“教授”本指把知识技能传授给学生。动词。《论衡·刺孟》："谓孔子之徒，孟子之辈，教授后生，觉悟顽愚乎?"又为学官名。名词。宋代除宗学、律学、医学、武学等置教授传授学业外，各路的州、县学均置教授，掌管学校课试等事，位居提督学事司之下。元代诸路散府及中州学校和明、清的府学亦置教授。宋代高承《事物纪原·抚字长民·教授》："宋朝神宗元丰中，兴太学三舍，以经术养天下之才，又于诸大郡府，始各置教授一人，掌教导诸生。"

现在，"教授"是高等学校教师职称之一。名词。如大学教授、教授宿舍。

【图画】

古代通常作动词用，表示绘画。《史记·外戚世家》："上居甘泉宫，召画工图画周公负成王也。"唐张泌《春日旅泊桂州》诗："溪边物色宜图画，林伴莺声似管弦。"古代还用作名词，表示用线条、色彩构成的形象或肖像。《汉书·赵充国传》："乃召黄门郎扬雄即充国图画而颂之。"五代齐已《题画鹭鸶兼简孙郎中》诗："曾向沧江看不真，却因图画见精神。"

当代"图画"只用作名词。如一幅图画。

2. 意义的变化

例如：

【亲戚】

先秦通常指父母。"亲"，指父母。《说文》："亲，至也。"谓亲密之至。《孟子·尽心上》："孩提之童无不知爱其亲者。"孙奭疏："襁褓之童子无有不知爱其父母。"词语有父亲、母亲。"戚"，本为古代兵器名，斧的一种。假借为亲近，再引申为亲属、亲戚。《吕氏春秋·论人》："何谓六戚？父母兄弟妻子。"可见，"亲戚"为联合式。《战国策·魏策三》："苟有利焉，不顾亲戚兄弟，若禽兽耳。"

现代通常指与自己具有不是直接血缘关系的人和具有婚姻关

系的人。如“他在北京的亲戚不多，只有一个堂兄和一个表哥”。

【中国】

上古时代，我国华夏族建国于黄河流域一带，以为居天下之中，故称中国，而把周围其他地区称为四方。后泛指中原地区。偏正式，但正语素在前，比较特殊。《诗经·小雅·六月序》：“《小雅》尽废，则四夷交侵，中国微矣。”汉桓宽《盐铁论·申韩》：“大河之始决于瓠子也，涓涓尔，及其卒，泛滥为中国害。”古代“中国”又指京城，范围更小。《诗经·大雅·民劳》：“惠此中国，以绥四方。”意思是要周天子把恩惠赐给京城的人民，以及安抚各诸侯国。

到19世纪中叶，“中国”这个词的概念，才是指整个国家。现在则是指中华人民共和国，包括台湾省在内。

【劳动】

古代通常指操作、活动，即体力劳动。联合式。《庄子·让王》：“春耕种，形足以劳动。”意思是春天耕种田地，也就使身体得到了活动的机会。又引申为敬词。犹言劳驾，多谢。唐王建《酬于汝锡晓雪见寄》诗：“劳动更裁新样绮，红灯一夜剪刀寒。”《红楼梦》第四二回：“贾母笑说：‘劳动了。珍儿让出去好生看茶。’”

现代的“劳动”，是一个日译词。18世纪后期，日本的翻译家利用汉语中的“劳动”去翻译英语中的labour，泛指人类创造物质财富和精神财富的活动。词义范围扩大了，包括体力劳动和脑力劳动。然后，赋予新义的“劳动”再回到我国，成为现今的常用词。

【主席】

本指坐在主要席位上人。偏正式。我国古代没有桌椅，室内先铺筵，然后再放上席。筵较宽大，故用来铺地。席比较细小，是给人坐的（跟现代的椅垫和蒲团差不多）。古人入室，先脱鞋，然后通过筵坐在席上。现在日本人和朝鲜人的室内生活，基本上还是这个样子，这正是我国古代席地而坐的遗风。坐时让长辈坐在里头，以示尊重；人多时，长辈就独居一席，这就是主席。《汉官六种·汉旧仪补遗》（卷上）："庙祭，太祝令主席酒。"明叶盛《水东日记》卷二十一："有粮长者，粮长为主席，无粮长者，里长为主席。"也指筵席中的主人席位。《警世通言》第一卷："伯牙推子期坐于客位，自己主席相陪。"

现代的"主席"，是一个英译词，用来意译英语的chairman，指某些国家、机关、党派或团体某一级组织的最高领导职位的名称，也指主持会议的人。如国家主席、工会主席。

第九章　古代汉语中词的意义（二）

古代汉语词汇学需要从现代语义学中汲取营养。现代语义学把语义的单位分为句群义、句义、义丛（短语义）、义位、语素义、义素等基本类型，其中语素义、义位和义素等单位对古汉语词汇学很有价值。

一、语素义

语素义就是语素所表示的意义。语素有成词语素和不成词语素之分，那么，语素义也可分为成词语素义和不成词语素义。

对于成词语素义来讲，有两种情况：一是用作义位，二是用作合成词的语素义。例如在古代汉语中：

【书】

①写字。《说文》："書，箸也。从聿者声。"《史记·孙膑传》："斫大树白而书之曰：'庞涓死于此树之下'。"

②文字。《史记·孙膑传》："读其书未毕，齐军万弩俱发。"

③书籍。《史记·韩非传》："申子、韩非皆著书，传于后世。"

④文书，文件。《汉书·张苍传》："张苍，阳武人也……秦时为御史，主柱下方书。"颜师古注引如淳曰："或曰主四方文书也。"

⑤书信。杜甫《春望》："家书抵万金。"

按：①中"书"充当谓语，是单音词，"写字"义是一个义位。②中"书"充当"读"的宾语，是单音词，"文字"义是一个义位。③中"书"是"著"的宾语，是单音词，"书籍"

是一个义位。④中“书”是“主”的宾语，是单音词，“文书，文件”是一个义位。⑤中“书”是“抵”的宾语，是单音词，“书信”是一个义位。

同时，“书”的这五个成词语素义又可用作合成词、固定结构的语素义。例如：

①写字。【书写】【直书】【罄竹难书】

②文字。【板书】【书记】【书面语】

③书籍。【经书】【藏书】【辞书】

④文书，文件。【婚书】【聘书】【证书】

⑤书信。【情书】【家书】【书札】

不成词语素义则只能用作合成词的语素义。例如在古代汉语中：

【倏】迅速。常“倏忽”连用。《战国策·楚策四》：“倏忽之间，坠于公子之手。”

【阿】作为名词词头，用于亲属名称或人名的前面。例如，《三国志》中有“阿瞒”“阿斗”，《世说新语》中有“阿奴”“阿母”“阿兄”“阿智”（人名）。

合成语素的意义也有两种情况：一是用作义位，二是用作多层结构合成词的语素义。例如在古代汉语中：

【水墨】指一种不着彩色，纯以水墨点染的绘画法。唐郑谷《所知从事近藩偶有怀寄》诗：“水墨画松清睡眼，云霞仙氅挂吟身。”宋周紫芝《西江月》词：“晚来秋水映残霞，水墨新描图画。”

此为合成语素义用作义位的。该义又可用作“水墨画”的语素义：

【水墨画】纯用水墨不施彩色的国画。宋人文同《东山亭》诗：“晚云几处水墨画，秋树数番红绿缬。”金董解元《西厢记诸宫调》卷一：“有几扇儿纸屏，有几轴儿水墨画。”

一个语素义的性质、作用会发生变化。例如发展到现代汉语：

【书】

《新华字典》列有四个义项：

①成本的著作：今天在网上买了一本书。【书包】【经书】

②信：【家书】【书札】

③文件：【证明书】【申请书】

④写字：【书法】

其中，只有①能单用，是成词语素义，是义位。②至④不能单用，只用在词语、固定结构、仿古文句中，是不成词语素义。与古代汉语相比，语素义②至④的性质、作用发生了变化，由成词语素义变成了不成词语素义。

二、义位

（一）义位的定义

贾彦德在《汉语语义学》中考虑到义项是词典用语，受词典编纂的制约，于是采用了瑞典语言学家诺伦（A. Noreen）提出的义位 sememe 这一术语，来指称大致相当于义项的语义单位。张志毅、张庆云在《词汇语义学》中从不同的角度多方位地对义位做了界说。

1. 直观定义：义位大致相当于字词典中的义项

一个义位大致相当于字词典中所列出的一个义项。字词典中所列出的义项，有的是义位，有的仅仅是语素义。《古汉语常用字字典》是一部高质量的古汉语字词典，所列的义项大多是义位，但该列的语素义也会列出。例如：

【明】

①明亮。《荀子·天论》：“在天者莫明于日月。”

②明白，清楚。《老子》第六十五章：“古之善为道者，非

以明人，将以愚之。”

③证明，说明，阐明。《韩非子·难势》：“何以明其然也？”

④明确。《孟子·公孙丑上》：“国家闲暇，及是时，明其政刑。虽大国，必畏之矣。”

⑤英明，明智，高明。《商君书·君臣》：“明王之治天下也，缘法而治，按功而赏。”《老子》第三十三章：“知人者智，自知者明。”

⑥视力。司马迁《报任安书》：“左丘失明。”

⑦次，下一个（专指年或日）。《左传·襄公二十六年》：“明日将战。”

“明”的以上七个义项中，前六个义项的“明”都能单独运用，是义位，第七个义项不能单独运用，是义素。

2. 功能性定义：义位是自由的、最小的语义单位

语素义与语音相结合成为语素，义位与语音相结合成为词。义位与义位结合成为义丛，即短语的意义。显然，语素义比义位更小，但不是自由的；短语义是自由的，但比义位要大一级。所以，在语义系统中，只有义位才是自由的、最小的单位。

3. 分析性定义：义位是义素的综合体

现代语义学的解释语义学和生成语义学等学派认为，义位是一组语义成分的集合，是义素的综合体。例如：

【书】成本的著作。

【熟】食物 烧煮到可吃的程度。

4. 结构性定义：义位是由义值和义域构成

义位是由义值（质义素）和义域（量义素）构成的。

以上几种定义，视角不同，揭示了义位的面貌、结构、组成，有利于理解和把握义位整体。

义位的划分对于研究古汉语词汇是十分重要的。例如，同义关系、反义关系、上下位关系等词义关系的研究都要以义位为单

位来进行，所以在各级语义单位中，义位是特别重要的一级。

（二）义位的构成

张志毅、张庆云在《词汇语义学》中对义位的构成（义位的微观结构）做了深入的研究。

义位由义值和义域构成。可图示如下：

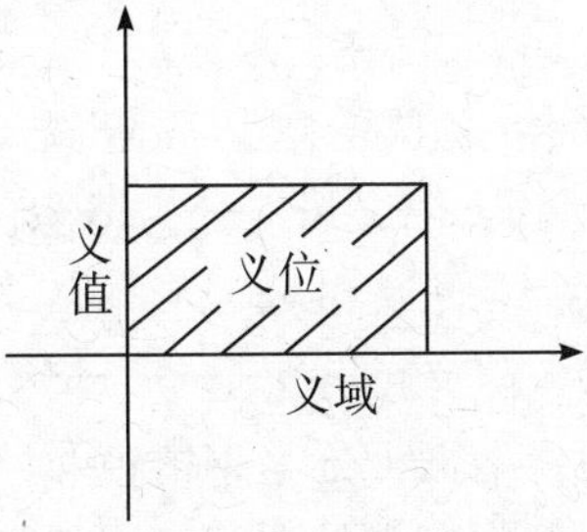

1. 义值

义值是词形式所表示的内容，是义位的质，即质义素。义值由基义（理性意义）和陪义（附属意义）构成。

(1) 基义（理性意义）。

基义是基本义值、基本语义特征，是义位的核心（义核）、基础、支柱、主导。用基音作比喻，就叫基义，大致相当于传统词汇学或语义学中的“理性意义”“概念意义”“指称意义”“实物·逻辑义”“对象·逻辑义”。

任何种类的义位都有基义。实词义位的语义（词汇）意义固然是基义，虚词义位的语法意义也是基义。例如：

①枝，植物的主干上生长出来的茎条。如树枝。

②之，表示修饰关系，用在形容词、名词或数量词之后。如光荣之家、淮河之北、百万之师、三天之后。

(2) 陪义（附属意义）。

①陪义的性质。

陪义是附属或补充义值，是义位的附属意义、附属语义特征、附属义值、补充义值，是一个词的基本意义之外的含义。

许多同义词的差别就表现在陪义上。没有陪义，便没有词义的丰富多彩。不了解陪义，就不能全面认识义位及其用法。

传统的语义学、词汇学称陪义为色彩（意义色彩、色彩意义、伴随色彩）。

②陪义的类型。

目前，国内对汉语义位的陪义（附属义），归纳的类型不一。武占坤、王勤认为，陪义可以分为情态色彩、格调色彩、形象色彩。[①] 符淮青认为，陪义可分为形象色彩、感情色彩、语体色彩。[②] 贾彦德认为，陪义可分为形象、情感、风格特点、理性意义。[③] 詹人凤认为，陪义可分为感情色彩、语体色彩、形象色彩、言语社团色彩、时间地域色彩等。[④] 刘叔新认为，陪义可分为感情色彩、态度色彩、评价色彩、形象色彩、语体色彩、风格色彩、格调色彩、语气色彩等。[⑤] 张志毅，张庆云认为，陪义可分为属性陪义（按隐含义、理据义等）、情态陪义、形象陪义、风格陪义、语体陪义、时代陪义、方言陪义、语域陪义（语言运用领域）、外来陪义。[⑥]

---

① 武占坤，王勤. 现代汉语词汇概要［M］. 呼和浩特：内蒙古人民出版社，1983：49 - 64.

② 符淮青. 现代汉语词汇［M］. 北京：北京大学出版社，2004：54 - 58.

③ 贾彦德. 汉语语义学［M］. 北京：北京大学出版社，1999：296 - 301.

④ 詹人凤. 现代汉语语义学［M］. 北京：商务印书馆，1997：75 - 93.

⑤ 刘叔新. 汉语描写词汇学［M］. 北京：商务印书馆，1995：187.

⑥ 张志毅，张庆云. 词汇语义学［M］. 北京：商务印书馆，2001：42 - 63.

2. 义域

义域是义位的意义范围和使用范围。义域是义位的量，即量义素。

（1）义域一——大小域，含元的大小。

义位 A 指某一对象的整体或较大的一部分，义位 B 指该对象的一部分或较小的一部分，这样 AB 所含的元就有大小之别。例如：

秋$_1$——全年：千秋万代、一日不见如隔三秋。

秋$_2$——秋季：春华秋实、春秋两季温度多变。

市$_1$——城市：市容、到市里去。

市$_2$——市场：菜市、到市上去。

趾$_1$——脚：举趾、方趾圆颅、趾高气扬。

趾$_2$——脚指头：鹅鸭等善游泳的动物的小趾、趾间有蹼。

（2）义域二——多少域，含元的多少。

①含一元的。所指是单一的，多是通常所说的专名（专有名词）或单称名词。辞书对这类义位义域的限定，寓于确定义值之中，即是限定义位独有的语义特征。例如：

［地球］太阳系九大行星之一……自转一周的时间是一昼夜，绕太阳一周的时间是一周年……

［月球］地球的卫星……

由此可见，“地球”的义域小于“行星”，“月球”的义域小于“卫星”。

②含几元的。所指只有几个，是含少数元的类名。辞书对这类义位义域的限定，常用个体列举的穷尽方式。例如：

［行星］沿不同的椭圆形轨道绕太阳运行的天体……太阳系有几大行星，按离太阳由近及远的次序，依次是水星、金星、地球、火星、木星、土星、天王星、海王星和冥王星。还有许多小行星。

[洲] 一块大陆和附近岛屿的总称。地球上有七大洲，即亚洲、欧洲、非洲、北美洲、南美洲、大洋洲、南极洲。

③含元不易计数的。所指不易用有限数表示，是含很多元的类名。辞书对这类义位义域的限定，常用分类列举式、类别限定式。例如：

[电器] 指家用电器，如电视机、录音机、电冰箱、洗衣机等。

[病号] 部队、学校、机关等集体中的病人。

[知识分子] 具有较高文化水平、从事脑力劳动的人。如科学工作者、教师、医生、记者、工程师等。

[医书] 讲述医学的书籍（多指中医的）。

[读本] 课本（多指语文或文学课本）。

④不含一元的。数理逻辑称为“空类”或“零类”，即类中不含任何个体。如“鬼”“宝葫芦”“零”“无”“外星人”等。这些义位没有实在对象，但是有义值。凡有义值的，都有义域，其义域或者表现为其前能加数量词，或者表现为下文要说到的“使用范围”上。

(3) 义域三——伙伴域，使用范围之一。

显性组合，在辞书释语的正文或夹注中标明组合的义位或义类。令人“观其伴，知其义”。例如：

[璧还] 敬辞，用于归还原物或辞谢赠品。

[不落窠臼] 比喻文章或艺术等有独创风格，不落俗套。

[开拔] （军人）由驻地或休息地出发。

[打消] 消除（用于抽象的事物）。

[开朗] （思想、心胸、性格等）乐观、畅快、不阴郁低沉。

(4) 义域四——伙伴域，使用范围之二。

隐性组合，虽然在辞书释语的正文或夹注中未标明，但是在语言实际中潜存着经常性的组合义位或义类，辞书中常用例语提示。例如：

［英俊］容貌俊秀又有精神：～少年。

［瓦解］使对方的力量崩溃：～敌人。

“英俊少年”这一例语提示的内容是，“英俊”常跟“少年、青年”等组合，而且是男的，如“小伙子”“军官”“武士”“壮士”“战士”“书生”等。说“英俊的老头儿”不行，“英俊的老太太”更不行。

“瓦解敌人”，这一例语提示的内容是，“瓦解”常跟“敌人”之类的组合，如“敌军”“敌寇”“敌特”“土匪”“匪徒”“罪犯”等。

（5）义域五——适用域，使用范围之三。

语体、语域、方言、时代、外来等陪义具有二重性，既是义位的附属、补充义值，又表明义位的使用范围。例如：

“兵”的“武器”这一义位用于古代，而今作为非自由义位，实际上就是语素义，只用于书面成语（如“坚甲利兵”“短兵相接”）；“兵”的“士兵”这一义位古今都常用，书面和口语也常用。

“锅”这个义位常用于现代书面和口头。

“釜”这个义位用于古代，而今作为非自由义位，实际上就是语素义，只用于书面成语（如“釜底抽薪”“破釜沉舟”）。

（三）义位变体

词的义位是概括出来的，其概括了某类现实现象中共同的东西、共同的特征、共同的内容，而舍弃了个别现实现象中的各种差别。如“苹果”，是一种落叶乔木所结的圆形、味甜或略酸的果实。这个词义所反映的是苹果的共同具有的一些特征，而不管具体的个别苹果的各种差别，如品种、颜色、大小等方面的不同。然而，词义在运用中，由于上下文、语境的不同就会显示出各种各样的差别出来，即有不同的句中义。蒋绍愚把某一义位在一定语境中具有某种差别的句中义称之为义位变体。①

（四）与义位、义位变体相关的概念

1. 语言义和言语义

高守纲阐述了词的语言义、言语义。② 阅读古书常会遇到这种情况：一个词并不生僻，可在这句话中用于何义很难解释确切，即使能悟出点意思，能顺通上下文，一查字典却好像跟哪个义项都对不上号。这里主要是存在一个词的语言义和词的言语义的关系问题。例如：

①蛰虫始作，吾惊之以雷霆。（《庄子·天运》）

②东方作矣，事之何若？（《庄子·外物》）

③初，魏武子有嬖妾，无子。武子疾，命颗曰："必嫁是。"疾病则曰："必以为殉。"及卒，颗嫁之，曰："疾病则乱，吾从其治也。"（《左传·宣公十五年》）

④天行有常，不为尧存，不为桀亡，应之以治则吉，应之以乱则凶。（《荀子·天论》）

例①中的"作"指苏醒，出来活动。例②中的"作"指天亮。例③中的"乱"指糊涂，神志不清，"治"指头脑清醒（时的遗命）。例④中的"治"指正确的、顺天道合民心的（政令措施），"乱"是倒行逆施的（政令措施）。"作""治""乱"的这几个用法，一般来说，词典上是查不到的。这几个用法是言语义。注释时，如果采用下面的表达方式，读者就比较清楚了。

①"蛰虫始作。"作：起，起来。这里指冬眠的昆虫苏醒，出来活动。

---

① 蒋绍愚. 古汉语词汇纲要［M］. 北京：北京大学出版社，1989：42.

② 高守纲. 古代汉语词义通论［M］. 北京：语文出版社，1994：126－138.

②“东方作矣。”作：起来，兴起；发生某种变化，出现某种状态（“忿然作色”“天油然作云”）。这里指天色由黑变亮。

③“疾病则乱，吾从其治也。”乱：无秩序，背正道。这里指糊涂，神志不清。治：有秩序，合正道。这里指头脑清醒时的遗命。

④“应之以治则吉，应之以乱则凶。”治：有秩序，合正道。这里指顺天道合民的政令措施。乱：无秩序，背正道。这里指倒行逆施的政令措施。

上述注释，开头说的是语言义，“这里指”以下是言语义。所谓语言义，是指作为语言系统中的一个符号，词所具有的意义。所谓言语义，是指词具体运用在言语行为（说话或写文章）的一定语境时实际上指的是什么。词的语言义的特点是具有稳定性和普遍适用性。词的言语义要受语境（情景和上下文）的制约和影响，因而可随语境的不同而有所浮动变异。词典所论列的，一般来说应是词的语言义；而对言语义，则没有必要，也不可能全部列出。

一个词可能出现的具体语境，可以说是无限的，因而词的言语义也难以胜计。词的言语义虽然千差万别，但却绝非变幻莫测，无规律可循，它总是以语言义为基准，在语言义允许的范围内实现其浮动变异。例如，“大”的常用义是与“小”相对，如王充《论衡·说日》：“见日出入时大，日中时小也。”而在《论衡·谈天》：“如不周之山，大山也”中，“大”指高大；在《后汉书·冯衍传》：“遵大路而裴回兮”中，“大”指宽阔；在《后汉书·挹娄传》：“东滨大海”中，“大”指广阔。

2. 储存义、使用义

王宁提出词的储存义、使用义。①

词是词汇的个体，通常以两种状态存在：一是储存状态，二是使用状态。储存状态中的词是作为全民语言的建筑材料而存在的词，使用状态的词也就是个人言语中的词。

词在储存状态中的意义叫储存义，在使用状态中的意义叫使用义。例如：

“茂”，本义是“草丰盛”，引申为一切植物繁盛，又引申为人才美好。这三个义项都是广义的，综合在一起，大致反映了“茂”的储存义。而：

种之黄茂。（《诗经·大雅·生民》）——《毛传》：“茂，美也。”“黄”是庄稼，“茂”在这里指庄稼长得丰盛、美好，排除了农作物之外其他草木的丰盛，指向具体了。

子之茂兮，遭我乎猱之道兮。（《诗经·齐风·还》）——《毛传》：“茂，美也。”因为《还》是讲打猎的，所以陈奂的《毛诗传疏》说：“美者，谓习于田猎也。”也就是说，这里的“茂”是指打猎熟练的人，指向变得更为具体。

这两处反映出的“茂”的词义，都是使用义。

三、义素

（一）义素的概念

如果把一个义位进行分解，就可以得出其语义构成成分，这个构成成分就是义素。义素是词义最小的语义构成成分，又叫语义特征。义素分析是受音位分析的启发而产生的，二者相类似。音位分析是从发音部位、发音方法等方面找出一组义位的区别特

① 王宁．训诂学原理［M］．北京：中国国际广播出版社，1996：37－38.

征，义素分析是把具有共同语义特征的一组词（或义位）放在一起，从若干方面进行比较，找出它们的共同语义特征和区别性语义特征。例如：

《尔雅·释器》："金谓之镂，木谓之刻。"

"镂"和"刻"都是表示雕刻，这是它们的共同语义特征；其区别性语义特征则是《尔雅》所分析的：对象不同——"镂"的对象是"金"（金属），"刻"的对象是"木"（木头），若写成公式，则是：

镂：[在金属上] + [用刀具雕刻]

刻：[在木头上] + [用刀具雕刻]

（二）义素的分类

1. 义素分为指称义素（中心义素）和区别性义素（限定义素）两类

古汉语中的一些词，如果对它们做简单的成分分析，可以发现其语义特征大致有两种，即指称义素（中心义素）和区别性义素（限定义素）。例如：

①"楢"，《说文》："楢，柔木也。"

"楢"的语义结构式是：[柔] + [木]

②"素"，《说文》："素，白緻缯也。"（緻，细密；缯，帛也，丝织品）

《礼记·杂记下》："纯以素，紃以五采。"孔颖达疏："素谓生帛。"

"素"的语义结构式是：[白/生（未染色的）] + [緻（细密的）] + [帛]

可见，义位 = [区别性义素$_n$] + [指称义素$_1$]

如果对一个词群进行观察，有时可以很清楚地看到这种区别性义素的不同。例如：

挈：县持也。（县、悬古今字。王筠《句读》："说以县者，提是物则物向下，有似倒县，故曰县。”）

拑：胁持也。（王筠《句读》：“谓以肘拑制于胁下也。”）

揲（shé）：阅持也。（按定数等分而轮番握取）

挚：握持也。

操：把持也。

擢（jú）：爪持也。

捦（qín）：急持也。（依段注。急忙捉住）

搏：索持也。（用搜索的方式捕捉）

据：杖持也。（用手杖扶持）

摄：引持也。（段注：“谓引进而持之也。”）

枏（nán）：并持也。（段注：“谓兼二物而持之也。”）

抪（bù）：扪持也。（段注：“谓扪按而持之也。”）

挟：俾持也。（夹持）

扪：抚持也。（抚按而持）

擥（lǎn）：撮持也。（总撮而握持）

擸（liè）：理持也。（分理而握持）

握：搤持也。（捉扼而持）

撣（dàn）：提持也。（提举而持）

不难看出，这种区别性义素表明的是一种语义分布。通过对区别性义素的考察，可以确定一个词在词汇系统中的位置。

2. 指称义素（中心义素）的类型

（1）对于名物词来讲，指称义素是其表示的事物所属的类别。例如，《说文》：“楢，柔木也。”“楢”所属的类别是“木”；《说文》：“素，白緻缯也。”“素”所属的类别是“缯（帛）”。

（2）对于动词来讲，指称义素是其所表示的动作行为。例如，“眄：一曰斜视也。”“眄”的指称义素是“视”；“徐：安行也。”“徐”的指称义素是“行”。

（3）对于形容词来讲，指称义素是其所表示的性质、状态。例如，《说文》："小，物之微也。""小"的指称义素是"微"；《说文》："芳，香草也。"段注："当作草香。""芳"的指称义素是"香"。

3. 区别性义素的类型

（1）特征类区别性义素。例如，《说文》："楢，柔木也。""素，生帛。""眄，一曰斜视也。"就其区别性义素"柔""生""斜"反映的内容看，表示的都是事物的形态、性质或行为的方式、状态，可以称为特征类区别性义素（以下有时简称为特征义素）。

（2）事物类区别性义素。另有一类则与上不同，比如："芳，草香也。""节，竹约也。""强，弓有力也。""理，治玉也。""芳""节""强"的区别性义素是"草""竹""弓"，"理"的区别性义素是"玉"。它们与上面说的一类区别性义素不同，不是表示特征，而是表示所涉及的事物或事物的类别、范围。这四个词的语义构成是：

芳：[草] + [香]

节：[竹] + [约]

强：[弓] + [有力]

理：[治] + [玉]

因此，把这一类区别性义素称为事物类区别性义素。

（3）陪义类区别义素。一个词除了基义（理性意义）之外，还有陪义，即隐含意义、感情意义、色彩意义等，是这个词所反映的事物（包括动作、性状等）的非本质特征。这也是一类区别性特征，称为陪义类区别义素（陪义义素）。例如：

"女"的隐含义素可以有[柔弱的][弱小的]等。

"娘"的感情义素可以有[亲爱的][亲切的]等。

"弑"的色彩义素可以有[贬斥的][不道德的]等。

“赐教”的色彩义素可以有［敬重的］［文雅的］等。

指称义素和特征类、事物类区别性义素都是构成基义的语义成分，而陪义义素是构成陪义的语义成分。

（三）传统释义中的区别性义素

从古代字书的释义看，大致有以下三种释义方式。

第一种释义方式是：［区别性义素］ + ［指称义素］。这种释义方式能够明确地显示词的区别性义素，如“楢”“芳”“节”等。又如：

《说文·手部》：“招，手呼也。”

《说文·手部》：“披，从旁持曰披。”

《说文·手部》：“举，对举也。”段《注》：“谓以两手举之。”

《说文·手部》：“揭，高举也。”

《说文·手部》：“抍（zhěng），上举也。”

《说文·手部》：“探，远取之也。”朱骏声《通训定声》：“远取犹深取也。”张舜徽《约注》：“今俗称以手深入而摸索之曰探。”

第二种释义方式也由两部分构成，但指称义素在前，区别性义素在后。例如：

玉：石之美。（美丽的石头）

才：艸木之初也。（初生的艸木）

犬：狗之有县蹄者。（悬着蹄子的狗）

谆：告晓之孰也。

“玉”的指称义素是“石”；“才”的指称义素是“艸木”；“犬”的指称义素是“狗”；“谆”的指称义素是“告晓”。

第三种释义方式是单词释义，这种类型无法从字面上分析词的区别性义素，需要通过文献资料进一步探求。例如：

《说文》：“携，提也。”“提，挈也。”段注：“挈者，县（悬）持也。携则相并，体则存高下。”

《说文》：“耴（zhé），拈也。”朱骏声《通训定声》：“谓以指取物。”

《说文》：“按，下也。”段注：“以手抑之使下也。”

《说文》：“挹，抒也。”徐锴曰：“从上酌之也。”

《说文》：“抒，挹也。”段注：“凡挹彼注兹曰抒。”

《说文》：“抯，挹也。”段注：“《方言》‘抯、摣，取也。南楚之间，凡取物沟泥中谓之抯，亦谓之摣。’”

《说文》：“椅，梓也。”按：《诗经·鄘风·定之方中》：“树之榛栗，椅桐梓漆，爰伐琴瑟。”毛传：“椅，梓属。”

《说文》：“讽，诵也。”按：《周礼·大司乐》：“以乐语教国子：兴、道、讽、诵、言、语。”郑玄注：“倍文曰讽，以声节之曰诵。”

《说文》：“棚，栈也。”按：《通俗文》曰：“板阁曰栈，连阁曰棚。”

可见，第三种释义方式，其区别性义素是要通过文献资料的进一步探求才能获知的。

第十章　古代汉语的同义词

一、古代汉语同义词的性质和特点

古代汉语同义词，是指在某一义位上相同或基本相同的一组词。与现代汉语同义词相比较，古代汉语同义词有其不同的特点，主要有：

第一，现代汉语的一个语词大多只有一组同义词，而古代汉语的一个语词常有多组同义词。

第二，识别、辨析同义词，现代汉语可借助语感，古代汉语要充分利用古训。

第三，现代汉语同义词相对比较稳定，古代汉语同义词具有一定的时代性，会随着时代变化而变化。

第四，古、今同义词辨析的最终目的不同。现代汉语同义词辨析的目的是为了更好地理解、掌握词义，从而便于选择更恰当的语词进行交际或写作——最终目的是使用。正因为如此，所以现代汉语同义词的范围不宜过宽。古代汉语同义词的辨析目的是为了让读者更好地理解、掌握词义，从而便于正确地理解古文的意义——最终目的是为了阅读古文。正因为如此，所以古代汉语同义词的范围可以适当放宽。凡是容易混淆的同中有异的语词都可以纳入其中。因为容易混淆，说明它们有相同或基本相同之处，才需要分辨它们。

二、古代汉语同义词的分类

同义词属于词汇学的内容，而词汇学一般研究实词，因此，古代汉语同义词一般也限定在实词的范围内。这样，古代汉语同义词按词性类别可分为名词同义词、动词同义词、形容词同义词等。

（一）名词同义词

例如：

①卫灵公有臣曰公孙吕，身长七尺。（《荀子·非相》）

②口耳之间则四寸耳，曷足以美七尺之躯哉！（《荀子·劝学》）

例①中的“身”、例②中的“躯”都指人的身体。

（二）动词同义词

例如：

①王召射稽使之讴，行者不止，筑者知倦。（《韩非子·外储说左上》）

②孟尝君使人给其食用，无使乏。于是冯谖不复歌。（《战国策·齐策四》）

③（谢）安本能为洛下书生咏，有鼻疾，故其音浊。（《晋书·谢安传》）

例①例中的“讴”、例②中的“歌”、例③中的“咏”都是歌唱的意思。

（三）形容词同义词

例如：

①天雨，解素衣，衣缁衣而反。（《韩非子·说林下》）

②愿令得补黑衣之数，以卫王宫。（《战国策·赵策四》）

③有玄云从西北方起。（《韩非子·十过》）

例①中的“缁”、例②中的“黑”、例③中的“玄”都表示黑色。

古代汉语同义词还可以按照同义词的相同程度来分类：一个义位相同的同义词和一个义位基本相同的同义词。

一个义位相同的同义词，或称异称词，俗称等义词，是指一个义位的基义（理性意义）相同，陪义（附属义）有所不同的同义词。例如，“岁”“年”“祀”“载”都表示一个回归年的概念，但它们是不同时代语言的积累。《尔雅·释天》：“载，岁也。夏曰岁，商曰祀，周曰年，唐虞曰载。”又如，“汞”“水银”是指一种金属元素，符号是Hg，《广雅·释器》：“水银谓之澒（汞）。”它们的义位相同，但有科学名词（汞）和通称（水银）之别。

一个义位基本相同的同义词，或称一般同义词，指基义大同小异、同中有异者。其有两种情况：第一种情况是唯有理性意义（基义）大同小异者。例如：

【隹、鸟】《隹部》：“隹，鸟之短尾总名也。”又《鸟部》：“鸟，长尾禽总名也。”段注：“此依《释鸟》二足而羽谓之禽也。短尾名隹，长尾名鸟，析言则然，浑言则不别也。”又《隹部》：“隻，鸟一枚也。”段注：“双下曰：隹二枚也。隹、鸟统言不别耳。”

按：据许、段之说可知，“隹”“鸟”浑言不别，同为飞禽，析言则有“短尾”“长尾”之别。它们同中有异，大同小异，是同义词。至于两字是否有许氏、段氏所说的“短尾”“长尾”之分，则尚有待证明。

第二种情况是理性意义（基义）大同小异，附属意义（陪义）也有所不同者。例如：

【唯、诺】《说文·口部》：“唯，诺也。”段注：“此浑言之。《玉藻》曰：‘父命呼，唯而不诺。’析言之也。”又《言部》：“诺，应也。”段注：“《口部》曰：‘唯，诺也。’唯、诺有急缓之别，统言之皆应也。”

按：“唯”“诺”为人的应答声。浑言不别，都表示应答的声音，以示应允。析言之，“唯”是急声回答，“诺”是缓声回答（理性意义大同小异）；“唯”一般用于卑对尊、下对上，“诺”一般用于尊对卑，上对下或平辈之间（附属意义不同）。

三、古代汉语同义词的求同

古代汉语同义词的求同，不能靠语感，而要靠证据，即要充分利用传统训诂材料、文献材料等。具体来讲，有单训、互训、同训、递训，同义连用、同义对文、异文、避讳等。只有对这些材料进行细致的鉴别、利用，才可以确定古代汉语同义词。

（一）单训

古人训诂，主要用同义词作训。因此同义单训可作为同义词构组的依据，例如，《说文》：“疾，病也。”“听，聆也。”这就是两组同义词。但是，并不是所有的单训都是同义词，如声训“天，颠也”之类，就不是同义词。

（二）互训

互训是同义词互相训释。这在现代的词典中是要尽量避免的，但在古代的辞书如《说文》中就很多。凡互训词绝大多数是同义词，可以作为同义词构组的依据。例如，“逐，追也”“追，逐也”；“讽，诵也”“诵，讽也”；“亡，逃也”“逃，亡也”；“珍，宝也”“宝，珍也”。前两组是同部互训，后两组是异部互训。

（三）同训

同训是指不同的词用同一个词来训释。“A，C也”；“B，C也”。则A、B、C就是同义关系，常构成一般同义词。例如，《说文·走部》：“遭，遇也。”“逢，遇也。”“逢”“遭”“遇”三者同义。但训释词与被训释词并不都是同义关系，有时可能以大名释小名。训释词与几个被训释词有时夹杂近义。例如，《说文》：“式，法也。”“模，法也。”“辟，法也。”“范，法也。”“模”“式”“法”是同义关系，为法式义。但“辟”是其引申义，当与刑法词共组。

（四）递训

递训是用同义词递相训释，即A同B，B同C。A、B、C可能构成一般同义词。《说文》：“逝，往也。”“往，之也。”“逝”“往”“之”在意义上同义。但递训最需按相同义验证，一般一递还可利用，二递以上就多是近义词了。例如，《说文》：“祉，福也。”“福，祐也。”“祐，助也。”“福”“祉”“祐”在福义上同义，而“助”是别一义。

（五）异文

异文是同一典籍的不同版本，或不同的文献记载同一事物，相应的不同词往往同义。利用这一特点可以“求同”。例如，《逸周书·克殷》：“武王乃手太白以麾诸侯。”《史记·周纪》中“手”作“持”，“手”“持”同义，“手”取动词义。《史记·司马相如传》：“会梁孝王卒。”《汉书·司马相如传》：“会梁孝王薨。”“卒”“薨”同义。《战国策·楚策四》：“今楚国虽小，绝长续短，犹以数千里。”《新序·杂事二》中“续”作“继”。二词同义。

但用异文证同义尤需慎重。因为造成异文的因素很多，因同义而致异仅为其一。

（六）同义连用

所谓同义连用，是指两个意义相同或基本相同的词并列连用的语言现象。《商君书·徕民》：“地方百里者，山陵处什一，数泽处什一，溪谷流水处什一，都市蹊道处什一。”这里有四组同义连用。《左传·成公十三年》：“殄灭我费、滑，散离我兄弟。”“申之以盟誓，重之以婚姻。”加点的全是同义连用。同义连用现象非常广泛，所以利用同义连用可以“求同”。

但是，在连文中，除同义连文外，还有类义连文、反义连文等，要注意同义连用与类义连用的区别。例如，“国家”在上古汉语里就连用，但其中“国”指诸侯国，“家”指卿大夫的封地，故“国”与“家”是类义词，“国家”是类义连用。

古代很多同义连用的词语，后代变为同义复词，一直用于今，例如：“朋友”“腐朽”“覆盖”“骄傲”“谨慎”“凋谢”“觉悟”“美丽”“宏大”“关键”“缔结”等。这表明，现代汉语的同义复词也是用来证同的一种手段。

（七）对文同义

对文是文献里平行的相同结构中处于对应位置上的文字。对文有同句对文和偶句对文。对文中的字词有很多是同义关系。同句对文如《列子·周穆王》：“千变万化，不可穷极。”其中“变”“化”对文同义；偶句对文如《孟子·尽心上》：“仰不愧于天，俯不怍于地。”其中“愧”“怍”对文同义。

（八）避讳

古人对于皇上、自己的祖先父母的名字必须敬避，不写不说或改写改说，否则就是大逆不道。这就是避讳。避讳的主要方法之一是用同义字（词）来替换。例如，汉高祖刘邦，于是人们不能说“邦”，要说“邦”时就以“国”代替。汉武帝刘彻，于是人们不能说“彻”，要说“彻”时就以“通”代替。同理，唐高祖李渊，人们说“渊”时要改说“深”；唐太宗李世民，人们说“世”时要改说“代”，说“民”时要改说“人”；唐高宗李治，人们说“治”时要改说“理”。可见，避讳字也是确定同义词的一种依据。

四、古代汉语同义词的辨异

古代汉语同义词的辨异，就是要辨析出一组同义词有什么细微差别，这是古代汉语同义词研究的重点。要辨异，必须掌握方法；另外，倘若知道古代汉语同义词主要有哪些异点，也能使辨异工作做到有的放矢。

（一）古汉语同义词辨异的基本方法

1．撷取古代文献以及训诂中的现成的同义词辨析

例如：

【宾　客】《周礼·秋官·司仪》“诸侯诸伯诸子诸男之相为宾也”；“诸公之臣，相为客”；“凡诸伯子男之臣，以其国之爵相为客而相礼”。

按：据此可见，“宾”“客”有主、臣之别。

【肌　肉】《说文·肉部》：“肉，胾（zì）肉。”段注：“人曰肌，鸟兽曰肉，此其分别也。”

【商　贾】《周礼·地官·司市》：“以商贾阜货而行布。”郑玄注：“通物曰商，居卖物曰贾。”

2．比较、分析训诂中的词义训释

例如：

【喘　息】《说文·口部》：“喘，疾息也。”又《心部》：“息，喘也。”

按：据此可知，“息”是一般的呼吸，“喘”是急促的呼吸。

【视　瞻】《说文·见部》：“视，瞻也。”又《目部》：“瞻，临视也。”

按：据此可知，“视”指一般的“看”；“瞻”指临近看（又按：今为仰视）。

3．比较、归纳古代文献中的用例

例如：

【卧　寝】《孟子·公孙丑下》：“孟子去齐，宿于昼。有欲为王留行者，坐而言。不应，隐几而卧。客不悦，曰：‘弟子齐宿而后敢言，夫子卧而不听，请勿复敢见矣。’”《论语·乡党》：“寝不尸，居不容。”又“必有寝衣，长一身有半。”又“食不语，寝不言。”

按：由以上所引用例可见，“卧”是伏在几上休息，“寝”

是躺在床上休息。

【府　库】《史记·赵世家》:“简子问其姓而延之以官。当道者曰:‘臣野人,致帝命耳。’遂不见。简子书藏之府。”又《蒙恬传》:“乃书而藏之记府,可谓信矣。”(按:“记”有文书的意思)《汉书·郊祀志》:“史书而藏之府。”《史记·酷吏传》:“大群至数千人,擅自号,攻城邑,取库兵。”《韩诗外传》卷九:“家给人足,铸库兵以为器。”

按:由上所引用例可见,“府”是藏文书的地方,“库”是藏武器的地方。

4. 察看各自的反义词

有许多词尤其是形容词具有反义词。察看一组同义词的反义词,或能显示、体味到同义词的细微差别。例如:

【贫　穷】 都表示匮乏、缺乏。在上古,“贫”与“富”相对,指缺乏衣食钱财;“穷”与“通”“达”相对,指不得志而受困。《庄子·德充符》:“死生存亡,穷达贫富。”《荀子·荣辱》:“通者常制人,穷者常制于人。”

【曲　屈】 都能表示弯曲。《玉篇》:“曲,不直也。”又“屈,曲也。”两词的反义词不同:“曲”的反义词是“直”,如:《楚辞·抽思》:“曾不知路之曲直兮,南指月与列星。”“屈”的反义词是“伸”。《荀子·乐论》:“执其干戚,习其俯仰屈伸。”相比之下,可见“曲”的弯曲义具有静态的特点,而“屈”的弯曲义具有动态的特点。

5. 察看各自的本义或引申义以及今、俗语

有的同义词是在引申义上同义,有的同义词是在本义上同义,察看各自的本义或引申义以及今、俗语,或许能体味到同义词之间的细微差别。例如:

【宿　舍　馆】 都有止宿义。“宿”,古文字为左右结构,左为“人”,右为“席子”,造意为人躺在席子上止息。该字后

加“宀”为“宿”。《说文》：“宿，止也。”即夜止为宿。本义就是止宿过夜，其特点是不论在哪里。《论语·微子》：“止子路宿，杀鸡为黍而食之。”“舍”，朱骏声《说文通训定声》“客居也”。《释名·释宫室》：“舍，于中休息也。”“舍”的本义是居室。引申为止宿，其特点是在房屋中止宿。“馆”，字又作“舘”，《说文》“客舍也”。“馆”的本义是客舍、宾馆。引申为止宿，其特点是在客舍中止宿，要解决吃和住的问题。

【眷 顾】《说文》：“顾，还视也。”又“眷，顾也。”浑言之，本义都表示回头看。析言之，“顾”是侧转头来看，“眷”是将头向后转到相反的方向看，“眷”回首的程度比“顾”要深。由于“眷”回首的程度深，故其引申为“眷属、亲属”，因为“眷属”是人最为眷顾的对象。而这一引申义是“顾”所没有的。由此上溯，“眷”“顾”在本义上的差别就更明显了。

【笋(筍) 篙】《说文》：“筍，竹胎也。”又“篙，竹萌也。”《字汇》有所不同。《字汇》：“筍，竹芽。”又“篙，竹芽未成筍者。”按：《字汇》，浑言之，“笋（筍）”“篙”都表示嫩笋；析言之，笋如今之春笋，篙如今之冬笋。

6. 察看各自的语源

有的同义词的差别主要表现在语源上，因而察看各自的语源也是寻找同义词异点的一种方法。例如：

【菡萏 芙蓉】均指荷花。两词语源不同。《说文·艸部》：“菡，菡萏，芙蓉花未发为菡萏，已发为芙蓉。”段《注》：“许意菡之言含也，夫之言敷也。”可见“菡”与“含”同源，而“含”有包含未露义，如“含苞待放”，故“菡萏”指含苞未放的荷花。“芙”与“敷”同源，而“敷”有开放义，词语有“敷秀”“敷花”，故“芙蓉”（“夫容”）指开放的荷花。

【咽 嗌】都指咽喉。两词语源不同。《说文》：“咽，嗌也。从口因声。”段注：“咽者，因也，言食因于是以上下也。”

可见“咽”与“因”同源，取意因此吞食事物。《说文》：“嗌，咽也。从口益声。”段注：“嗌者，扼也，扼要之处也。”可见“嗌”与“扼”同源，取意于人的扼要之处。

以上方法往往是综合运用的。

（二）古汉语同义词的异点

同义词的异点主要表现在理性意义（基义）方面，也有一些表现在附属意义（陪义）和语法意义方面。

1. 理性意义（基义）方面的异点

理性意义或称基义，是一个义位的基本内容。同义词主要是按理性意义类聚的词群，因此理性意义方面的异点是同义词的主要区别所在。

（1）内质不同。

例如：

【模　镕　型　范】　浇铸器物的模子。常有四名：“模”，木模；“镕”，金属模；“型”，土模；“范”，竹模。左思《魏都赋》：“授全模于梓匠。”《汉书·董仲舒传》：“犹金之在熔，唯冶者之所铸。”（熔通镕）谢灵运《命学士讲书》：“凝土亦能型。”《荀子·强国》：“刑范正，金锡美，工冶巧。”

【鞭　策】　表示驱马的鞭子。皮鞭曰鞭，竹鞭曰策。

【简　牍】　表示简牍。“简”是竹简，“牍”是木简。

【砥　砺】　称磨刀石。质地细者为砥，质地粗者为砺。

（2）形制不同。

例如：

【囊　橐】　都是袋子。“囊”是指上有口、下有底、由上而下盛物之袋。“橐”指两种形制之袋，一种是无底橐，两头开口，用时以绳子扎紧。一种是有底橐，两端封底，中间开口。《史记·淮阴侯传》：“韩信乃夜令人为万余囊，盛满沙。”《史记·田敬仲完世家》：“田乞盛阳生橐中，置坐中央。发橐，出阳生，曰：‘此乃齐君矣。’”此当是无底橐。《左传·宣公二年》：“（赵盾）而为之箪食与肉，置之橐以与之。”此是有底橐。

【筐　筥】 上古竹制盛饭器。方形为“筐”，圆形为“筥”。

【门　户】 都指门。两扇为“门”，单扇为“户”。

（3）用途不同。

例如：

【仓　廪】 藏粮食的仓库。其中藏谷物的称“仓”，藏米的称“廪”。《后汉书·翟酺传》：“至仓谷腐而不可食，钱贯朽而不可校。”《汉书·苏武传》：“武既至海上，廪食不至。”

【园　圃】 都是种植蔬菜或花果树木的地方。其中“园”，果园的通称，种植果树等木本植物。“圃”，种植蔬菜等草本植物。

【府库】都是指存放物品的地方。其中“府”是存放文籍图书的地方，“库”是存放兵器和车辆的地方。

（4）部位不同。

例如：

【领　颈　项】 都表示颈脖，“领”指全部。《孟子·梁惠王上》：“如有不嗜杀人者，则天下之民皆引领而望之矣。”“颈”指前部。《荀子·荣辱》：“小人莫不延颈举踵而愿。”《史记·廉颇蔺相如传》：“卒相与欢，为刎颈之交。”“项”指后部。《史记·魏其武安侯传》：“案灌夫项，令谢。”

【牙　齿】 统言都是表示牙齿，析言口前部的是齿，口后部的是牙。齿的部位由唇护着，故有“唇亡齿寒”之语。“牙齿”今已构成双音词。

（5）范围不同。

例如：

【声　音】 表示声音。“声”是总称，也可泛指各种声音，范围最大。“音”指乐音。《礼记·乐记》：“是故知声而不知音者，禽兽是也。”郑玄注：“禽兽知此为声耳。不知其宫商之变也。”

【法　律】 表示法律义。“法”范围大，法令、制度与具体的规则、条文皆可称之。“律”范围小，多指具体的规则、条文。所以“变法”不能说成“变律”。

以上是名词，动词也有范围大小之别。例如：

【谄　谀】 表示奉承义。“谄”，指用语言、体态的奉承，范围大。《左传·襄公三年》：“称其雠，不为谄；立其子，不为比。”《大戴礼记·文王官人》：“其气宽以柔，其色俭而不谄。”而“谀”，指用语言的奉承，范围相对要小。《史记·叔孙通传》：“先生何言之谀也。”

【放　置】 都表示赦免、释放义。“放”可用于人和物，而“置”只能用于人。《管子·小匡》：“放旧罪。”（释放拘禁已经很久的罪人。）佛教之“放生”乃用于动物。《史记·吴王濞传》：“斩首捕虏比三百石以上者皆杀之，无有所置。”

(6) 目的、作用不同。

动作行为有其不同的目的和作用。例如：

【刍　芟】 “刍、芟”都表示割草，但前者是为饲养牲畜，而后者是为去除无用之草。《左传·昭公六年》：“禁刍牧采樵。”又《隐公六年》：“如农夫之务去草焉，芟夷蕴崇之。”

【迁　徙】 均表示官职的调动，而作用却不同：“迁”表示调任高一级的官职。《汉书·主父偃传》：“偃数上疏言事，迁谒者、中郎、中大夫，岁中四迁。”“徙”表示平调或降职。《史记·袁盎传》：“然袁盎亦以数直谏，不得久居中……迁为齐相。徙为吴相。”

(7) 侧重点不同。

侧重点之异是同义词中最为多见的。在动词中，例如：

【骄　傲】　都表示骄傲，但“骄”侧重在自高，从施动者而言。《韩非子·说林上》：“智伯必骄而轻敌。”“傲”侧重在轻视人，从对象而言。《吕氏春秋·士容》：“傲小物而志属于大。”高诱注：“傲，轻也。”《韩非子·内储说下》：“令尹甚傲而好兵，子必谨敬。”谓令尹很傲慢，而且喜欢兵器，你一定小心遵从。

【听　闻】　都表示用耳朵听。“听”侧重听的行为，可以听见，也可以没听见；“闻”重在结果，即听见、听到，成语有“听而不闻”。

【养　育】　表示养育义。“养”侧重在提供生存条件。“育”侧重在繁殖的过程。

名词、形容词也有侧重点的不同。例如：

【容　貌】　两词都表示人的相貌，但侧重点不同。“容”多侧重于人的面部表情，脸色；“貌”多侧重于指人的面部形状，相貌。《庄子·天地》：“夫子何故见之变容失色，终日不自反邪?”《论语·季氏》：“色思温，貌思恭。”邢邴疏：“‘貌思恭’者，体貌接物，不可骄亢，当思恭逊也。”

【锐　利】　都表锐利义。“锐”，重在锋芒之尖；“利”，重在刀口之快。《淮南子·时则》：“柔而不刚，锐而不挫。”《战国策·齐策五》：“矢非不銛，而剑非不利也。”

【迟　钝　拙】　都可以表示不灵敏。“迟”与“速”相对，侧重于反应迟缓；“钝”与“利”相对，侧重于不利落；“拙”与“巧”相对，侧重于不灵巧。

(8) 方式不同。

例如：

【戏　弄】　都表示戏耍，但所用的方式不同。“戏”一般用动作行为或语言来表示。《国语·晋语九》：“智襄子戏韩康子而侮段规。”（智襄子、韩康子、段规，人名）《论语·阳货》：

“偃之言是也。前言戏之耳。”“弄”偏重于用动作行为来表示。《左传·僖公九年》：“夷吾弱不好弄，能斗不过。”（夷吾小时候不喜欢戏耍，能够争斗而不过分）《史记·司马相如传》：“及饮卓氏弄琴。”

【召 招】 都表示召唤人来，但召唤的方式不一样。“召”是用口呼唤他人前来，“招”是用手召唤他人前来。

【谏 讽】 都表示规劝。“谏”表示直言规劝，“讽”表示婉言规劝。

(9) 速度不同。

例如：

【行 步 趋 走 奔】 都表示两脚向前行进。“行”，泛指行走，不论快慢，相当于今之走。《墨子·公输》：“行十日十夜，而至于郢。”“步”，慢走。《战国策·齐策四》：“晚食以当肉，安步以当车。”“趋”，快走。《庄子·田子方》：“夫子步亦步，夫子趋亦趋。”“走”，跑。《韩非子·五蠹》：“兔走触株，折颈而死。”“奔”，快跑。《庄子·田子方》：“夫子奔逸绝尘。”

【速 迅 疾】 表示快速。“速”，通称，表单位时间内速度超过一般。《国语·晋语四》：“子必速行！”“迅”则更快于“速”。阮籍《答伏义书》：“夫九苍之高，迅羽不能寻其巅。”“疾”是快而带凶猛之势。《三国志·魏书·武帝纪》：“所谓疾雷不及掩耳。”词语有“疾风”“疾驶”。

(10) 程度不同。

指一些动作行为在程度上有轻重缓急的不同。例如：

【饥 饿】 均表示肚子空空。前者是一般的饥饿，后者是极度的饥饿。《韩非子·饰邪》：“家有常业，虽饥不饿。”《淮南子·说山》：“宁一月饥，无一旬饿。”

【摧 折】 都表示折断。“摧”是用强力折断，“折”是一般的折断，前者比后者语意要重。《史记·孔子世家》：“太山坏乎！梁柱摧乎！哲人萎乎！”如改用“折”，语气就轻些。

形容词也有程度差异，例如：

【枯　槁】　都表示草木干枯。“枯”是失去水分的状态，“槁”是毫无生机的状态，后者比前者语意较重。《礼记·月令》：“草木蚤枯。”《孟子·公孙丑上》：“其子趋而往视之，苗则槁矣。”

【红　丹　赤　朱　绛】　都表示红色。浅红是“红”，比红稍深一点是“丹”，比丹稍深一点是“赤”，比赤稍深一点是“朱”，深红是“绛”。“朱”又是古代红色的通称。

(11) 人物对象不同。

名词为所指的人物对象不同。例如：

【官　吏】　都表示官员。“官”指主持、主管的官员。《国语·晋语七》：“定百事，立百官。”韦昭注：“议定百事，而立其官，使主之。”“吏”早期是作为官吏的通称。《左传·成公二年》：“王使委于三吏。”杜预注：“三吏，三公。”此指高官。《荀子·强国》：“及都邑官府，其百吏肃然。”此浑指大小官吏。汉以后只指小吏。汉代秩四百至二百石为长吏，百石以下为少吏。(据《汉书·百官公卿表上》)

【倡　优　俳　伎】　指称艺人。“倡”，以演奏唱歌为业的男女艺人。“优”，矮小丑陋的男子，以口、面、体的戏谑活动博取主人的欢心。“俳”，优人中尤善戏谑者。“伎”，指能歌善舞的艺人。

动词为动作的对象不同。例如：

【逮　捕】　都表示捉拿、逮捕，动作的对象是人。但是，捉拿有明确处所的人用“逮”，追寻而捉拿藏匿的人用“捕”。《韩非子·喻老》：“今君后则欲逮臣，先则恐逮于臣。”《史记·魏其武安侯传》：“遣吏分曹逐捕诸灌氏支属，皆得弃市罪。”

【吊　唁】　对死难的吊唁：“吊”是追悼死者，“唁”是慰问死者亲属。

形容词为描写的对象不同。如：

【美　好　丽】　都表示人的漂亮。“美”可用于男女。《史记·外戚世家》：“美女入室，恶女之仇。”又《陈丞相世家》：“（陈）平虽美丈夫。”“好”一般用于女子。《战国策·秦策二》：“以文绣千匹、好女百人遗义渠君。”“丽”也用于女子，但重在服饰、外表之美。汉蔡邕《协和婚赋》：“丽女盛饰，晔如春华。”

【芳　香】　都表示气味美好。“芳”从草，表示花草的气味美好；“香”，古文字从黍从甘，表示禾黍之类的粮食制品（如酒饭等）的气味美好。

（12）施事不同。

指动作的施事者，即发出动作的主体不同。例如：

【鸣　雊】　都表示动物发出叫声，前者的施事范围广，多为飞鸟，也用于禽兽。《诗经·小雅·伐木》：“伐木丁丁，鸟鸣嘤嘤。”又《鹿鸣》：“呦呦鹿鸣。”《齐风·鸡鸣》：“鸡既鸣矣，朝既盈矣。”而“雊”只能用于野鸡。《诗经·小雅·小弁》：“雉之朝雊，尚求其雌。”《史记·封禅书》：“野鸡夜雊。”

（13）情态不同。

例如：

【哭　泣　啼　号】　都表示哭泣。“哭”，并不单是有声有泪，还可以无声无泪。《史记·伍子胥传》：“包胥立于秦廷，昼夜哭，七日七夜不绝其声。”此有声也有泪。《孟子·滕文公上》：“相向而哭，皆失声。”赵岐注：“失声，悲不能成声。”《史记·吕太后纪》：“太后哭，泣不下。”此是无泪。故“哭”是哭泣的通称。“泣”是多泪之哭，常作小声或无声。《史记·项羽本纪》：“项王泣数行下。”“啼”指大声哭。“号”是声言交加之哭。《史记·循吏传》：“丁壮号哭，老人儿啼。”《礼记·

檀弓下》："且号者三。"郑玄注："号，哭且言也。"

【提　携　挈】 都表示提携义。"提"表悬空持物，一般用于物。"携"表随身持带，用于人且一般是携带弱小者并行。"挈"是更用力地携持。

（14）原因不同。

有时动作行为一样，导致的原因则不同，例如：

【烦　躁】 都表示不能忍耐。"烦"由于客观因素，"躁"由于主观脾性。司马相如《难蜀父老》："心烦于虑，而身亲其劳。"《荀子·劝学》："蟹八跪而二螯，非蛇鳝之穴无可寄托者，用心躁也。"

【惶　怖　悸】 都表示害怕。"惶"是因为内心害怕而恐慌，"怖"是因为遇到危险而引起持久的害怕，"悸"是由于外来压力、紧张而引起的嘭嘭心跳。

（15）来源不同。

例如：

【岁　年】 都表示地球绕太阳一周的时间，即十二个月。但来源不同："岁"源于天文，"年"源于物候。"岁"，本指岁星。"岁星"就是今天所说的木星。《说文》："岁，木星也。"岁星绕太阳旋转，大约十二年绕行一周天，古人把天区分为十二等分（即十二星次），岁星则每年移动一个星次，因此又用岁表示年。"年"，本指庄稼成熟。《说文》："年，谷熟也。"《谷梁传·桓公三年》："五谷皆熟为有年也。""有年"就是丰收。黄河流域谷物一年一熟，因而又把庄稼成熟一次的时间叫做一年。

【謇　吃】 表示言语困难。"謇"从"蹇"引申而来，由脚的行走困难义用以称口中说话的生理困难。《北史·李谐传》："因謇而徐言。""吃"是描写人的发音特征结结巴巴。《史记·张丞相传》："昌（周昌）为人吃，又盛怒，曰：'臣口不能言，然臣期……期……知其不可。'"

2. 附属意义（陪义）方面的异点

附属意义或叫色彩意义、陪义。附属意义虽然不能单独构成义位，但义位依附了它就有了各种色彩，可见附属意义也能反映同义词的“同中之异”。对于异称词来说，附属意义更是其主要的区别点。

(1) 感情色彩的不同。

多有尊卑之分，例如：

【养　畜】表示养活义。“养”有表尊敬的感情，而“畜（蓄）”有示卑贱的感情。《战国策·齐策四》：“是助王养其民者也。”《孟子·梁惠王上》：“是故明君制民之产，必使仰足以事父母，俯足以畜妻子。”

也有亲疏之别，例如：

【拥　抱】都表示用手臂围着。前者有亲昵色彩，后者无特殊色彩。《史记·张丞相传》：“昌尝燕时入奏事，高帝方拥戚姬。”《庄子·盗跖》：“鲍焦饰行非世，抱木而死。”

有敬重色彩，例如：

【宅　邸　第　府】表示宅舍义。“宅”是通语词，没有贵贱、大小之分，“邸”“第”“府”有敬重色彩，“邸”是侯王或高官的住所，“第”也是高官的住所，“府”是对人宅舍的敬美之称。词语有“宅院”“官邸”“府邸”“府第”“府上”等。

【父　家父　家尊　家君　家严　令尊　尊君　椿庭】父亲之称。“父”是通称，“家父”“家尊”“家君”“家严”是对他人自称自己的父亲（其中“家父”是通称，“家尊”“家君”“家严”是尊称），“令尊”“尊君”是对他人父亲的尊称，“椿庭”是文人笔下对父亲的敬称。

【母　家母　家慈　令堂　尊堂　萱堂】母亲之称。“母”是通称，“家母”“家慈”是对他人自称自己的母亲（其中“家母”是通称，“家慈”是尊称），“令堂”“尊堂”是对他人母亲的尊称，“萱堂”是文人笔下对母亲的敬称。

有委婉色彩，例如：

【辞　谢】都表示推辞。前者是直截了当语气，后者是委婉语气。《史记·项羽纪》：“臣死且不避，卮酒安足辞！”又《晋世家》：“重耳畏杀，因固谢，不敢入。”

（2）褒贬色彩不同。

浑言之，褒贬也是一种感情色彩，析言之，感情是一种心情，以至态度；褒贬是一种评价，或是肯定，或是否定，因而相应地有褒的意向或好感、贬的意向或恶感。没有褒贬的则是中性。例如：

【杀　戮　诛　弑】都表示杀害。“杀”是中性词，“戮”“诛”含对被杀者的贬责，“弑”则含对杀人者的贬义。《韩非子·外储说右下》：“于是戮细民而诛大臣。”《韩非子·难三》：“有罪者必诛，诛者不怨上。”《左传·宣公二年》：“赵盾弑其君。”

【征　伐　侵　袭】均表示军事进攻。“征”是褒义词，指上伐下，有道者伐无道者；“伐”是中性词，指公开宣战；“侵”是贬义词，指不宣而战；“袭”也是中性词，指乘人不备而攻之。

（3）形象色彩不同。

例如：

【布衣　黔首　黎民】都表示平民百姓。但三词让人联想到不同的形象色彩：“布衣”让人联想到他们穿着粗布衣，“黔首”则让人联想到他们包着黑头巾，“黎民”则让人联想到他们的黝黑脸色（黎通黧，黑色）。

【拔　取　举　下】动词，都可表示攻克义。具有不同的形象色彩：“拔”之攻克义让人联想到像用双手自下而上抽出物体一样的无比力度及其彻底性，“取”之攻克义让人联想到像用手持刀割取耳朵一样自豪地获得，"举"之攻克义让人联想到像用双手托物过肩一样的豪迈气势，"下"之攻克义让人联想到像上下落差一样的不可阻挡的气势。

（4）语体色彩不同。

例如：

【首　元　头】表示人的脑袋。"首"，通称。《诗经·卫风·伯兮》："自伯之东，首如飞蓬。""元"，有古雅色彩。《孟子·滕文公下》："志士不忘在沟壑，勇士不忘丧其元。""头"字后出，不见于《诗》《书》等，《左传》仅一见，《韩非子》则已有八见，具有口语色彩。《左传·襄公十九年》："荀偃……生疡于头。"《韩非子·外储说左下》："夫冠虽贱，头必戴之。"

【至　到】都表示来到。前者有书面语色彩，后者有口语色彩。"未至百里，民扶老携幼，迎君道中。"《战国策·齐策四》："长驱到齐，晨而求见。"

（5）社会阶级色彩不同。

中国古代经历了漫长的奴隶制、封建制社会，这是两个等级社会。社会阶级色彩在语言中或通过同义词来体现。例如：

【崩　薨　卒　不禄　死】同是表示死。天子死曰崩，诸侯曰薨，大夫曰卒，士曰不禄，庶人曰死。（《礼记·曲礼上》）这些是对死的等级色彩的规定，造成了这些同义词的阶级色彩。

【御　服】同是表示使用（物具）。地位尊贵者用"御"，地位低下者用"服"。《荀子·大略》："天子御珽，诸侯御荼，大夫服笏。"

【贡　献】同是表示下对上的进献。"贡"专表向帝王的进献，"献"是下卑者对上尊者进献的通称。

（6）时代色彩不同。

例如：

【校　庠　序】均为先秦学校的称名。三名来自不同的时

代即时代色彩不同：夏曰校，殷曰庠，周曰序。（见《说文·广部》“庠”字说解）

【文　字】“文”“字”在先秦不是同义词。据《说文》，“文”的本义指交错刻画的纹理，引申为“文字”义。先秦就有此引申义。《左传·宣公十二年》：“夫文，止戈为武。”杜注：“文，字也。”“字”的本义是生孩子。该字在先秦还没有引申为“文字”义。段玉裁《说文解字叙》注：“六经未有言字者。”秦始皇统一中国后，“字”才引申为“文字”义。《史记·秦始皇本纪》：“车同轨，书同文字。”这里，“文”“字”同义连文。可见，“文”“字”到秦代才成为同义词。

(7) 地域色彩的不同。

例如：

在古代某一时期的全民共同语中，均吸收一些来自各方言区的方言词，它们具有独特的地域色彩。例如：

【多　夥】均可表示与“少”相对的意义。《史记·陈涉世家》记载陈涉的故友对陈氏华宫的感叹：“夥颐！涉之为王沈沈者！”司马迁自释：“楚人谓多为夥。”可见“多、夥”具有通用词与方言词之别。

【父　叟】均表示对老年男子的尊称。据《方言》，“父”是楚方言词，“叟”齐鲁方言词。

3. 语法意义方面的异点

古汉语同义词之间的差异也有一些是属于语法意义方面的，主要是在语法功能方面，诸如句法功能、组合能力等方面有所不同。语法意义对词汇意义具有依附性。

(1) 能否单独充当句子成分有所不同。

例如：

【枝　条　格】名词，都表枝条义。“枝、条”都可单独用作句子成分，但“格”只能与“枝”连用。《史记·律书》：

“角者，言万物皆有枝格如角也。”又《司马相如传》：“夭蟜枝格，偃蹇抄颠。”

【饥　馑】动词，表饥荒义。“饥”多单用，“馑”却不能单用，必须与“饥”连用。《诗经·小雅·雨无正》：“降丧饥馑，斩伐四国。”

（2）充当的句子成分有所不同。

例如：

【孤　独】形容词，表示孤单义。“孤”多作谓语和定语，《晏子·谏下》：“吾君欲以树木之故，杀妾父，孤妾身。”此是使动用法。“孤”常有“孤家”“孤松”之类用法。“独”常作状语。《论衡·订鬼》：“独卧空室之中。”

【年　岁】名词，表示年龄。但“年”要用在数词前，作主语；而“岁”用在数词后，不能单独作主语。《史记·秦始皇本纪》：“年十三岁，庄襄王死，政代立为秦王。”《庄子·渔父》：“丘少而修学，以至于今，六十九岁矣。”

（3）能否用某类词修饰有所不同。

例如：

【兵　戎】名词，都表示武器。区别是：前者不用数词修饰，后者可用数词修饰。《孟子·梁惠王上》：“兵刃既接，弃甲曳兵而走。”《礼记·月令》：“天子乃教于田猎，以习五戎。”

（4）组合关系不同。

例如：

【贪　婪】动词，都表示欲望不得满足地追求、贪求。二者组合关系不同：“贪”的组合很活跃，有“贪人”“贪夫”“贪吏”“贪民”“贪口”“贪心”“贪生”“贪功”“贪争”“贪妄”“贪污”“贪吝”，等等；而“婪”只有少量的几个组合，如“婪官”“婪墨”“婪索”“婪取”“婪诈”等。

【肥　沃】形容词，都表示土地肥沃。二者的组合关系也不相同："肥"与"土""田"等组合，"沃"与"土""田""地""野""壤"等组合。

（5）动宾关系不同。

动宾关系也是一种组合关系。由于比较复杂，可另作一类。例如：

【耻　辱】 表耻辱义。"耻"只可作不及物动词，带宾语则为意动用法。而"辱"可以作及物动词。《论语·里仁》："士志于道，而耻恶衣恶食者，未足与议也。"《史记·淮阴侯传》："众辱之曰：'信能死，刺我；不能死，出我袴下。'"

【言　语】 都表说话义。"言""语"都可以带宾语，但"言"只可带事物宾语，而"语"可带事物与人物两种宾语。《商君书·更法》："拘礼之人，不足与言事。"《论语·阳货》："吾语女！"《庄子·在宥》："吾语女至道。"如"言"后带人物词，只能作补语。《左传·僖公三十年》："佚之狐言于郑伯曰……"

总之，古代汉语同义词的异点是多视角、多方面的，需要运用前面所介绍的方法进行细心的分析、体会。当然，一组同义词的异点，可能不止某一点，也许有两点甚至三点，但通常只要找出其主要的一点就可以了。这也就是不同的学者，其同义词辨异的结论不尽相同的原因。

第十一章　古代汉语的反义词

一、反义词的性质

一个词的某一义位和另一个词的某一义位相反或相对，那么这两个词就是一组反义词。该定义有两个要点：

第一，强调一个义位。古代汉语的一个词往往有多个义位甚至一二十个义位，但是，只要其中一个义位与其他词的某一义位相反或相对，那么它们就是反义词。例如：

"高"，《汉语大字典》列有23个义项，但其在"由下至上距离大"这一意义时，与"下"（由下至上距离小）相对立。《孙子·虚实》："夫兵形象水，水之形，避高而趋下；兵之形，避实而击虚。"《国语·楚语上》："地有高下，天有晦明。"所以，"高"与"下"是反义词。

当然，如果一个词的几个义位与另一个词的几个义位分别相反相对，这两个词固然是反义词。例如：

重—轻

（1）指分量、重量的大/小。如：

《左传·宣公三年》："楚子问鼎之大小轻重焉。"《孟子·梁惠王上》："权，然后知轻重。"

（2）指程度的深/浅。如：

《韩非子·饬令》："罪重而刑轻，刑轻则事生。"

（3）指重视/轻视。如：

《论衡·效力》："六国之时，贤才之臣，入楚楚重，出齐齐轻。"

这里，“轻”与“重”固然是反义词。但是判断反义词只要根据一个义位就可以了，否则，会给识别工作增加困难。

第二，“义位相反或相对”。那么，什么是义位相反或相对？义位相反是指一个上位概念分成互不相容的两项，那么这两项所表示的意义内容是互相排斥的，也就是相反的，如“男—女”“雄—雌”“夫—妻”“买—卖”等。义位相对是指一个上位概念分成互不相容的两项以上如三项、四项等，处于意义轴线两端的两项就是相对的，如“大—（中）—小”“老—（中）—少”“西—（中）—东”“热—（温）—（凉）—寒”等。图示如下：

义位相反或相对，若把义位分析为义素来看则更为清晰。一个义位可以分析出几个义素，而义素又可分为主要义素（指称义素、中心义素）和次要义素（区别性义素）。反义词就是次要义素相同、主要义素相反或相对的一组词。例如：

词	次要义素	主要义素
高	从下向上距离	大
下		小
开	把关闭的东西	打开
关		关上
夫	具有婚姻关系	男人
妻		女人

反义词表现出来的意义上的相反或相对，往往就是客观事物本身矛盾对立的反映。

二、古代汉语反义词的类型

(一) 从反义词的语义对立关系来分

目前，学术界一般采用英国学者莱昂斯（John Lyons）的观点，把反义词分为互补对立、极性对立、反向对立关系三类，本书增加一类并列对立关系。

1. 互补对立关系

反义词的上位义有两分和多分之别。例如，“人”分“男”“女”，商品交易分“买”“卖”，那么“男—女”“买—卖”是两分性反义词；物体在体积、面积、力量等方面有“大”“中”“小”等之分，物体在重量上有“轻”“重”等之分，那么“大—小”“轻—重”是多分性反义词。

互补对立关系反义词是两分性反义词。两个词的义位互相补充，构成一个上位义。它们之中不存在其他状态，二者非此即彼。这是一种互补的对立。互补对立关系反义词主要是名词、动词、形容词，例如：

男—女　人分男女。《周易·家人·彖》：“女正位乎内，男正位乎外；男女正，天地之大义也。”汉扬雄《羽猎赋》：“女有余布，男有余粟。”

雄—雌　动物分雄雌。《诗经·小雅·正月》：“谁知乌之雌雄。”唐韩愈《琴操·别鹄操》：“雄鹄衔枝来，雌鹄啄泥归。”

阴—阳　中国古代思想家把万事万物概括为“阴”“阳”两个对立的范畴，如“天”“男”“火”“暑”是阳，“地”“女”“水”“寒”是阴。《周易·系辞上》：“一阴一阳之谓道。”唐柳宗元《天说》：“寒而暑者，世谓之阴阳。”

昼—夜　白天和晚上。《诗经·豳风·七月》：“昼尔于茅，宵尔索绹。”《诗经·唐风·葛生》：“夏之日，冬之夜。”《左传·襄公二十三年》：“夫鼠昼伏夜动，不穴于寝庙，畏人故也。”

生—死　《孙膑兵法·奇正》：“有生有死，万物是也。”《汉书·韩信传》：“兵法不曰：‘陷之死地而后生，投之亡地而后存乎?’”

存—亡　《周易·系辞下》：“是故君子安而不忘危，存而不忘亡，治而不忘乱。”《左传·成公十六年》：“国之存亡，天也，童子何知焉?”

寤—寐　睡醒和睡着。《诗·周南·关雎》：“求之不得，寤寐思服。”《诗经·陈风·泽陂》：“寤寐无为，辗转伏枕。”

有—无　《老子》第二章：“故有无相生，难易相成。”《列子·周穆王篇》：“荡荡然不觉天地之有无。”

断—续　《荀子·礼论》：“断长续短，损有余，益不足。”张华《博物志》卷三：“帝（汉武帝）弓弦断……乞以所送余香胶续之。”

真—伪　真和假。王符《潜夫论·爱日》：“公府不能昭察真伪。”韩愈《顺宗实录二》：“但称宫市，即敛手付与，真伪不复可辨。”

是—非　正确和错误；认为正确和错误。《周易·系辞下》：“杂物撰德，辩是与非。”《墨子·耕柱》：“功皆未至，子何独自是而非我哉?”陶潜《归去来兮辞》：“实迷途其未远，觉今是而昨非。”

互补对立关系的特点是：构成反义关系的两项非此即彼，没有中间状态。

2. 极性对立关系

极性对立关系是多分性反义词。两个词处于语义“轴线”的两边，形成对立，其间有过渡状态。这过渡状态，从今天来看，是分等级的、对立的。同时，极性对立关系反义词还可各自向两端发展，也形成不同等级的对立。在一般情况下，这种等级靠与程度副词结合显示出来。极性对立关系的反义词主要是形容词。下面所示是“大—小”的极性对立图：

—|——|——|———|———|——|——|→

最小　甚小　小　过渡　0　状态　大　甚大　最大

极性对立关系的反义词，例如：

好—恶　好，美也。恶，丑也。《战国策·赵策三》：“鬼侯有子而好，故入之于纣，纣以为恶，醢鬼侯。”

好—丑　《史记·滑稽传》：“呼河伯妇来，视其好丑。”《汉书·谷永传》：“急复益纳宜子妇人，毋择好丑，毋避尝字，毋论年齿。”

美—丑　《淮南子·说山》：“嫫母有所美，西施有所丑。”《楚辞·九章·橘颂》：“纷缊宜脩，姱而不丑兮。”王逸注：“丑，恶也。言橘类纷缊而盛，如人宜修饰，形容尽好，无有丑恶也。”

优—劣　指强弱、大小、好坏、工拙等。班固《白虎通·号》：“德合天地者称帝，仁义合者称王，别优劣也。”《后汉书·南匈奴传》：“其余日逐、且渠、当户诸官号，各以权力优劣、部众多少为高下次第焉。”

大—小　《左传·宣公三年》：“楚子问鼎之大小轻重焉。”王充《论衡·说日》：“察物，近则大，远则小。”

巨—细　巨大和微小。《公羊传·哀公六年》：“于是使力士举巨囊，而至于中霤。”《左传·襄公四年》：“吾子舍其大而重拜其细，敢问何礼也？”

多—寡　《周易·系辞下》：“吉人之辞寡，躁人之辞多。”《孟子·滕文公上》：“五谷多寡同，则贾相若。”

长—短　《孟子·滕文公上》：“布帛长短同，则贾相若。”《山海经·大荒西经》：“有人名曰石夷，来风曰韦，处西北隅以司日月之长短。”

长—幼　年长和年幼。《礼记·射义》：“乡饮酒之礼者，所以明长幼之序也。”晋常璩《华阳国志·汉中士女》：“其资给六子，以长幼为差。”

老—幼　年岁大和年岁小。《诗经·小雅·北山》：“嘉我未老，鲜我方将。”《礼记·曲礼上》：“人生十年曰幼，学。”《楚辞·九章·涉江》：“余幼好此奇服兮，年既老而不衰。”

肥—瘠　肥和瘦。《礼记·月令》：“〔仲秋之月〕案刍豢，瞻肥瘠，察物色。”《管子·问》：“时简稽帅牛马之肥瘠，其老而死者皆举之。”唐韩愈《杂说》：“善医者，不视人之肥瘠，察其脉之病否而已矣。”

厚—薄　厚度大和厚度小。《荀子·劝学》：“不临深溪，不知地之厚也。”《诗经·小雅·小旻》：“战战兢兢，如临深渊，如履薄冰。”

广—狭　宽阔和狭窄。《墨子·备突》：“维置突门内，使度门广狭。”《诗经·周南·汉广》：“汉之广矣，不可泳思。”

遐—迩：远和近。《尚书·太甲下》：“若升高，必自下；若陟遐，必自迩。”孔传：“言善政有渐，如登高升远，必用下近为始，然后终致高远。”晋左思《魏都赋》：“闲居隘巷，室迩心遐。”

寒—暑　冷和热。《周易·系辞上》：“日月运行，一寒一暑。”《吕氏春秋·尽数》：“天生阴阳寒暑燥湿，四时之化，万物之变，莫不为利，莫不为害。”

极性对立关系反义词的主要特点是：两个词处于语义“轴线”的两边，形成对立，其间有过渡状态，同时各自可向两端发展，形成不同等级的对立。

3. 反向对立关系

反向对立关系是指两项之间存在着既方向相反又互相依存的

关系。反向对立关系或者是两分的，或者是多分的。两分的，是一种“有A则有B，无A则无所谓B，反之亦然”的关系；多分的，其中间状态是不分等级的、对立的，同时也不能向两端发展。反向对立关系可分为逆反的和方向相反的两类。

(1) 逆反的。

逆反的是指某一动作行为或者某一关系，对于甲方来说是A，对于乙方来说却是B。有A则有B，无A则无所谓B，反之亦然。在动作行为方面逆反的，例如：

嫁—娶（取） 表示男士与女士结为夫妻关系这一行为，对于女士来说是嫁，对于男士来说是娶。有嫁就有娶，无嫁则无所谓娶，反之亦然。（按：下叙述略。）《韩诗外传》卷四：“有无相贷，饮食相召，嫁娶相谋，渔猎分得。”《汉书·地理志下》：“太原、上党又多晋公族子孙……嫁取送死奢靡。”颜师古注：“取，读曰娶。”

授—受 表示甲方给予乙方这一行为，对于甲方来说是授予，对于乙方来说是接受。《孟子·离娄上》：“男女授受不亲，礼与？”朱熹集注：“授，与也。受，取也。”《后汉书·朱景等传》：“若乃王道既衰，降及霸德，犹能授受惟庸，勋贤皆序。”又用来表示教育、教学工作，“授”是先生“传授”，“受”是弟子“习受”。班固《东都赋》：“今将授子以五篇之诗。”杜预《春秋经传集解序》：“左丘明受经于仲尼。”

买—卖 表示货物交易这一行为，对于收货一方来讲是“买”，对于付货一方来讲是“卖”。《左传·昭公二十六年》：“鲁人买之，百两一布。”又《昭公二十九年》：“公执归马者卖之，乃不归马。”杜预注：“卖其马。”《汉书·食货志下》：“大农诸官尽笼天下之货物，贵则卖之，贱则买之。”

借—贷 表示借贷这一行为，对于甲方来讲是借入，对于乙方来讲是借出。《左传·定公九年》：“〔阳虎〕尽借邑人之车，锲其轴，麻约而归之。”《晋书·齐王攸传》：“就人借书，必手刊其谬，然后反之。”《左传·昭公三年》：“以家量贷，而以公量收之。”《辽史·食货志上》：“年谷不登，发仓以贷。”

胜—败　表示交战或竞赛的结果，甲方是胜利，乙方是失败。（注：此例与上、下几例不同。上、下几例没有第三种选择，此例有，即“和”。但“和”是不分等级的、对立的。）《管子·七法》：“不能强其兵，而能必胜敌国者，未之有也。”《孙子·形》：“故善战者，立于不败之地。”《史记·项羽纪》：“战胜而将骄卒惰者败。”

关系逆反的例如：

夫—妇　丈夫和妻子。结为夫妻关系，男方为夫，女方为妇。有夫就有妇，无夫则无所谓妇，反之亦然。（按：下叙述略。）《左传·昭公元年》：“夫夫妇妇，所谓顺也。”杨伯峻注：“上夫字妇字为名词，指其身；下二字为述语。”《乐府诗集·相和歌辞三·陌上桑》：“使君自有妇，罗敷自有夫。”

主—客　主人和宾客。《礼记·檀弓下》：“宾为宾焉，主为主焉。”《孟子·万章下》：“迭为宾主。”《周易·需》：“有不速之客三人来，敬之，终吉。”《诗经·小雅·楚茨》：“为宾为客，献酬交错。礼仪卒度，笑语卒获。”《礼记·曲礼下》：“主人敬客，则先拜客。客敬主人，则先拜主人。”

父—子　父亲和儿子。《诗经·小雅·蓼莪》：“无父何怙？无母何恃？”《左传·哀公九年》：“微子启，帝乙之元子也。”《周易·序卦》：“有夫妇，然后有父子。”

君—臣　君主与臣下。《周易·序卦》：“有父子，然后有君臣；有君臣，然后有上下。”韩愈《送浮屠文畅师序》：“彼见吾君臣父子之懿，文物事为之盛，其心有慕焉。”

兵—将　士卒与将帅。《后汉书·臧洪传》：“城中粮尽，外无援救……又杀其爱妾，以食兵将。兵将咸流涕，无能仰视。”

师—徒　师父和徒弟。《韩非子·诡使》："私学成群，谓之师徒。"《百喻经·蛇头尾共争在前喻》："师徒弟子亦复如是。"

（2）方向相反的。

方向相反的是指A词所表明的方向刚好与B词所表明的方向相反，那么A、B就是方向相反的反义词。方向相反的反义词主要是一些有方向性的动词和指明一定方位或时间的方位词、时间词。例如：

进—退　前进与后退。《周易·系辞上》："变化者，进退之象也。"《左传·成公二年》："师之耳目，在吾旗鼓，进退从之。"

送—迎　送往迎来。《左传·僖公二十二年》："妇人送迎不出门，见兄弟不踰阈。"《史记·淮阴侯传》："信尝过樊将军哙，哙跪拜送迎，言称臣。"

出—入　出去和进入。《诗经·小雅·北山》："或出入风议，或靡事不为。"《史记·项羽纪》："所以遣将守关者，备他盗之出入与非常也。"

呼—吸　呼气和吸气。《黄帝内经素问·平人气象论》："岐伯对曰：'人一呼，脉再动；一吸，脉亦再动；呼吸定息，脉五动。'"董仲舒《春秋繁露·人副天数》："鼻口呼吸，象风气也。"

吐—纳　吐出与吞进。《庄子·刻意》："吹呴呼吸，吐故纳新。"王粲《游海赋》："苞吐纳之弘量，正宗庙之纪纲。"

左—右　左边和右边。《老子》第三十一章："君子居则贵左，用兵则贵右……吉事尚左，凶事尚右。偏将军居左，上将军居右。"（按：方位词在运用上可以是两分性的即没有中间状态的，也可以是多分性的即有中间状态的。例如在"甲居左，乙居右"中，"左—右"是两分性的。而在"甲居左，乙居中，丙居右"中，"左—右"是多分性的，但其中间状态是不分等级的、对立的。下文“上—下”“东—西”同)。

上—下　位置在高处和位置在低处。《诗经·周颂·敬之》:“无曰高高在上,陟降厥土,日监在兹。”《诗经·小雅·北山》:“溥天之下,莫非王土。”《庄子·让王》:“上漏下湿,匡坐而弦。”

东—西　日出和日落的方向。《诗经·召南·小星》:“嘒彼小星,三五在东。”《诗经·大雅·桑柔》:“自西徂东,靡所定处。”

内—外　里面和外面。《左传·定公八年》:“与阳氏战于南门之内。”《左传·襄公九年》:“祀盘庚于西门之外。”《国语·晋语六》:“不有外患,必有内忧。”

旦—暮　早晨和傍晚。《左传·成公十六年》:“旦而战,见星未已。”《国语·晋语五》:“范文子暮退于朝。”《战国策·齐策一》:“旦暮进食。”

先—后　谓时间或次序在前和在后。《庄子·天道》:“春夏先,秋冬后,四时之序也。”《孙子兵法·虚实》:“前不能救后,后不能救前。”

反向对立关系的特点是:反向对立的两项之间存在着既方向相反又互相依存的关系。反向对立关系或者是两分性的,或者是多分性的。两分性的,其A、B两项是“有A则有B,无A则无所谓B,反之亦然”的关系;多分性的,其中间状态是不分等级的对立的。

4. 并列对立关系

有一些词,它们本来不是表示矛盾对立的概念,而是表示并列的概念,但是,由于古人习惯上把它们对立着使用,因而也可以视作反义词。例如:

日—月　太阳和月亮。《周易·系辞上》:“日月运行,一寒一暑。”《诗经·小雅·天保》:“如月之恒,如日之升。”词语有“日增月异”等。

方—圆　方形与圆形。《韩非子·解老》："有短长则有小大，有小大则有方圆。"词语有"指方画圆"等。

手—足　手和足。《淮南子·兵略》："凡此五官之于将也，犹身之有股肱手足也。"词语有"手舞足蹈"等。

春—秋　春季与秋季。陶潜《移居》诗之二："春秋多佳日，登高赋新诗。"词语有"春华秋实"等。

花—草　花和草。李白《登金陵凤凰台》诗："吴宫花草埋幽径，晋代衣冠成古丘。"词语有"拈花惹草"等。

红—绿　红色和绿色。岑参《西亭子送李司马》："坐来一望无端倪，红花绿柳莺乱啼。"词语有"灯红酒绿"等。

它们实质上是同一层次的类义词，只是因为古人经常把它们对立着使用，因而把它们视作反义词。

古代汉语反义词的四种关系可以图示如下：

互补对立关系

极性对立关系

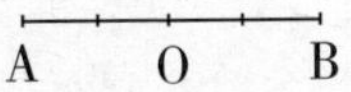

反向对立关系

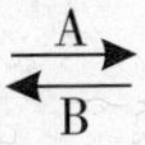

并列对立关系

（二）按照词性来分

古汉语反义词主要为形容词、动词和名词，另外还有少量的数词、副词和代词。

1. 形容词

例如：

清—浊　虚—盈　巧—拙　善—恶　荣—辱　穷—达

2. 动词

例如：

取—舍　开—阖　屈—申　去—就　毁—誉　往—来

3. 名词

例如：

阴—阳　德—怨　晦—朔　从—横　文—质　表—里

4. 其他

例如：

半—一　既—未　彼—此

（三）按照义类来分

义类，即指语义内涵的分类。赵克勤的《古汉语词汇概要》把反义词大致分为九类。

1. 自然类，即表示天文、地理及自然现象的词汇

天—地　日—月　水—火　阴—阳　寒—暑　水—陆

2. 时间类，即表示时间的词汇

春—秋　古—今　日—夜　朝—夕　旦—暮　始—终

3. 方位类，即表示方位的词汇

东—西　上—下　左—右　前—后　表—里　内—外

4. 事物类，即表示事物（包括抽象事物、具体事物以及动物、植物）的词汇

名—实　福—祸　义—利　城—池　狼—羊　燕雀—鸿鹄

5. 人物类，即表示人或专名的词汇

夫—妇　父—子　君—臣　君子—小人　尧舜—桀纣　伯夷—盗跖

6. 指称类，即指称人或事物的词汇（代词、名词）

彼—此　吾—若　人—己　君（对称）—臣（己称）　彼—我　尔—我

7. 性质类，即表示事物性质的词汇

厚—薄　新—故　直—曲　疏—密　甘—苦　清—浊

8. 状态类，即表示事物状态的词（形容词、动词）

疾—徐　动—静　安—危　生—死　喜—悲　有—无

9. 动作类，即表示动作的词汇

进—退　行—止　爱—憎　褒—贬　俯—仰　呼—吸

反义词还可以按词的音节来分，有单音节反义词，双音节反义词等。当然，古汉语的反义词以单音节的为主。

三、古代汉语表示相反相对意义的其他词汇形式

古代汉语中，表示相反相对的意义，除了用反义词外，词汇形式还有言语反义词、词的肯定—否定式、不及物动词及其使动用法等。但它们不是反义词。

（一）言语反义词

言语反义词与语言反义词对立。语言反义词是指在词汇意义上相反相对的词，它们往往经常对立使用。我们上面所说的反义词都是语言反义词。言语反义词是指一组词本无相反相对的词汇意义，但在一定的上下文中，一定的条件下（如通过喻代等修辞手法），偶尔表示相反相对的意义，这就是言语反义词。例如：

鸱枭—凤皇、蝘蜓—龟龙

扬雄《解嘲》："今子乃以鸱枭而笑凤皇，执蝘蜓而嘲龟龙，不亦病乎?" 按："鸱枭""蝘蜓" 比喻卑鄙的人，"凤皇""龟龙" 比喻高尚的人，"鸱枭""凤皇" 成为言语反义词，"蝘蜓""龟龙" 成为言语反义词。

当涂—失路、青云—沟渠

扬雄《解嘲》："当涂者升青云，失路者委沟渠。" 按："当涂" 比喻得志，"失路" 比喻失志；"青云" 比喻高位，"沟渠" 比喻低位。分别是言语反义词。

尧—桀

《荀子·天论》："天行有常，不为尧存，不为桀亡。" 按："尧" 是传说中的远古帝王，"桀" 是夏代最后一个君主，本不是反义词。这里是以 "尧" 代贤君，以 "桀" 代暴君，成为言

语反义词。

（二）词的肯定—否定式

在古代汉语中，表示相反相对的意义，还有词的肯定—否定式。词的否定式是一个词组，因此它和肯定式不是反义词。例如上古汉语表示“胜利—失败”义可用如下肯定—否定形式：

克—不克/弗克

《诗经·大雅·常武》：“绵绵翼翼，不测不克。”笺云：“王兵安靓且皆敬，其势不可测度，不可攻胜。”《诗经·大雅·常武》：“绵绵翼翼，不测不克。”《左传·桓公十五年》：“冬，会于袲，谋伐郑，将纳厉公也。弗克而还。”

捷—未捷/不捷

《诗经·小雅·采薇》：“岂敢定居，一月三捷。”毛传：“捷，胜也。”《左传·僖公七年》：“诸侯有讨于郑，未捷。”又《左传·宣公十二年》：“若事之捷，孙叔为无谋矣。不捷，参之肉将在晋军，可得食乎？”

胜—不胜/弗胜

《左传·文公十二年》：“秦以胜归，我何以报？”《史记·项羽纪》：“田荣不胜，走至平原，平原民杀之。”又《史记·吕太后纪》：“平阳侯恐弗胜，驰语太尉。”

然而“贤”和“不肖”（品行不好）值得注意。它们在形式上与前几例相似：一方面“贤”是单音词，“不肖”是双音词；另一方面，“不肖”又是否定形式，因此它们好像不是反义词。但是，它们自古以来确实是一组反义词，例如，《韩非子·解老》：“礼者，所以貌情也，群义之文章也，君臣父子之交也，贵贱贤不肖之所以别也。”《史记·屈原贾生传》：“人君无愚智贤不肖，莫不欲求忠以自为，举贤以自佐。”

（三）一词兼具两个相反相对的意义

词义引申是由一个义位延伸发展出另一个与之相似、相关甚至相反相对的新义位。于是就有一词兼具两个相反相对的意义的现象。古人把训释这种一词兼具两个相反相对的意义的训诂材料或方法叫作反训。

首先，有一个词兼有正、反二义者。这种语言现象蕴含着相反相成的道理。例如：

置

①废弃，舍弃。《国语·周语中》："今以小忿弃之，是以小怨置大德也。"韦昭注："置，废也。"《晏子春秋·谏上第一》："置大立少，乱之本也。"宋苏轼《录单锷吴中水利书》："或遇频年不收，则饥饿丐殍，鬻妻子以偿王租，或置其田舍其庐而逋。"②有所废必有所立，故引申为：设立，设置。《周礼·天官·太宰》："三曰废置，以驭其吏。"孙诒让正义："《广雅·释诂》云：'置，立也。'郑以此经'废置'对文，废为退去其不能者，明置为举其贤者而置立之于位也。"《吕氏春秋·异用》："汤见祝网者置四面。"高诱注："置，设。"《史记·穰侯传》："四岁，而使白起拔楚之郢，秦置南郡。"唐韩愈《送郑涵校理序》："始更聚书集贤殿，别置校雠官，曰学士，曰校理。"

废

①废止，废弃。《尚书·大禹谟》："不虐无告，不废困穷。"《论语·卫灵公》："君子不以言举人，不以人废言。"汉贾谊《过秦论》："于是废先王之道，燔百家之言，以愚黔首。"晋陆机《吊魏武帝文》："若乃系情累于外物，留曲念于闺房，亦贤俊之所宜废乎？"②留置，放置。《公羊传·宣公八年》："去其有声者，废其无声者，存其心焉尔。"何休注："废，置也。置者，不去也。齐人语。"《庄子·徐无鬼》："于是为之调瑟，废一于堂，废一于室。"

祝

①祝愿，祝福（音 zhù）。《左传·哀公二十五年》："公宴

于五梧，武伯为祝。”杜预注：“祝，上寿酒。”《庄子·天地》：“请祝圣人，使圣人寿。”《吕氏春秋·乐成》：“王为群臣祝，令群臣皆得志。”高诱注：“祝，愿也。”曹禺《日出》第二幕：“我祝你永远像今天这样美。”②诅咒（音 zhòu）。《诗经·大雅·荡》：“侯作侯祝，靡届靡究。”毛传：“作、祝，诅也。”郑玄笺：“王与群臣乖争而相疑，日祝诅求其凶咎无极已。”

匹

①双，对。《楚辞·九章·怀沙》：“怀质抱情，独无匹兮。”王逸注：“匹，双也。”词语有“配偶”“配敌”。②单独。《公羊传·僖公三十三年》：“匹马只轮无反者。”陆游《诉衷情·当年万里觅封侯》：“匹马戍梁州。”成语有“单枪匹马”。

另外，还有“舍”“释”“乱”“副”等。

其次，有一个动词兼具施、受二义者。例如：

享

①享献。《周礼·考工记·玉人》：“璧琮九寸，诸侯以享天子。”郑注：“享，献也。”《汉书·司马相如传下》：“康居西域，重译纳贡，稽首来享。”颜师古注：“享，献也，献其国珍也。”②享受。《左传·僖公二十三年》：“保君父之命而享其生禄。”杜预注：“享，受也。”《晋书·傅玄传》：“天下享足食之利。”

乞

①求，讨。《左传·定公二年》：“邾庄公与夷射姑饮酒，私出。阍乞肉焉，夺之杖以敲之。”唐韩愈《郴州祈雨》诗：“乞雨女郎魂，炰羞洁且繁。”②给（音 qì）。《汉书·朱买臣传》：“妻自经死，买臣乞其夫钱，令葬。”李白《少年行》：“好鞍好马乞与人。”

丐（匄）

①求，乞求。《左传·昭公六年》：“不抽屋，不强匄。”杨

伯峻注：“不就人强行乞讨。”《文选·刘孝标〈广绝交论〉》：“攀其鳞翼，丐其余论。”李周翰注：“丐，乞也。”《新唐书·张嘉贞传》：“久之，以疾丐还东都，诏医驰驿护视。”②施与，给予。《汉书·西域传下》：“秦人，我匄若马。”唐韩愈《黄陵庙碑》：“长庆元年，刺史张愉自京师往，与愉故善，谓曰：丐我一碑石，载二妃庙事。”

贷

①借出。《左传·昭公三年》：“以家量贷，而以公量收之。”王符《潜夫论·忠贵》：“宁积粟腐仓而不忍贷人一斗。”（不忍：舍不得）。《辽史·食货志上》：“年谷不登，发仓以贷。”②借入。《左传·文公十四年》：“尽其家，贷于公，有司以继之。”杜预注：“家财尽，从公及国之有司富者贷。”《史记·平津侯主父传》：“家贫，假贷无所得。”宋陆游《秋晓》诗：“贷米未回愁灶冷，读书有课待窗明。”

另外，还有“禀”“受”“沽”“售”“假”“借”“奉”“蒙”等。

还值得注意的是，某些不及物动词及其使动用法也表示相反的意义。例如：

败

在上古汉语中，“败”本是一个不及物动词，表示“失败”义。例如：《左传·桓公四年》：“秋，秦师侵芮，败焉，小之也。”注：“秦以芮小，轻之，故为芮所败。”《孟子·尽心下》：“梁惠王以土地之故，糜烂其民而战之，大败。”《史记·殷纪》：“甲子日，纣兵败。”

“败”带宾语时，是使动用法，这时“败”表示“胜利”义。例如：《左传·隐公元年》：“惠公之季年，败宋师于黄。”又《桓公六年》：“及其败戎师也，齐侯又请妻之。”《吕氏春秋·义赏》：“文公用咎犯之言，而败楚人于城濮。”《史记·周纪》:“至犬戎败幽王,周乃东徙于洛邑。”

另外,还有“攘”“从”等。

四、古代汉语反义词的特点

古汉语反义词除了具有古汉语词汇所共有的特点如以单音词为主之外,还有一些独特之处。

（一）数量较多,频率较高

据研究,《老子》五千言,有105组反义词,共配对出现172次。[①]《吕氏春秋》有反义词286对。[②]《列子》有反义词361对,对举使用共1 019次。[③]可见古汉语反义词数量多,频率高。例如:

①昔我往矣,杨柳依依;今我来思,雨雪霏霏。(《诗经·小雅·采薇》)

②有无相生,难易相成,长短相形,高下相倾。(《老子》第二章)

③邦有道,贫且贱焉,耻也;邦无道,富且贵焉,耻也。(《论语·泰伯》)

④为事逆之则败,顺之则成。(《庄子·渔父》)

⑤天行有常,不为尧存,不为桀亡。应之以治则吉,应之以乱则凶。(《荀子·天论》)

⑥有形,则有短长;有短长,则有小大;有小大,则有方圆;有方圆,则有坚脆;有坚脆,则有轻重;有轻重,则有白黑。短长、大小、方圆、坚脆、轻重、白黑之谓理。(《韩非

① 廖扬敏.《老子》专书反义词研究[D].成都:四川大学,2003.

② 张双棣.《吕氏春秋》词汇研究[M].济南:山东教育出版社,1989.

③ 陈建初.《列子》反义词综论[J].古汉语研究,1991(04).

子·解老》)

⑦寿夭、穷达，贵贱、贫富，我力之所能也。(《列子·力命》)

(二) 组合关系复杂

第一，因为古汉语反义词以单音词为主，而单音词的多义性比较突出，从理论上讲，每一个义位都可以有自己的反义词，所以古汉语的反义词往往不是一对一的组合，而是一对多的组合。例如：

荣$_1$（茂盛）—枯；荣$_2$（荣耀）—辱；荣$_3$（生荣死哀）—哀

“荣”是个多义词，在不同的含义上有不同的反义词。其一，在“茂盛”这个义位上，与“枯”（枯萎）相对。如白居易《赋得古原草送别》诗：“离离原上草，一岁一枯荣。”其二，在“荣耀”这个义位上，与“辱”相对。《管子·牧民》：“仓廪实，则知礼节；衣食足，则知荣辱。”其三，在“荣显”这个义位上，又与“哀”相对。《论语·子张》：“其生也荣，其死也哀。”邢昺疏：“生则荣显，死则哀痛。”

第二，也有一个词的多个义位和另一个词的多个义位分别构成反义的情况。例如：

贵—贱

其本义，“贵”是“物价高”，“贱”是“物价低”，相互对立。如《左传·昭公三年》：“国之诸市，屦贱踊贵，民人痛疾。”杜预注：“踊，刖足者屦。言刖多。”在各个引申义上也都互为反义词。其一，“贵”指“地位高”，“贱”指“地位低”。如《老子》第三十九章：“故贵以贱为本，高以下为基。”韩愈《师说》：“是故无贵无贱，无长无少，道之所存，师之所存也。”其二，“贵”指“重视”，“贱”指“轻视”。如《礼记·中庸》：“贱货而贵德，所以劝贤也。”其三，作为礼貌用语也是相反的，“贵”是敬词，用在有关对方的词语前，表示尊敬。今有熟语

"贵姓"。《玉台新咏·为焦仲卿妻作》:"往昔初阳岁，谢家来贵门。""贱"是谦词，用在有关自己的词语前，表示谦虚，如《玉台新咏·为焦仲卿妻作》:"贱妾留空房，相见常日稀。"

（三）均衡性与不均衡性、对称性和非对称性共存

古汉语反义词具有均衡性与不均衡性、对称性和非对称性共存的特点。其均衡性和对称性表现在以下几个方面。

第一，反义词的形式一般是均衡的、对称的。古汉语反义词以单音词为主，单音词对单音词，是均衡、对称的。

第二，反义词所表达的意义内容是均衡的、对称的。如前所述，反义词是义位相反相对的一组词。义位相反是指一个上位概念分成互不相容的两项，那么这两项当然是均衡的、对称的；义位相对是指一个上位概念分成互不相容的两项以上如三项、四项等，处于意义轴线两端的两项就是相对的，显然这也是均衡的、对称的。

第三，有些反义词的历时更替也是均衡的、对称的。例如：在上古汉语中，表示"战胜了对方"和"被对方打败了"的意义，有"胜""败"反义词，例如，《左传·隐公九年》:"胜不相让，败不相救。"还有"胜""负"反义词，例如：《孙子兵法·谋攻篇》:"不知彼而知己，一胜一负。"发展到中古汉语，语言中出现了用"输"表示失败义，而后，相应地就出现了"赢"表示胜利义，以与"输"配对使用。张建封（735—800）《竞渡歌》:"只将输赢分罚赏，两岸十舟五来往。"发展到近代汉语，在词汇复音化的作用下，语言中又出现了复音词"失败"，而后，相应地就出现了复音词"胜利"，以与"失败"配对使用。例如，清峨眉无垢道人《八仙得道传》:"往往别人失败的生意，到她手中，偏能转为胜利，不上二年，便成了富厚之家。"

古汉语反义词的不均衡性与非对称性表现在以下方面。

第一，构成反义的 A、B 两个词群，大多是不均衡的。

古汉语构成反义的 A、B 两项，虽然也有是一个词对一个词的，例如，“文—武”“上—下”“深—浅”等，但这是少数，大多数 A、B 两项分别是由若干个词聚合而成的词群，而且，A、B 两个群词的数量大多是不均衡的。例如，“真、情、诚、实、信—伪、赝、假”，“高—卑、庳、深、下”（以上是形容词）；“毁、诽、非、谤、訾—誉、称”，“得—失、舍、除、遗、亡、丧”（以上是动词）；“夫—妻、妇”，“今—古、故、向、昔、后、往、曩”（以上是名词）。

第二，有一部分构成反义的两个词在语义范围、使用频率上是不均衡、非对称的。

20 世纪 30 年代西方语言学家创立的标记理论对于古代汉语反义词也具有一定的适用性。有一些名词构成的反义词，语义范围有宽窄之分，同时使用频率也有高低之别。例如，“日—夜”，在“日夜兼程”“日来夜往”中，“日”与“夜”是对立的，但在“日理万机”“日诵五车”中，“日”包含了“夜”，却不能换成“夜”。“日”是无标记成分，“夜”是有标记成分。又如，“子”是无标记成分，“女子”是有标记成分。

还有一些形容词构成的反义词，使用频率也有高低之别。表 11 - 1 是五部古代汉语重要文献的几组反义词的使用频率表（单位：次）。

（四）古今配对关系大多发生了变化

古代汉语反义词一般都是常用词，古汉语常用词发展至今一般都发生了变化，因此古代汉语反义词的配对关系发展至今，大多发生了变化，有的还发生了多次变化。例如：

表 11－1　古代汉语五部重要文献的几组反义词的使用频率表

作品	大/巨	多/众	长/脩	深	美/好	强	小/细/纤/微	寡/少	短	浅	恶/丑	弱
诗经	33/0	49/2	9/2	7	35/2	1	8/0/0/1	0/1	0	2	0/0	0
论语	6/0	18/2	1/0	2	4/0	0	8/0/0/0	9/0	3	1	0/0	0
孟子	78/1	25/1	3/0	11	3/0	4	36/0/0/2	8/2	3	0	1/0	4
吕氏春秋	355/7	96/65	26/0	22	16/1	35	81/9/2/3	8/21	19	3	14/0	16
世说新语	17/1	50/16	5/1	8	5/4	5	11/0/1/1	6/13	2	0	1/3	3

说明：“美、好”，指美丽、形貌好看；“恶、丑”，与“美”相对。

表示“宽阔—狭窄”义，上古汉语的主要最佳配对是“广—狭”，中古汉语增加一对，最佳配对是“阔—狭”“广—狭”，近代汉语换了一对，最佳配对成为“阔—狭”“宽—窄”，到了现代汉语口语，则成为“宽—窄”一统天下的局面了。

表示“寒冷—炎热”义，上古汉语的主要最佳配对是“寒—暑”“寒—热”，中古汉语的主要最佳配对是“寒—热”“冷—热”，近代汉语的主要最佳配对则成为“冷—热”，一直延续至今。

表示“胖—瘦”义，上古汉语的主要最佳配对是“肥—瘠”，中古汉语变成了“肥—瘦”，元明到清中叶，主要最佳配对是“肥—瘦”和“胖—瘦”，清末至今，则是“胖—瘦”一统天下。[1]

五、古代汉语反义词的作用

（一）在语言表达上，有很好的修辞效果

由于反义词表达相互矛盾对立的概念，能够鲜明地揭示客观事物的矛盾性，因此若在文章中经常成双成对地使用反义词，或用来对举，或用来对比、对偶，可以起到很好的修辞效果。例如：

①天祸卫国，君臣不协。（左传·僖公二十八年）

②长短相形，高下相倾。（《老子》第二章）

③哀我征夫，朝夕不暇。（《诗经·小雅·何草不黄》）

④兵之著于晋阳三年，今旦暮将拔之而向其利，何乃将有他心？（《韩非子·十过》）

⑤喜则和而理，忧则静而理。（《荀子·不苟》）

⑥撼山易，撼岳家军难。（《宋史·岳飞传》）

⑦满招损，谦受益。（《尚书·大禹谟》）

⑧回日楼台非甲帐，去时冠剑是丁年。（温庭筠《苏武庙》）

例①和例②是反义词对举。“君臣”“长短”“高下”三组反义词对举，表示两种相反相对的事物或现象相互联系、并列存在。

例③和例④两例也是反义词对举，但并不是分指这两种情况，而是用事物的两端来概括事物。例③“朝夕”，指整天或时时。例④“旦暮”，指迟早或早晚。

例⑤至例⑧利用反义词来形成对比、对偶句，使人们在鲜明的对比中认清事物的是非、好坏、轻重、缓急，从而收到很好的

---

① 王盛婷．汉语八组反义词聚合演变研究［D］．南京：南京大学，2007．

修辞效果。

反义词的作用在熟语中表现得尤其显著。在成语中，往往成对地使用反义词，使短短的四字格容纳丰富的内容，既精练又深刻，言简意赅。还有许多流传千古的格言，也往往运用反义词来表达。例如：

【表里如一】比喻思想和言行完全一致。典出《朱子全书》卷二："则所谓直内，所谓主一，自然不费安排，而身心肃然，表里如一矣。"

【吐故纳新】道家养生之术。谓吐出浊气，吸纳清气。典出《庄子·刻意》："吹呴呼吸，吐故纳新，熊经鸟申，为寿而已矣。"陆德明《经典释文》引李颐曰："吐故气，纳新气也。"

【温故而知新】在温习学过的知识时，能有新体会、新发现。典出《论语·为政》："子曰：'温故而知新，可以为师矣。'"

【兼听则明，偏信则暗】意谓多方面听取意见，才能明辨是非；单听信某方面的话，就愚昧不明。典出《管子·君臣上》："夫民别而听之则愚，合而听之则圣。"汉王符《潜夫论·明暗》："君之所以明者，兼听也；其所以暗者，偏信也。"

以上熟语，言简意赅，寓意深刻，具有很好的修辞效果。

（二）在语言研究上，具有重要的价值

1. 可用来辨析古今词义的不同

辨析古今词义的难处不在完全不同，而在同中有异。要识别同中有异，有时从正面去分析不容易做到，不妨从反面、从它们的反义词去考虑。这时问题就可能解决了。例如：

险—夷/安

"险"的古义多指"地势不平坦"，而今义多作"危险"讲，二者的差别不大，容易搞混。如果从反义词去辨析，其间的区别就比较明显。"险"的古义跟"夷"相对，成语有"化险为夷"，《左传·成公二年》："自始合，苟有险，余必下推车，子岂识之？"王安石《游褒禅山记》："夫夷以近，则游者众；险以远，则至者少。""险"的今义跟"危"同义，"危"的反义词是"安"，成语有"转危为安"。"夷"跟"安"的差别比较大。从反义词的对比中就容易发现古今义的差别。

赢—缩/输

"赢"在古代没有"输赢"的意思，不跟"输"构成反义词，而跟"缩"构成反义词，表示：①"有余"与"不足"。如：《旧唐书·杨炎传》："是以天下公赋，为人君私藏，有司不得窥其多少，国用不能计其赢缩，殆二十年矣。"《资治通鉴·唐纪》："由是以天下公赋为人君私藏，有司不复得窥其多少，校其赢缩，殆二十年。"胡三省注，"赢，有余也，缩，不足也。"②"进"与"退"。《国语·越语下》："得时无怠，时不再来，天予不取，反为之灾，赢缩转化，后将悔之。"韦昭注："赢缩，进退也。"③长短。《淮南子·时则》："孟春始赢，孟秋始缩。"高诱注："赢，长也；缩，短也。"发展到中古汉语，"赢"引申出"胜利"义，成为"输"（失败）的反义词，唐张建封《竞渡歌》："只将输赢分罚赏，两岸十舟五来往。"

2. 可用来辨析同义词

同义词之间的细微差别，有时不易识别，但从它们各自的反义词，却可以找到辨析的线索。例如：

傲、慢—恭、敬

古代汉语中，"傲"与"慢"是同义词，它们经常连用，但二者有什么区别呢？却是个难题。不过，通过它们的反义词，还是可以找到蛛丝马迹的。"傲"的反义词是"恭"，"慢"的反义词是"敬"，而"恭"与"敬"正好又是同义词，从分析"恭"与"敬"的区别入手，可以辨析"傲"与"慢"的差别。《礼记·曲礼上》："是以君子恭敬撙节。"孔颖达疏引何胤曰：

“在貌为恭，在心为敬。”也就是说，“恭”着重在外貌方面，“敬”着重在内心方面。据此可知，“傲”侧重于外貌，“慢”侧重于内心里。

坚、刚、硬—脆、柔、软

“坚”“刚”“硬”三个词古代都有结合紧密，不易变形的意思，是同义词。三个词的区别，可通过反义词得知。“坚”是指坚硬，结实，不易破裂。“坚”的反义词是容易破裂的“脆”。《吕氏春秋·观表》：“而知节之高卑，足之滑易，材之坚脆，能之长短。”“刚”是坚硬有力、不易变形的意思。“刚”的反义词是“柔”。成语有“以柔克刚”。《列子·天瑞》：“能阴能阳，能柔能刚，能短能长，能圆能方。”“硬”是后起字。《玉篇》：“硬，坚硬。”“硬”的反义词是“软”。明高明《琵琶记·义仓赈济》：“保解户欺软怕硬。”

六、如何判断汉语史专书中的反义词

判断汉语史专书中的反义词，一要查找文例，二要分析意义内容，两者结合，相辅相成。

（一）查找文例

判断汉语史专书中的反义词，要从查找文例入手。显现反义词的常见文例有以下类型。

1. 并举

“并举”，这里是指两个意义有关联的字（词）前后并列使用。显然，前后并举的词不一定是反义词，但有不少是反义词，例如：

寤—寐：《诗经·周南·关雎》“窈窕淑女，寤寐求之。”按：“寤”“寐”是睡醒和睡着，反义并举。

荣—辱：《庄子·逍遥游》：“定乎内外之分，辨乎荣辱之境，斯已矣。”按：“荣”“辱”，光荣与耻辱，反义并举。

2. 对文

所谓“对文”，是指平行的相同结构中处于对应位置上的词。对文不一定是反义词，但有不少是反义词。例如：

有—亡：《诗经·邶风·谷风》：“何有何亡？黾勉求之。”按：“有”“亡”处于一句之中的相同结构的对应位置上。

君子—小人：《诗经·小雅·采薇》：“君子所依，小人所腓。”按：“君子”指统治者、贵族男子；“小人”，指被统治者、平民百姓。两词处于两句的相同结构的对应位置上。

未—既：《诗经·小雅·出车》：“未见君子，忧心忡忡。既见君子，我心则降。”按：“未”“既”处于上下文的相同结构的对应位置上。

3. “A 而不（勿）B”式（一种否定式）

例如：

利—害：《老子》第八十一章：“天之道，利而不害。”

敝—成：《老子》第十五章：“保此道者，不欲盈。夫唯不盈，故能敝而不成。”

按：“敝”是破损，“成”是完好。

待—攻：《孙子·火攻》：“火发而兵静者，待而勿攻，极其火力，可从而从之，不可从而止。”

4. “大 A 若 B”式

例如：

直—屈、巧—拙、辩—讷：《老子》第四十五章：“大直若屈，大巧若拙，大辩若讷。”

(二) 分析意义内容

反义词必须是义位相反相对。如上所述，在以上文例中出现的词也不一定是反义词，它们有的是同义词、类义词等，因此在查找文例的基础上还得结合义位是否相反相对来进行判断。另外，有些反义词在某种文献中不一定出现在以上所述的文例中，这时我们也要根据意义内容来加以确定。

(三) 判断反义词应注意的事项

1. 在同一词汇系统范围内

构成反义的两个词必须限定在同一词汇系统范围内。例如，共同语和方言，古代汉语和现代汉语，都应在各自的词汇系统内组成反义词。当然，如果是研究某部历史文献的反义词，一般不存在这一问题。

2. 属于同一语义范畴

构成反义的两个词必须属于同一语义范畴。例如，“古—今”“旦—夕”属于“时间”的范畴，“东—西”“内—外”属于“空间”的范畴，“修—短”属于“度量”范畴，“徐—疾”属于“速度”范畴，等等。不同语义范畴的词，如“巨”（属于“体积”）和“浅”（属于“深度”）就不能构成反义词。

3. 语音结构形式大多一致

构成反义的两个词的语音结构形式大多数是一致的，如单音词与单音词组成反义词，复音词与复音词组成反义词。但也有单音词与复音词组成反义词的，例如，“贤—不肖”（古代汉语）“干—湿润”“正—偏颇”“师—弟子”（中古汉语）等。

4. 词性、语法功能以及复音节反义词的语义结构大多相同

构成反义的两个词的词性大多相同，形容词与形容词构组、动词与动词构组、名词与名词构组等。而且反义词以形容词最多，动词次之，名词又次之，还有少量副词、数词、代词的反义词。

构成反义的两个词大多是同词性的，因此反义词的语法功能也大多相同。

两个复音节反义词的语义结构也大多相同，例如，“丰饶”和“贫乏”、“清净”和“秽浊”都是并列结构，“上座”和“下座”都是偏正结构，“无相”和“有相”都是动宾结构。

第十二章　古代汉语的同源词

一、古代汉语同源词的性质

古代汉语同源词是指古代汉语中由源词及其滋生词，或同一来源的若干个滋生词所构成的词聚。同源词的特征是语音相同或相近，意义相同或相关，简言之，即声近义通。源词或称原生词、原始词，滋生词或称派生词，同源词或称同族词。

在古代汉语发生的阶段，用什么音来表示什么意义，一般是约定俗成的。随着社会的进步和先民认识的发展，先民要不断造新词来满足日益繁复的交际的需要。这时，先民造新词往往以源词为基础，即新词（滋生词）往往是在源词的基础之上滋生而来。这样就形成源词及其滋生词或同一来源的若干个滋生词的聚合体，即同源词。新词既然是由源词滋生而来，其音、其义就不会相去太远。

例如："长（长短）""长（生长）""张""胀""帐""涨""掌"等，是一组同源词。在上古的读音为：

长（长短）：dĭaŋ（定纽阳部）

长（生长）、张、胀、帐、涨：tĭaŋ（端纽阳部）

掌：ȶĭaŋ（章纽阳部）

这组词声纽相同或旁纽，韵部相同，所以音同或音近。

这组词的意义为：

长（长短）

"长短"的"长"（cháng），甲骨文作，像人长发之形，用以表示长度大。《诗经·齐风·猗嗟》："猗嗟昌兮，颀而长兮。"

长（生长）

"生长"的"长"（zhǎng）与"长"（cháng）同形。事物"生长"（zhǎng）了就会变"长"（cháng），可见两词意义相关：长（cháng）是长（zhǎng）的结果。《孟子·公孙丑上》："宋人有闵其苗之不长而揠之者。"

张

"张"的本义是"施弓弦"（见《说文》），即把弦绷在弓上，使弯弓张开的长度合适。[按：此义与"长"（cháng）有关]《诗经·小雅·吉日》："既张我弓，既挟我矢。"引申之，有"张开"义、"张大"义。《荀子·议兵》："虚腹张口，来归我食。"又引申之，有"张挂"义。宋陆游《老学庵笔记》卷三："老卒询其状，图百本于茶肆张之。"

胀

"胀"，肚子满叫"胀"。"胀"本来也写作"张"。《左传·成公十年》："将食，张，如厕。"后为区别起见，写作"胀"。王充《论衡·道虚》："人或咽气，气满腹胀，不能餍饱。"

帐

"帐"，张挂起来的帷幕叫"帐"。"帐"最初写作"张"。《史记·高祖纪》："高祖复留止，张饮三日。"为区别起见，又写作"帐"。《史记·孝文纪》："帷帐不得文绣，以示敦朴。"

涨

"涨"，水满叫"涨"。宋林逋《和梅圣俞雪中同虚白上人见访》："早烟村意远，春涨岸痕深。"

掌

"掌"，手掌。《说文·手部》："掌，手中也。"好像看不出与"长"等有何联系，但查看朱骏声的注就明白了。朱骏声《说文通训定声》："张之为掌，卷之为拳。"

可见，这组词的意义都与“长”（长短）有关。它们是一组同源词。

二、同源词与同源字、古今字、异体字、通假字的关系

同源字是用来记录同源词的几个形体不同的汉字。[1] 汉语中一个词，滋生出新词之后，往往造新字来表示。如“长”（长短）与“张”“胀”“帐”“涨”等。例如：

舞、巫

“舞”（/mĭwa/明纽鱼部），甲骨文作，像人两手执物而舞之形，表示跳舞、舞蹈。《论语·八佾》：“八佾舞于庭，是可忍也，孰不可忍也!”

“巫”（/mĭwa/明纽鱼部），巫祝。《说文·巫部》：“巫，祝也。女能事无形，以舞降神者也。”按：巫祝要借助歌舞来使神祇降临。可见，“巫”有“舞”的语义特征。《周礼·春官·司巫》：“司巫掌群巫之政令。若国大旱，则帅巫而舞雩；国有大烖，则帅巫而造巫恒。”

可见，“巫”（巫祝）由“舞”滋生而来，先民在“舞”的基础上另造“巫”字来表示。

这两例中的同源词也是同源字。

但是也有源词滋生出新词以后，仍然使用源字而没有另造新字的，如“长”（/dĭaŋ/）滋生出“长”（/ tĭaŋ/）以后，仍然用“长”。例如：

朝（/tĭo/端纽宵部），早晨。→朝（/dĭo/定纽宵部），朝廷，朝见。

---

① 张桂光在《汉字学简论》中说：“所谓同源字，应该是指具有共同的造字之源的字。同源字之间有形义的关联。”这与我们所说的同源字是两个不同的概念。张说范围要窄一些。

被（/bǐai/并纽歌部），被子。→被（/pǐai/滂纽歌部），披着。后写作“披”。

这里，就不好说“长”（/dǐaŋ/）和“长”（/ tǐaŋ/）、朝（/tǐo/）和朝（/dǐo/）、被（/bǐai/）和被（/pǐai/）是同源字了，因为它们是同一个字，无所谓同源。但它们都是同源词。

可见，同源词和同源字关系密切，但不是一对一的关系。王力先生晚年写了一部重要论著《同源字典》，但他在书中声明：“我们所谓同源字，实际上就是同源词。”足显两者的关系。

古今字与同源词有密切关系。古今字中，有一类又称区别字，即由于词义引申、假借而另外造的区别字。其中，由于词义引申分化而另外造的区别字，它和本原字是一种很常见的同源词。可细分为两类，一是由于词义引申而另为引申义造区别字的，例如，易如反掌的“反”（翻转义），引申出返回义，后造“返”以别之，则“反”“返”同源。“日出天而曜景”（江淹《别赋》）的“景”（日光义），引申出影子义，后造“影”以别之，则“景”“影”同源。“获者取左耳”（《周礼·夏官·大司马》）的“取”，引申出娶妻义，后造“娶”以别之，则“取”“娶”同源。又如，“昏、婚”“竟、境”“解、懈”“弟、悌”“赴、讣”“陈、阵”“说、悦”“知、智”“大、太”等。二是由于词义引申而另为本义造区别字的，例如，“要”的本义是腰，引申出拦截、要挟等义，后为本义另造“腰”以别之，这样，表示拦截、要挟等义的“要”与区别字“腰”同源。“益”的本义是水漫出来，引申出富裕、利益等义，后另为本义另造“溢”以别之，这样表示富裕、利益等义的“益”与区别字“溢”同源。又如，“暴、曝”“监、鉴”等。

异体字是一个词的两种或多种不同写法，如“嫖、闞”“暖、煖”“粮、糧”“峰、峯”等，既然是一个词，就无所谓同源不同源，也就是说，异体字不是同源词。但是，如果一组异体字后来有所分工，则又可能是同源词了。例如，“谕”“喻”，《说文·言部》：“谕，告也。”《广雅·释诂三》：“谕，告也。”又“喻，告也。”“谕”“喻”音义相同，且义符“言”“口”相通，“谕”“喻”实为一词之异体。后来“谕”“喻”分工：告谕用“谕”，譬喻用“喻”，音同义近，遂成同源词。

通假字一般是用一个意义没有关联的音同或音近的字来代替本字，它与本字表示的是同一个词，所以也无所谓同源不同源，也就是说，通假字与本字不是同源词。然通假字又是古代汉语中的一种客观存在，因此系联同源词时，遇到通假字，应找到其本字，以其本字来系联同源词。

三、同源词产生的原因

(一) 同源词的产生主要是语言中词的孳乳分化的结果

如上所述，一个源词，往往孳乳分化出若干个滋生词来。由于这些滋生词是从一个原始词孳乳分化而来，所以它们之间音相近，义相通。用汉字来表示，这些字在造字上大多有相承关系，但也有不相承的。例如：

先、侁、洗、跣

先（/siən/心纽文部）：甲骨文作，字形的上部为止（表示脚），下部是人，合起来表示人提足往前走。《说文·先部》：“先，前进也。”

侁（/siən/心纽文部）：行走的样子。《说文·人部》：“侁，行皃。”按：行走须用足。

洗（/siən/心纽文部）：洗脚。《说文·水部》：“洗，洒足也。”后人以其代洒，转而读 xǐ。《史记·黥布传》：“淮南王至，上方踞床洗，召布入见。”这里“洗”就是洗脚，这个概念古人是用词表示，今天是用词组表示。

跣（/siən/心纽文部）：赤脚。《说文·足部》："跣，足亲地也。"《尚书·说命上》："若跣弗视地，厥足用伤。"《左传·襄公三年》："公跣而出。"

可见，这一组词意义相通，都有"足"（脚）的语义特征。由"先"孳乳分化出"侁""洗""跣"。

凭（冯）、弸、蕡、坟、愤

凭（冯）（/bĭəŋ/并纽蒸部）：满。按：指气满。《楚辞·离骚》："众皆竞进以贪婪兮，凭不猒乎求索。"王逸注："凭，满也。楚人名满曰凭。"

弸（/bĭəŋ/并纽蒸部）：《广雅·释诂一》："弸，满也。"按：指弓满。汉扬雄《法言·君子》："或问：'君子言则成文，动则成德，何以也？'曰：'以其弸中而彪外也。'"李轨注："弸，满也；彪，文也。积行内满，文辞外发。"

蕡（/bĭwən/并纽文部）：草木果实繁盛硕大貌。按：指果实之满。《诗经·周南·桃夭》："桃之夭夭，有蕡其实。"俞樾《群经平议·毛诗一》："蕡者，大也。'有蕡其实'，言其实之大也。"

坟（/bĭwən/并纽文部）：堤岸，水边高地。按：指土之满。《诗经·周南·汝坟》："遵彼汝坟，伐其条枚。"孔颖达疏："坟，大防。"《楚辞·九章·哀郢》："登大坟以远望兮，聊以舒吾忧心。"朱熹集注："水中高者曰坟。"

愤（/bĭwən/并纽文部）：充盈，旺盛。按：指气之满。《淮南子·俶真》："繁愤未发，萌兆牙蘖。"高注云："繁愤，众积之貌。"

这一组词由两小组同音字构成。"凭"小组字与"蕡"小组字之间，声母同纽，韵部通转，音相近；意义都有"满"（充满）义。这是一组由"满"（充满）义滋生而来的同源词。第一组"先""侁""洗""跣"在造字上有相承关系，第二组"凭

(冯)”“蒯”“蕡”“坟(墳)”“愤”中，前三字之间在造字上没有相承关系，后三字有相承关系。

（二）方言的差异也是产生同源词的一个原因

汉语从很古的时代起就有方言的差异，声音既殊，词语也互有不同，但它们都是由原始的汉语发展而来的。可见，古汉语同源词产生的一个原因是方言的差异。既有声韵有转变、意义相同的，也有声韵有转变，意义略有变化的。例如：

逆、迎

《说文》：“逆，迎也。关东曰逆，关西曰迎。”

按：“逆”（/ŋĭak/），疑母铎部；“迎”（/ŋĭaŋ/），疑母阳部。两字声母相同，韵部对转，音相近。

逆，已见于甲骨、金文，用法与《说文》相同，表示迎接。《尔雅·释言》亦云：“逆，迎也。”《尚书·顾命》：“虎贲百人，逆子钊于南门之外。”不过该义在通语中早已不用，但今天中原官话、山西西南部还有“逆媳妇”一词，指迎亲，该“逆”还保留了古义。《说文·辵部》：“迎，逢也。”指逢迎，迎接。《孟子·梁惠王下》：“以万乘之国，伐万乘之国，箪食壶浆以迎王师。”该用法一直沿用至今。

可见，“逆”“迎”表示迎接义时是同源词，两词的差别是方言的不同：声韵有转变，但意义相同。

谲、谬（胶）

《说文·言部》：“谲，权诈也。益、梁曰谬，欺天下曰谲。”

按：此训历来在点逗、解释上有分歧，倘若考虑同源词的因素则应如上面标点、理解。先看读音：

“谲”（/kiwet/），见纽质部；“谬”，当作胶。《方言》卷三：“胶、谲，诈也。”正作“胶”。胶（/keu/），见纽幽部。

两字声母相同，韵部可通转，[1] 故两字音近。

再看意义：

“谲，权诈也……欺天下曰谲。”前语谓“谲”表示权变、欺诈义，后语应是对前语的补充，其意在说明“谲”之为欺是“欺天下”，即古人所谓的“大盗”。《文选·张衡〈东京赋〉》：“玄谋设而阴行，合二九而成谲。”李善注：“谲，变也。”《论语·宪问》：“晋文公谲而不正，齐桓公正而不谲。”何晏集解引郑玄曰：“谲者，诈也。”而“谬”（胶），《说文》谓“狂者之妄言也。”意义与“谲”略有变化。

可见，“谲”“谬”（胶）表示欺骗义时是同源词，两词的差别是方言的不同：其声韵有转变，意义略有变化。

四、如何论证同源词

论证同源词要从三方面进行：证音、证义、溯源。

（一）证音——语音相同或相近

同源词的特征之一是语音相同或相近。古代汉语同源词所依据的语音系统是上古音。读音相同或相近，可分开来说：

读音相同则指一组词的声母、韵部都相同。

读音相近有三种情况：一则声母相同，韵部相近（旁转、对转、旁对转、通转）；二则韵部相同，声母相近（准双声、旁纽、准旁纽、邻纽）；三则声母相近，韵部也相近。

王力先生接受前人的教训，把同源字的语音条件限制得比较严格，“必须韵部、声母都相同或相近”。但是，任何事物都有特殊现象，何况是跟两三千年前一发即逝的语音相联系的同源词，因此会遇到应该是同源词而语音却不合要求的情况。这时，

① 孟蓬生．上古汉语同源词语音关系研究［M］．北京：北京师范大学出版社，2001：199.

就要运用上古的语音相通的训诂材料来加以论证，以证明这两个或几个词在上古是语音相同或相近的，同时这也是对王先生的理论的补充。这些材料主要有：通用字（含通假字）、谐声字、或体、读若、异文、又音、声训等。

下面是据王力先生《汉语史稿》整理的上古音的语音系统。

1. 上古声母表（32 个）

发音方法		清		浊		清	浊
		全清	次清	全浊	次浊		
唇音		帮 p	滂 p′	并 b	明 m		
舌音	舌头	端 t	透 t′	定 d　余 d′	泥 n　来 l		
	舌面	章 ȶ	昌 ȶ′	船 ȡ	日 ȵ	书 ɕ	禅 ʑ
齿音	齿头	精 ts	清 ts′	从 dz		心 s	邪 z
	正齿	庄 ʧ	初 ʧ′	崇 ʤ		山 ʃ	
牙音		见 k	溪 k′	群 g	疑 ŋ	晓 x	匣(喻三) ɣ
喉音		影 Ø					

说明：

①舌头音：今称舌尖中，发音部位是舌尖与上齿龈。

②舌面音：今称舌面前，发音部位是舌面前与龈腭间。

③齿头音：今称舌尖前，发音部位是舌尖与上齿背。

④正齿音：今称舌叶音，发音部位是舌尖与龈腭间。

⑤牙音：今称舌根音，发音部位是舌根与硬软腭间。

⑥余纽：或称“喻四”，或称“以”。

⑦山纽：或称“生”。

⑧关系：同纽者为双声；同一横行者为旁纽；舌、齿音的不同横行者为准旁纽；牙音与喉音之间，舌音与齿音之间，次浊各纽之间为邻纽。

2. 上古韵部表（《诗经》29 部，战国 30 部）

三大类	甲类	乙类	丙类
十一小类	一 二 三 四 五 六	七 八 九	十 十一
阴声韵	之 幽 宵 侯 鱼 支 （单元音、无韵尾）	脂 微 歌 （韵尾 -i）	○ ○
入声韵	职 觉 药 屋 铎 锡 （韵尾为 -k）	质 物 月 （韵尾为 -t）	缉 葉 （韵尾为 -p）
阳声韵	蒸（冬）○ 东 阳 耕 （韵尾为 -ŋ）	真 文 元 （韵尾为 -n）	侵 谈 （韵尾为 -m）
主要元音	ə u o ɔ a e	e ə a	ə a

说明：

阴声韵：韵尾是元音 -i 或无韵尾的韵部。

入声韵：以塞音 -p、-t、-k 为韵尾的韵部。

阳声韵：以鼻音 -m 、- n、-ŋ 为韵尾的韵部。

上古韵部之间的关系：对转、旁转、旁对转、通转。

对转：从竖排看，同一小类的阴、入、阳三韵部之间可以互相转变。

旁转：从横排看，同一大类之内主要元音相近的韵部可以互相转变。

旁对转：同一大类内先旁转后对转。

通转：三大类之间主要元音相同，韵尾发音部位不同的韵部可以互转。

3. 上古韵母表（151 个）

韵部	主要元音	韵尾	开口				合口			
			一等	二等	三等	四等	一等	二等	三等	四等
			无韵头	e	ĭ	i	u	o	ĭw	iw
之	ə		ə		ĭə		uə		ĭwə	
职	ə	k	ək		ĭək		uək		ĭwək	

续上表

韵部	主要元音	韵尾	开口				合口			
			一等	二等	三等	四等	一等	二等	三等	四等
			无韵头	e	ĭ	i	u	o	ĭw	iw
蒸	ə	ŋ	əŋ		ĭəŋ		uəŋ		ĭwəŋ	
幽	u						u	eu	ĭu	iu
觉	u	k					uk	euk	ĭuk	iuk
（冬）	u	ŋ					（uŋ）	（euŋ）	（ĭuŋ）	
宵	o		o	eo	ĭo	io				
药	o	k	ok	eok	ĭok	iok				
侯	ɔ		ɔ		ĭɔ					
屋	ɔ	k	ɔk	eɔk	ĭɔk					
东	ɔ	ŋ	ɔŋ	eɔŋ	ĭɔŋ					
鱼	a		a	ea	ĭa	ia	ua	oa	ĭwa	
铎	a	k	ak	eak	ĭak	iak	uak	oak	ĭwak	
阳	a	ŋ	aŋ	eaŋ	ĭaŋ	iaŋ	uaŋ	oaŋ	ĭwaŋ	iwaŋ
支	e			e	ĭe	ie		oe	ĭwe	iwe
锡	e	k		ek	ĭek	iek		oek	ĭwek	iwek
耕	e	ŋ		eŋ	ĭeŋ	ieŋ		oeŋ	ĭweŋ	iweŋ
脂	e	i		ei	ĭei	iei			ĭwei	
质	e	t		et	ĭet	iet			ĭwet	iwet
真	e	n		en	ĭen	ien			ĭwen	iwen
微	ə	i	əi	eəi	ĭəi		uəi	oəi	ĭwəi	
物	ə	t	ət		ĭət		uət		ĭwət	

续上表

韵部	主要元音	韵尾	开口				合口			
			一等	二等	三等	四等	一等	二等	三等	四等
			无韵头	e	ĭ	i	u	o	ĭw	iw
文	ə	n	ən	eən	ĭən	iən	uən	oən	ĭwən	
歌	a	i	ai	eai	ĭai	iai	uai	oai	ĭwai	
月	a	t	at	eat	ĭat	iat	uat	oat	ĭwat	iwat
元	a	n	an	ean	ĭan	ian	uan	oan	ĭwan	iwuan
缉	ə	p	əp	eəp	ĭəp		uəp			
侵	ə	m	əm	eəm	ĭəm	iəm	uəm	oəm	ĭwəm	
葉	a	p	ap	eap	ĭap	iap			ĭwap	
谈	a	m	am	eam	ĭam	iam			ĭwam	

说明：

①此表可以用来帮助给上古汉字拟音。

②合口三等、四等的韵头，《汉语史稿》是ĭw 和 iw，《汉语语音史》是ĭu 和 iu，我们从前者；鱼、歌、葉部的元音，《汉语史稿》是 a，《汉语语音史》是 ɑ，我们也从前者。

③幽、觉、（冬）三部，因为主要元音是 u，所以它们不可能有开口韵母。也因为其主要元音是 u，故其合一、合三、合四的韵头不能再加 u 或 w，否则就重复了。其合口二等韵头也不能拟作 o，否则韵母成为 ou，而 ou 是复合元音，u 就成为韵尾了，所以幽、觉、（冬）三部合口二等的韵头就用开口二等的韵头 e。

④侵部合口一、二、三等三个韵母发展到战国时代就分化为冬部。

⑤上古汉字的开合等列，目前只能由中古音往上推出来。一般来讲，上古汉字的开合等列与中古的开合等列相对应，但也有不同者。不同的则要转变成相应的上古汉字的开合等列，即韵头。

（二）证义——意义相同或相关

同源词的特征之二是意义相同或相关，或曰意义相通。

1. 同源词“意义相同或相关”的内涵

同源词是“意义相同或相关”，同义词是“意义相同或基本相同”，可见二者有重合的部分，但这是少数，大多数同源词不是同义词。从语义的角度来看，同源词的意义相同或相关包括如下几种情形。

（1）义位与义位相同者。

早、夙

早（/tsu/），精纽幽部。夙（/sĭuk/），心纽觉部。两字旁纽、韵部对转，音相近。

《说文·日部》：“早，晨也。”《韩非子·外储说左上》：“故人至暮不来，吴起至暮不食而待之。明日，早令人求故人，故人来，方与之食。”

夙，《说文·夕部》作“夙”，训释为“早敬也”。徐铉等曰：“今俗书作夙。”今按：夙，甲骨文作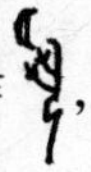，胡小石《说文古文考》：“象人执事于月下，侵月而起，故其谊为早。”可见夙的本义是早。《诗经·鲁颂·有駜》：“夙夜在公，在公明明。”笺云：“夙，早也。”《诗经·齐风·东方未明》：“折柳樊圃，狂夫瞿瞿。不能辰夜，不夙则莫。”毛传：“夙，早；莫，晚。”

可见，“早”“夙”是同源词。

熙、熹

熙、熹（/xĭə/），晓纽之部。两字音同。

《说文·火部》：“熙，燥也。”王筠《句读》：“谓晒之是燥也。”本义是指晒干。引申为光明。《尔雅·释诂》：“熙，光也。”《诗经·大雅·文王》：“穆穆文王，于缉熙敬止。”毛传：“缉熙，光明也。”《诗经·周颂·昊天有成命》：“于缉熙，单厥心，肆其靖之。”毛传：“缉，明；熙，广。”郑玄笺：“广当为光。”《文选》曹植《七启》：“熙天曜日。”李善注：“熙，光也。”

《说文·火部》：“熹，炙也。”本义是烤炙。段玉裁注：“炙者，抗火炙肉也。此熹之本义。”引申为光明。《文选》陶潜《归去来辞》：“恨晨光之熹微。”注引《声类》：“熹，亦熙字也。熙，光明也。”

可见，“熙”“熹”在引申义（光明）上相同，同时它们的本义“燥”和“炙”都有炎热之义，义相近，所以“熙”“熹”是同源词。

汝（女）、若、而、尔、乃

汝（/ȵĭwa/），日纽鱼部；若（/ȵĭwak/），日纽铎部；“而”（/ȵĭə/），日纽之部；“尔”（/ȵĭe/），日纽支部；“乃”（/nə/），泥纽之部。声纽：日、泥准旁纽，韵部：鱼、铎对转，鱼、支旁转，之、支旁转，所以五词读音相近。

汝，甲骨文形体与《说文》“汝”字篆文同。《说文·水部》：“汝，水。出弘农卢氏还归山，东入淮。”本为水名。假借（按本无其字的假借，下同）为第二人称代词。你，你的。《尚书·舜典》：“汝陟帝位。”《列子·汤问》：“孔子不能决也。两小儿笑曰：‘孰为汝多知乎?’”字又作“女”。《诗经·魏风·硕鼠》：“三岁贯女，莫我肯顾。”《史记·樗里子甘茂传》：“我身自请之而不肯，女焉能行之?”

若，《说文·艸部》：“若，择菜也。”假借为第二人称代词。你（的），你们（的）。《庄子·人间世》：“一若志，无听之以耳，而听之以心。”《庄子·寓言》：“若向也俯而今也仰，向也括而今也被发。”《史记·淮阴侯传》：“赵见我走，必空壁逐我，若疾入赵壁，拔赵帜，立汉赤帜。”

而，甲骨文形体象颌下须毛之形。指胡须。《说文·而部》

“而”字形体已经讹变，许慎训为“颊毛也”。戴震补注：“颊侧上出者曰之，下垂者曰而，须鬣属也。”戴说诚是。假借为第二人称代词。你，你的。《诗经·大雅·桑柔》：“嗟尔朋友，予岂不知而作。”郑玄笺：“而，犹女也。”《左传·襄公十四年》：“是而子杀余之弟也。”杜预注：“而，女也。”《史记·曹相国世家》：“若归，试私从容问而父。”

尔，已见甲骨文，但所象之形不明。《说文》：“尔，丽尔，犹靡丽也。”《骈雅·释诂下》：“丽尔，华缛也。”假借为第二人称代词。你们，你。《尚书·盘庚》：“凡尔众，其惟致告：自今至于后日，各恭尔事。”《诗经·小雅·无羊》：“谁谓尔无羊？三百维群！”郑玄笺：“尔，女也。”

乃，甲骨文像妇女乳房侧面形，为奶之初文。《说文·乃部》：“乃，曳词之难也。象气出之难。”许慎所释不合甲骨形义。假借为第二人称代词。你，你的。《尚书·舜典》：“帝曰：‘格！汝舜。询事考言，乃言厎可绩，三载。’”孔传：“乃，汝。”《左传·僖公十二年》：“往践乃职，无逆朕命。”

可见，“汝（女）”“若”“而”“尔”“乃”是同源词。

（2）义位与义素相同者。

这里的义素，是指事物命名时所依据的理据，亦即语词的语义特征。

右，右手；佑，用右手帮助人。（工具）

耳，耳朵；刵，割耳朵。（对象）

卑，卑贱；婢，卑贱的妇女。（性质）

填，塞；瑱，用来塞耳的玉器。（作用）

献，进献；享，以祭品进献给神。（特指）

率，率领；帅，率领全军的人。（行为者，受事者）

工，手工；功，工作；攻，进行某种工作。（抽象）

知，知识；智，多知。（因果）

幄，用帷幄做成的住所；幄，帷幄。(原料)

趾，脚；址，地基，墙脚。(比喻)

根，树根；跟，脚跟似树根。(形似)

五，数目；伍，户口五家为伍，军队五人为伍。(数目)

綦，青黑色；骐，青黑色的马。(颜色)

入，进入；纳，使入。(使动)

(3) 义素与义素相同者。

这是指一组词具有共性。

崖，山边；涯，水边。

枯，草木缺水；涸，竭，江河缺水；渴，人缺水。

浓，水厚；脓，汁厚；醲，酒厚；襛，衣厚；秾，花木厚。

小犬为狗，小熊、小虎为豿，小马为驹，小羊为羔。

水缺为决，玉缺为玦，器缺为缺，门缺为阙。

饥，谷不熟；馑，菜不熟。

耦，两人共耕；偶，两人在一起，配偶。

尨，杂色；牻，白黑杂毛牛；駹，白黑杂毛马；哤，杂语。

2. 如何论证一组词的意义相同或相关

论证一组词意义相同或相关，不能凭感觉，要有充分的证据。证据主要有：训诂材料、文例和亦声字。

训诂材料有三类：第一，辞书，如《说文》《尔雅》《广雅》《汉语大字典》《汉语大词典》《甲骨文字典》等；第二，古书注释，主要是古人的，今人的优秀注释也要利用，如《十三经注疏》《十三经清人注疏》《新编诸子集成》《说文解字注》，杨伯峻的《论语译注》《孟子译注》《春秋左传注》，等等；第三，读书笔记，如清代王氏父子的《读书杂志》《经义述闻》等。查训诂材料，可利用两种训诂纂集专书，即清人阮元的《经籍纂诂》和今人宗邦福等的《故训汇纂》，尤其是后者，量大、体例新，使用起来非常方便。

在训诂材料中，首先值得利用的是今人的辞书，如《汉语大字典》《汉语大词典》《甲骨文字典》等，要批判地利用其中的词义训释及其例证。其次，在古代的训诂材料中，凡单训、互训、递训、同训、通训、声训者，其意义应当相通。

单训，指用单词训释单词，而有不能作为互训者。例如：

《说文·示部》："祥，福也。"《说文·艸部》："芥，菜也。"

互训，指被释词和训释词可以互相为训。例如：

《说文·页部》："颠，顶也。"又"顶，颠也。"

《说文·日部》："晚，莫也。"《诗经·齐风·东方未明》毛传："莫，晚也。"

递训，指用乙来解释甲，又用丙来解释乙，甲、乙、丙递相为训。例如：

《尔雅·释言》："煽，炽也。""炽，盛也。"

《说文·攴部》："敛，收也。"又"收，捕也。"

同训，指若干语词共享同一词来作训释。被释词或同条，或分列。例如：

《尔雅·释诂》："如、适、之、嫁、徂、逝，往也。"

《尔雅·释言》："逼，迫也。"《国语·郑语》韦昭注："偪，迫也。"

通训，指某词的主训词中，包含与该词语音相同或相近，意义相关的字。例如：

《说文·户部》："房，室在旁也。"按：房、旁并纽阳部，音同。

《说文·香部》："馨，香之远闻者。"按：馨、香晓纽双声，耕阳旁转，音近。

声训，指用声近义通的字来作训释语。例如：

《说文·攴部》："更，改也。"按：更、改见母双声，之耕旁对转，两字音近。

《释名·释言语》：“福，富也。”按：福、富同为帮母职部，音同。

论证古汉语同源词的文献用例主要是先秦两汉的语料，魏晋及以后的语料也要根据实际情况适当采用。语料的查找可以结合电子语料库和纸质书籍。

声旁兼表义的形声字。汉语绝大多数的字都是形声字，其中有些形声字的声旁兼有表义的作用，我们称其为声旁兼表义的形声字，或称亦声字。例如：

《说文·女部》：“娶，取妇也。从女，从取，取亦声。”

《说文·女部》：“婚，妇家也。《礼》：娶妇以昏时，妇人阴也，故曰婚。从女，从昏，昏亦声。”

《说文·女部》：“姻，壻家也。女之所因，故曰姻。从女，从因，因亦声。”

《说文·句部》：“拘，止也。从句从手，句亦声。”（按《说文》：“句，曲也。凡句之属皆从句。”）

《说文·句部》：“笱，曲竹捕鱼笱也。从竹从句，句亦声。”

《说文·句部》：“钩，曲也。从金从句，句亦声。”

这些形声字，都是在母字基础上增加一个意符以表示其引申义的分化字，它们所表示的意义是充当它们的声旁的那个字的引申义，换言之，声符义是这个词（形声字）的命名立意之义，即语源义。

如果母字本身就是一个形声字，往往用改变它的形旁的办法来造表示引申义的分化字。例如“胀、帐”“炮、庖”等，就是如此。

前人把研究这种文字现象（也是词汇现象）的学说称为“右文说”（因其声符通常在字的右边）。该说在许慎《说文》中已露端倪（如上文“拘”“笱”“钩”等皆在句部），但最早提出该学说的是宋代的王圣美，见沈括《梦溪笔谈》卷一四，云："王圣美治字学，演其义为右文。古之字书皆从左文。凡字其类在左，其义在右。如木类其左皆从木。所谓右文者，如戋，小也，水之小者曰浅，金之小者曰钱，贝之小者曰贱。如此之类，皆以戋为义也。"

王圣美的右文说自有其不足之处，但王氏所总结的（一些）形声字的声符具有示源作用，这是难能可贵的。

可见，声旁兼表义的形声字是论证同源词的很有用的证据。

（三）溯源

1. 声近义通的词不一定都是同源词

古代汉语中，声近义通的词不一定都是同源词。因此，我们要通过溯源工作，把不是同源的声近义通的词聚排除掉。例如：

境、界①

语音："境"（/kǐaŋ/），见母阳部；"界"（/keat/），见母月部。声母相同，韵部通转，音相近。

意义：《吕氏春秋·赞能》："至齐境。"注："境，界也。"《说文·田部》："界，境也。"古代训诂资料中两词可以互训，意义相同。

可见，"境""界"声近义通，似是同源词。然而，从这两个词的意义系统来看，它们并不同源。

境，本作竟。《说文·音部》："乐曲尽为竟。"泛指终了、完结。《史记·高祖纪》："及见怪，岁竟，此两家常折券弃责。"（责，后作债）引申为国土终了之处（国境）。《左传·宣公二年》："子为正卿，亡不越竟，反不讨贼。"此义后来分化为"境"。由上分析可见，"境"的国境义来源于"乐曲尽"。

---

① 蒋绍愚. 古汉语词汇纲要［M］. 北京：北京大学出版社，1989：185.

界，本作介。介，甲骨文写作。一般认为，此字中间的是人，两旁的各两点象征连在一起的铠甲片，故本义当作“铠甲”。《左传·成公二年》：“不介马而驰之。”“介”在这里用作动词，“不介马”就是不给马披上铠甲。引申为“两边夹着”。《左传·襄公九年》：“天祸郑国，使介居二大国之间。”指郑国夹在晋、楚中间。从两边来讲是夹着，从中间来讲是间隔，故又引申为“间隔”义。《汉书·邹阳传》：“介于羊胜、公孙诡之间。”又引申为“界线”。此义后分化为“界”。《诗经·周颂·思文》：“无此疆尔介。”（按今本作界，唐石经作介）由上分析可知，“界”的疆界义来源于“铠甲”。

因此，“境”“界”同流不同源，它们不是同源词。

2. 推源和系源

所谓推源，就是把滋生某词的源词找出来。所谓系源，就是把同源词聚合在一起。推源是一种纵向的系联，系源是一种横向的系联。源词有远、近之分，滋生词有直接、间接之别，而且远、近，直接、间接也是相对而言的。系源可分全面系源和局部系源。全面系源是把从同一个源词发展而来的所有的同源词归纳到一起，局部系源则是仅仅确定两个或几个词同源。例如：

推源： 长（长短）→ 长（生长）
长（长短）→ 张
张 → 胀、涨
张 → 掌
张 → 帐

系源： 长（长短）、长（生长）、张、胀、帐、涨、掌……

这组同源词属于局部系源。

推源一般要按照词义系统内部的义位关联亦即词义引申的脉络来进行，因为词的滋生是与词义引申相应的。系源一般是通过比较、分析，找出一组词具有相同的义位或义素。溯源时，如果用的是引申义，要上溯到本义，只有本义也相通时才是同源词。

了解词的本义要充分利用《说文》以至甲骨文、金文的用法。溯源时，推源和系源往往是结合起来进行的。例如（按：论述时，把溯源和证音、证义结合起来）：

槁、犒

“槁”“犒”（/k‘o/）溪纽宵部，音同。

槁，《说文》作㮠，云“木枯也。苦浩切（今按：上声。该字后读古老切）”。本义指树木干枯。相似引申，用以喻人，表示羸瘦、憔悴义。《庄子·列御寇》：“夫处穷闾厄巷，困窘织屦，槁项黄馘者，商之所短也。”集解引司马云：“槁项，项槁立也。”陆德明释文：“槁，李云：‘槁项，羸瘦皃。’”再引申，用酒食来慰劳辛苦憔悴的人们。变读去声。该义后作犒。《周礼·秋官·小行人》：“若国师役，则令槁禬之。”郑玄注：“故书槁为㮠。郑司农云：‘㮠当为槁，谓槁师也。’”《左传·成公二年》：“子以君师辱于敝邑，不腆敝赋，以犒从者。”正义曰：“士卒之劳于外，师众枯槁，以酒食劳之，谓之犒师。”

可见，“犒”由“槁”滋生而来，它们是同源词。

炮、庖

“炮”“庖”（/beu/）並纽幽部，音同。

“炮”本来不是炮火的“炮”，而是指把带毛的肉烤熟的“炮”。《说文·火部》：“炮，毛炙肉也。”《诗经·小雅·瓠叶》：“有兔斯首，炮之燔之。”孔颖达疏：“并毛而炮之。”《礼记·礼运》：“以炮以燔，以亨以炙。”郑玄注：“炮，裹烧之也。”引申之，泛指烧烤。再引申，转而表示烧烤的处所，此义又作“庖”。《韩非子·内储说下》：“晋平公觞客，少庶子进炙而发绕之。平公趣杀炮人，毋有反令。”“炮人”即厨师。《说文》：“庖，厨也。”《谷梁传·桓公四年》：“四时之田用三焉，唯其所先得，一为干豆，二为宾客，三为充君之庖。”范宁注：“先宗庙，次宾客，后庖厨。”《孟子·梁惠王上》：“庖有肥肉。”

可见，“庖”由“炮”滋生而来，它们是同源词。

待、俟（竢）

待（/də/），定纽之部；俟（/dʒĭə/），崇纽之部。两字邻纽同部，音相近。

《说文·彳部》：“待，竢也。”段注：“今人易其语曰等。”《左传·隐公元年》：“多行不义，必自毙，子姑待之。”

《说文·立部》：“竢，待也。”《尔雅·释诂》：“竢，待也。”《国语·晋语四》：“质将善而贤良赞之，则济可竢也。”《楚辞·离骚》：“冀枝叶之峻茂兮，愿竢时乎吾将刈。”竢，假借为俟。《说文·人部》：“俟，大也。”段注：“此俟之本义也。自经传假为竢字，而俟之本义废矣。立部‘竢，待也。’废竢而用俟，则竢、俟为古今字矣。”《汉书·贾谊传》：“竢罪长沙。”师古曰：“竢，古俟字。俟，待也。”《诗经·邶风·静女》：“俟我于城隅。”毛传：“俟，待也。”《国语·晋语三》：“尔俟我。”注：“俟，待也。”

可见，“待”“俟”音相近，通过系源，可知它们都有等待义，是同源词。

徒、但、唐

徒（/dua/），定纽鱼部；但（/dan/），定纽元部；唐（/daŋ/），定纽阳部。三字声母相同，韵部鱼元通转、鱼阳对转，音相近。

“徒”，《说文》从辵土声，云“步行也”，指无车而行。后变作徒。《周易·贲》：“贲其趾，舍车而徒。”李鼎祚集解引虞翻曰：“徒，步行也。”曹丕《黎阳作》诗之二：“我徒我车，涉此艰阻。”由实到虚，引申为空，白白地。《左传·襄公二十五年》：“齐师徒归。”杜预注：“徒，空也。”南朝宋鲍照《拟古》诗之四：“空谤齐景非，徒称夷叔贤。”宋陈造《望夫山》诗：

“野花徒自好，江月为谁白。”“徒人”，指没有兵器、铠甲装备的战士。“徒手”，指空手。“徒生”，谓凭空而生。“徒有虚名”，指空有其名声。

“但”，《说文·人部》云“裼也”，指上身无衣、光膀子。《说文系传》：“但，古此为袒字。”词语有“但割”，谓袒露上身，宰割牲畜。《墨子·耕柱》：“维人但割而和之。”孙诒让《墨子间诂》引毕云：“但割，即袒割。”由实到虚，引申为空，白白地。《汉书·食货志下》：“民欲祭祀丧纪而无用者，钱府以所入工商之贡但赊与之。”颜师古注：“但，空也，徒也，言空赊与之，不取息利也。”《汉书·王尊传》：“及任举尊者，当获选举之辜，不可但已。”颜师古注：“但，徒也，空也。已，止也。不可空然而止也。”词语有“但马”，指古代仪仗队中不鞴鞍鞯以示备用的马。“但歌”，是汉魏时无伴奏歌曲名。

“唐”，《说文·口部》云“大言也”，指大话（按：今有“说大话”一语）。引申为大也。汉蔡邕《述行赋》：“云郁术而四塞兮，雨蒙蒙而渐唐。”又引申为空，白白地。《百喻经·为妇贸鼻喻》：“唐使其妇受大苦痛。”唐玄奘《大唐西域记·拘尸那揭罗国》：“汝何守愚，唐劳羽翮？”

可见，“徒”“但”“唐”音相近，通过系源，可知它们都有“空，白白地”引申义，而且上溯到它们的本义，都有“空，白白地”语义特征。它们是同源词。

冓、遘、覯、遇、姤、逅；构（構）、沟（溝）、媾、篝、购（購）

冓、遘、覯、构（構）、沟（溝）、媾、篝、购（購）（/kɔ/）：见纽侯部；遇（/ŋǐɔ/）：疑纽侯部；姤（/kɔ/）：见纽侯部；逅（/ɣɔ/）：匣纽侯部。四组词声母为旁纽（见、疑、匣），韵部相同（侯），读音相近。

冓，甲骨文作，象两鱼相遇之形，表示相遇。甲三一八

六："丁酉卜宾贞今日不冓雨。"拾七、九："其冓小风。"发展到小篆，冓字形体发生了讹变，许慎据以解释为交积木材。《说文·冓部》："冓，交积材也。象对交之形。""交积木材"有"相交"的语义特征，"相交"与"相遇"义相关（按："交"既有相交义，如"交往"，又引申为相遇义，如"交上好运"，可证）。可见，小篆字冓的形体虽然发生了讹变，但语义特征还是与甲骨文相同的。许慎的分析有其可取之处。

遘，遇，遭遇。《说文·辵部》："遘，遇也。"《尚书·金縢》："惟尔元孙某，遘励虐疾。"陆德明释文："遘，遇也。"

覯，遇见。《说文·见部》："覯，遇见也。"《诗经·豳风·伐柯》："我覯之子，笾豆有践。"

遇，相逢。《说文·辵部》："遇，逢也。"《尚书·胤征》："入自北门，乃遇汝鸠、汝方。"孔传："不期而会曰遇。"《论语·阳货》："遇诸途。"《史记·高祖纪》："还至栗，遇刚武侯，夺其军。"

姤，相遇。《广雅·释言》："姤，遇也。"《周易·姤》："姤，女壮，勿用取女。彖曰：'姤，遇也。'"孔颖达疏："此卦一柔而遇五刚，故名为姤。"《周易·姤》："象曰：天下有风，姤。"孔颖达疏："风行天下，则无物不遇，故为遇象。"

逅，邂逅，不期而遇。《说文新附》："逅，邂逅也。"亦作邂遘。《诗经·郑风·野有蔓草》："有美一人，清扬婉兮，邂逅相遇，适我愿兮。"毛传："邂逅，不期而会。"陆德明释文："遘，本亦作逅。""邂逅"又可单用"逅"，其义相同。晋皇甫谧《高士传·披裘公》："负薪炎暑，吴有一翁；粗絺弗御，冒彼蒙茸。季札相逅，遗拾不从。"《清史稿·乐志六》："通人达士，岂奚易逅。"

构（構），交积木材架屋。《说文·木部》："构，盖也。"段注："此与冓音同义近。冓，交积材也。凡覆盖必交积材。"

《玉篇·木部》:“构，架屋也。”按今赣方言称建房子为盖屋。《尚书·大诰》:“厥子乃弗肯堂，矧肯构?”

沟（溝），田间水道。按其特点是纵横交错。《说文·水部》:“沟，水渎。广四尺，深四尺。”《释名·释水》:“沟，构也。纵横相交构也。”《周礼·冬官·匠人》:“九夫为井，井间广四尺，深四尺，谓之沟。”

媾，亲上加亲，重叠交互为婚姻。《说文·女部》:“媾，重婚也。”段注：“重婚者，重叠交互为婚姻也。”《周易·屯》:“匪寇，婚媾。”孔颖达疏：“马季长云：‘重婚曰媾。’郑玄云：‘媾，犹会也。’”《左传·隐公十一年》:“唯我郑国之有请谒焉，如旧昏媾，其能降以相从也。”杜预注：“妇之父曰昏，重婚曰媾。”

篝，交积竹篾编成的上大下小而长、可以盛物的竹笼。《说文·竹部》:“篝，答也。可熏衣。”徐楷《系传》:“答亦笼。”《楚辞·招魂》:“秦篝齐缕，郑绵络些。”

购（購），悬赏征求，即为了有所得而以重价结交他人。《说文·贝部》:“购，以财有所求也。”段注：“县（悬）重价以求得其物也。”《战国策·韩策二》:“韩取聂政尸于市，县购之千金。”《史记·项羽纪》:“项王乃曰：‘吾闻汉购我头千金，邑万户，吾为若德。’”

可见，这组词读音相近，通过推源、系源，可知它们都有相遇、相交义，意义相通。它们是同源词。

第十三章　古代汉语的其他重要词聚

除了同义词、反义词、同源词之外，古代汉语中其他重要的词聚还有：上下义词、类义词、整分词、序列词、亲属词等。

一、古代汉语的上下义词

（一）上下义词的性质

上下义词是上义词和下义词构成的词义聚合，也叫上下位词、类属词。上义词和下义词是相对而言的。如果甲、乙两个概念，甲概念是上位概念，即外延范围大的概念（或叫类概念），乙概念是下位概念，即外延范围小的概念（或叫属概念），乙概念的外延被甲概念包含，那么甲、乙两概念之间的关系是上下位关系，也叫类属关系。表达甲概念的词叫上位词，表达乙概念的词叫下位词。从词义的角度说，上位词是上义词，下位词是下义词。一个上义词可以有不同的下义词。例如：

古代铜器

烹饪器：鼎（三足两耳）

镬（大鼎，三足两耳，用铉和扃抬举）

鬲（lì 圆腹、侈口，下有三款足）

甗（yǎn 上体圆或方而两耳，似鼎，敞口、束腰，下有三款足似鬲）

甑（zèng 蒸食饮器。其底有孔）

鍑（也称釜）

食　器：簋（guǐ 盛主食的器具。侈口、圆腹而圈足。有的敛口，有盖，深腹，下有三足）

敦（duì 盛黍稷的器具。形状较多。一般为三短足，圆腹，二环耳，有盖）

簠（fǔ 呈长方形，侈口，盖上有两耳，四短足）

盨（敛口，两耳鼓腹而圆足）

豆（春秋时，器成半圆形，侧有两环，高足，加盖呈扁圆形）

盏（也作琖，矮足圈底，浅腹，口圆而边宽）

酒　器：爵、角、觯（zhì）、觚（gū）、斝（jiǎ）、觥（gōng）

容　器：卣（yǒu）、盉（hé）、尊、方彝、罍（léi）、壶

水　器：盘、匜（yí）、鉴、盆

兵　器：戈、戟、矛、戚、钺（yuè）、剑、弓、矢、弩

一个上义词之下的几个下义词合称同级下义词。

构成上下义词的公式是：B（下义词）是 A（上义词）。例如，“人是动物”，成立，则“动物”和“人”是上下义词。又如，“头是人”，不成立，则“头”和“人”不是上下义词。

上下义词是分层级的。除了常见的两层之外，还有多层的：上义词之下的第一层，是直接下义词。直接下义词之下还有直接下义词。因此，不同层次的上下义词可以形成一个具有层级结构的链条。如上面所列举的古代铜器，又如，《尔雅·释兽》分寓属、鼠属、齸属、须属四类，其中寓属、鼠属如：

兽—寓属（寄居于山野的兽类）—麋（亦称四不像）、鹿、麕、狼等

兽—鼠属—鼢（fén）鼠、鼸（xiàn）鼠、鼷鼠、鼶（sī）鼠等

《尔雅·释畜》分马属、牛属、羊属、狗属、鸡属、六畜等六类，其中狗属、鸡属如：

畜—狗属—狗（小狗）、猃（xiǎn 长嘴狗）、狣（zhào 绝有力的狗）、尨（多毛狗）等

畜—鸡属—蜀（大鸡）、雓（yú 鸡仔）、𪃋（未成鸡）、奋（绝有力的鸡）等

（二）上下义词的特点

（1）一个上义词的意义必须完全包含下位词的意义，否则就不成为上义词。

（2）有的上义词包含的下义词只有两个，例如，人—男、女；有的上义词包含的下义词很多，如“动物”作为上义词，表示各种动物名称的词都是它的下义词。

（3）上下义词之间的关系是相对的：一个词相对于甲词是上义词，相对于乙词可能又是下义词。

（4）汉语词汇中，只有一部分词构成上义词。而且，上下义词主要是表名物的词，也有一些表示行为、性质的词。前者如上，后者如（据《说文》）：

行—趒（tiáo 雀行）、迈（远行）、遚（jiù 恭谨行）、迏（tù 步行）、迟（徐行）、迟（qì 曲行）、迆（yǐ 衺行）、逞（chěng 径行）

老—耆（qí 老也）、叜（sǒu 老也）

（5）汉语词汇中，上下义关系通常用不同的词形来表示，但也有用同一个词形来表示的。这也就是训诂学中讲的词的泛指和特指关系。例如，“江”：①长江；②江河。“菜”：①蔬菜；②菜肴。

（三）古代训释与上下义词的关系

阅读《说文》等古代训诂著作，我们要注意它们的训释方式与上下义词的关系。下面以《说文》训释为例。《说文》训释有两种主要的方式：

1. 被释词 = 区别性义素 + 指称义素

荤，臭菜也。

习，数飞也。

扑，小击也。

痼，久病也。

顾，还视也。

响，应声（回声）也。

这些训释中，上位词：菜 飞 击 病 视 声

下位词：荤 习 扑 痼 顾 响

可见，这种训释即“下位词 = 区别性义素 + 上位词”。

2. 被释词 = 指称义素 + 区别性义素

菜，草之可食者。

缃，帛浅黄色也。

这些训释中，上位词：草 帛

下位词：菜 缃

可见，这种训释即“下位词 = 上位词 + 区别性义素”。

还有大量的释义，训释词只是一个词（所谓单词释义），如果要确定被释词和训释词之间的关系，就要结合文献，仔细进行考察。

二、古代汉语的类义词

（一）类义词的性质

类义词有两个不同的概念。一是指表示同一类事物的词，例如，“王父”“王母”“父”“母”“兄”“弟”“姊”“妹”等都是表示亲属的类义词。二是指同一上义词之下的在同一层级上的一组词。这里是指后者。这种类义词又叫同位词、对义词。例如：

祠、礿（yuè）、尝、烝（祭祀类）

东、西、南、北、中（方位类）

赤、橙、黄、绿、青、蓝、紫（颜色类）

绛、朱、赤、丹、红（红色类）

蒐（sōu）、苗、狝（xiǎn）、狩（田猎类）

马、牛、羊、豕、狗、鸡（家畜类）

笔、墨、纸、砚（文具类）

（二）类义词的特点

（1）词义表示的类别是同一大类之下的各个小类，也就是说，大类必须包括小类。

（2）构成类义关系的词处于同一层级，类义词不互相包含。

（3）从语义构成看，构成类义关系的词有相同的指称义素，这个指称义素就是上义词。

（4）类义词反映的是同一个大类之下的小类事物对象，而一个大类的事物对象按不同的标准可以分为不同的小类。所以，同一个上义词，可以有不同的处于下义的类义词聚合体。例如：

上衣：

①襦（短上衣）、深衣（长至踝部）

②禪（单衣。《说文》“衣不重”）、袷（夹衣。《说文》“衣无絮”）

③亵（贴身穿的上衣）、裼（xí 罩衣、衣上加衣）、正服（加在裼衣外，朝祭时穿）

牛：

①犕（bèi 两岁牛）、犙（三岁牛）、牭（四岁牛）

②牻（白黑杂毛牛）、荦（luò 驳牛）、抨（pēng 牛驳如星）、犥（piāo 牛黄白色），犨（yuè 白牛）

（5）与现代汉语相比较，古汉语对有些类别的划分很细。例如：

①《诗经·豳风·七月》：“言私其豵，献豜于公。”毛传：“豕，一岁曰豵，三岁曰豜。”

②《说文·马部》："馬(huán)，马一岁也。"又"驹，马二岁曰驹，三岁曰駣。"又"驲，马八岁也。"

③《尔雅·释山》："山大而高，崧(sōng)。山小而高，岑(cén)。锐而高，峤。"

④《尔雅·释山》："多草木，岵(hù)。无草木，峐(gāi)。"

(三) 类义词与同义词的区别

类义词有时与同义词难以区别。类义词是属于同一上位义的一组词，既然是属于同一上位义，就与同义词在"同义"上有共性。区分类义词与同义词，可以从两个方面来考虑。

第一，从区别性义素看，同义词有相同的区别性义素；类义词没有明显相同的区别性义素，或者其相同的区别性义素在语义构成和使用中并不占有重要地位。例如：

"逐"和"追"是同义词，在甲骨文中逐是追野兽，追是追人。可以对这两个词的语义结构做如下的分析：

逐：[赶上] + [获取] + [野兽] + [迅速行进]

追：[赶上] + [获取] + [人] + [迅速行进]

可见，这两个词不只是指称义素(迅速行进)相同，也有相同的区别性义素。

"戈"和"矛"都是古代的兵器，是类义词。

《尚书·牧誓》："称(举)尔戈，比(并列)尔干，立尔矛。"孔颖达疏："戈短，人执以举之，故言称。矛长，立之于地，故言立也。"

又："不愆于四伐、五伐、六伐、七伐，乃止齐焉。"孔颖达疏："上有戈矛，戈谓击兵，矛谓刺兵。"

以上训释可归纳为：

	区别性义素	指称义素
戈	[短] + [称] + [击]	[兵器]
矛	[长] + [立] + [刺]	[兵器]

可见，这两个词没有明显相同的区别性义素。

第二，从使用看，同义关系、反义关系常常表现为连用和对举，类义关系常常表现为列举。例如：

《孟子·滕文公下》："瀹（yuè，疏通）济漯（tà）而注诸海，决汝汉、排淮泗而注之江。"济、漯、汝、汉、淮、泗是列举的六条水名。

《三国志·魏书·华佗传》："吾有一术，名五禽之戏：一曰虎，二曰鹿，三曰熊，四曰猿，五曰鸟。"这里是列举的五种禽兽。

（四）类义词与反义词的联系

反义词词中，有一种并列关系的反义词，其中有一些，例如：

方—圆　花—草　狼—羊

形体有方、圆、三角形、梯形等，它们本是类义词，由于人们经常把"方—圆"对立着使用，因而可以视作反义词。

植物有花、草、树等，动物有牛、羊、猪、狗、狼等，它们也都是类义词，但人们经常把"花—草""狼—羊"对立着使用，因而也可视为反义词。

（五）类义词联合式复音词的分类

类义词在联合式复音词的分类中得以运用。下面以东汉王充的《论衡》为例，谈谈联合式复音词的分类。

1. 同义联合

同义联合是指由两个意义相同或基本相同的语素构成复音词。

【文字】天地为图书，仓颉作文字，业与天地同，指与鬼神合，何非何恶，而致雨粟、神哭之怪？（感虚）

【行操】歌曲弥妙，和者弥寡；行操益清，交者益鲜。（讲瑞）

【题目】《尚书》《春秋》事较易，略正题目粗粗之说，以照篇中微妙之文。（正说）

【桥梁】桥梁之设也，足不能越沟也；车马之用也，走不能追远也。（程材）

【便宜】上书陈便宜，奏记荐吏士，一则为身，二则为人，繁文丽辞，无上书文德之操。（佚文）

以上为名词。

【错乱】无善心者，黑白不分，善恶同伦，政治错乱，法度失平。（定贤）

【聪慧】【捷疾】聪慧捷疾者，随时变化，学知吏事，则踵文吏之后，未得良善之名。（程材）

【欢喜】天下并闻，吏民欢喜，咸知汉德丰雍，瑞应出也。（验符）

【愚蠢】如有灾异，不名曰谴告，何则？时人愚蠢，不知相绳责矣。（自然）

【娱快】贫无供养，志不娱快。（自纪）

以上为形容词。

【把持】或操竹杖，皆谓不劲，莫谓手空无把持。（艺增）

【消炼】阳遂取火于天，五月丙午日中之时，消炼五石，铸以为器。（率性）

【发觉】或奸盗大辟而不知，或罚赎小罪而发觉。（幸偶）

【玩弄】【呻吟】刘子政玩弄《左氏》，童仆妻子皆呻吟之。（案书）

以上为动词。

2．反义联合

反义联合是指由两个意义相反相对的语素构成复音词。

【得失】居右食嘉，见将倾邪，岂能举记陈言得失乎？（量知）

【利害】众将拾金，何独掇书，坐知秦之形势，是以能图其利害。（效力）

【左右】陆贾《新语》，每奏一篇，高祖左右称曰万岁。（佚文）

【寒温】遭风逢气，身生寒温；变操易行，寒温不除。（寒温）

按：此处“寒温”指一种冷热疾病，系名词。

【夫妇】使次公命贱，不得妇人为偶，不宜为夫妇之时，则有二夫、赵王之祸。（骨相）

【小大】今从东海上察日，及从流沙之地视日，小大同也；相去万里，小大不变。（谈天）

【多少】古礼三百，威仪三千，刑亦正刑三百，科条三千，出于礼，入于刑，礼之所去，刑之所取，故其多少同一数也。（谢短）

【出入】武王崩，周公居摄七年，复政退老，出入百岁矣。邵公，周公之兄也，至康王之时，尚为太保，出入百有余岁矣。（气寿）

“出入”犹言接近，系动词。

3．类义联合

类义联合是指由两个具有类义关系的语素构成复音词。

【春秋】春秋之时，败绩之军，死者蔽草，尸且万数。（命义）

【气力】养力者，养气力之士，以明能用兵。（非韩）

【筋骨】人之筋骨，非木非石，不能不解。（儒增）

【笔墨】【丹青】况极笔墨之力，定善恶之实，言行毕载，文以千数，传流于世，成为丹青，故可尊也。（佚文）

【骨肉】虞舜大圣，隐藏骨肉之过，宜愈子骞。（知实）

【钟鼓】【衰绖】【兵革】对曰：“臣闻君子有三色：欢然喜乐者，钟鼓之色；愁然清静者，衰绖之色；怫然充满手足者，兵革之色。”（知实）

以上为名词。

【高大】迁转之人，或至公卿，命禄尊贵，位望高大。（初禀）

【华虚】今失实之事多，华虚之语众。（自纪）

【衰乱】衰乱无道，莫过桀纣。（儒增）

以上为形容词。

【耕耘】伯益作井，致有变动，始为耕耘者，何故无变？（感虚）

以上为动词。

这类复音词中名词居多，形容词、动词较少。

三、古代汉语的整分词、序列词和亲属词

（一）整分词

在词汇系统中，有一类词是表示整体与部分之间的关系的，可称为整分词。一个整体词之下的同一层级的几个部分词叫同级部分词。例如：

树—本、末、干、枝、杈、叶

面（颜面、面孔、脸面）—额（颜、题）、颊（辅、脸）、腮（颐、腮帮）、颔（颏、下巴）

上衣—领（衣领）、衽（衣襟）、裾（衣裾）、袖（又称袂，衣袖）、带（衣带）

车—舆（车厢）、轸（舆后面的横版）、绥（拉手的绳子）、辀（车辕）、衡（辕前端的横木）、轮

构成整分词的公式是：B（部分词）是A（整体词）的一部分。

在古代汉语中，整体事物与其部分事物通常用不同的词来表示，如“屋”“门”“窗”等；但是，也有整体事物与其部分事物用同一个词来表示的，这也是训诂学中讲的词的泛指和特指关系。例如：

足

①人体下肢的总称。《说文·足部》:“足，人之足也。”元戴侗《六书故》:“足，自股胫而下通谓之足。”

②专指踝骨以下的部分。《释名·释形体》:“足，续也，言续胫也。”

趾（止）

①脚。同“足”。②甲骨文、金文的“止”象简化的人足形。《诗经·豳风·七月》:“四之日举趾。”

②脚指头。该义使用至今。

整分词和上下义词的区别：上下义词是集体与个体的关系，整分词是整体与部分的关系。

（二）序列词

词汇系统中，有些词是成序列的。例如：

①时间序。

春为苍天，夏为昊天，秋为旻（mín）天，冬为上天。(《尔雅·释天》)

正月为陬，二月为如，三月为寎，四月为余，五月为皋，六月为且，七月为相，八月为壮，九月为玄，十月为阳，十一月为辜，十二月为涂。(《尔雅·释天》)

②空间序。

西南隅谓之奥，西北隅谓之屋漏，东北隅谓之宧，东南隅谓之窔。(《尔雅·释宫》)

邑外谓之郊，郊外谓之牧，牧外谓之野，野外谓之林，林外谓之坰。(《尔雅·释地》)

逆流而上曰泝洄，顺流而下曰泝游。(《尔雅·释水》)

③数量序。

一达谓之道路，二达谓之歧旁，三达谓之剧旁，四达谓之衢，五达谓之康，六达谓之庄，七达谓之剧骖，八达谓之崇期，

九达谓之逵。(《尔雅·释宫》)

一羽谓之箴，十羽谓之纬，百羽谓之缂（gǔn）。(《尔雅·释器》)

一染谓之縓，再染谓之赬，三染谓之纁。(《尔雅·释器》)

④大小序。

大钟谓之镛，其中谓之剽，小者谓之栈。(《尔雅·释乐》)

大管谓之簥（jiāo），其中谓之篞（nié），小者谓之篎（miǎo）。(《尔雅·释乐》)

大籥谓之产，其中谓之仲，小者谓之箹（yuè）。(《尔雅·释乐》)

⑤是否序。

弓有缘者谓之弓，无缘者谓之弭。(《尔雅·释器》)

⑥语用序。

宫谓之重，商谓之敏，角谓之经，徵谓之迭，羽谓之柳。(《尔雅·释乐》)

太岁在甲曰阏逢，在乙曰旃蒙，在丙曰柔兆，在丁曰强圉，在戊曰著雍，在己曰屠维，在庚曰上章，在辛曰重光，在壬曰玄黓，在癸曰昭阳。(《尔雅·释天》)

太岁在寅曰摄提格，在卯曰单阏，在辰曰执徐，在巳曰大荒落，在午曰敦牂，在未曰协洽，在申曰涒滩，在酉曰作噩，在戌曰阉茂，在亥曰大渊献，在子曰困敦，在丑曰赤奋若。(《尔雅·释天》)

由上可见，《尔雅》训释词义，能巧妙地采用序列结构的方式，使枯燥的词义训释变得有层次力度、有层递美感。

（三）亲属词

在封建宗法社会中，凡血缘近的同姓本族和异姓外族都是亲属。表示亲属关系的词叫亲属词。亲属词是一种以辈分为层级关系的词聚。《尔雅·释亲》分宗族、母党、妻党、婚姻四类。下举宗族、母党、妻党三类为例（加引号的为《尔雅》原文）。

1. 父系亲属（宗族）

①高祖辈："曾祖王父之考为高祖王父，曾祖王父之妣为高祖王母。""高祖王父之姊妹为高祖王姑。"

②曾祖辈："王父之考为曾祖王父，王父之妣为曾祖王母。""曾祖王父之姊妹为曾祖王姑。"

③祖辈："父之考为王父（按祖父），父之妣为王母（按祖母）。"又叫大父、大母。尊称已故的祖父为王考。"父之世父（按：大伯父）、叔父为从祖祖父，父之世母（按：大伯母）、叔母为从祖祖母。""王父之姊妹为王姑。"

④父辈：父、母。"父为考，母为妣。"父又称公、翁、夭、君、阿爹。母又称媪、姐（按：方言词）。"父之晜弟，先生为世父（按：伯父），后生为叔父。""父之兄妻为世母（按：伯母），父之弟妻为叔母。""父之姊妹为姑。""父之妾为庶母。"

⑤己辈："男子先生为兄，后生为弟。""男子谓女子先生为姊，后生为妹。"

⑥子辈：子、女。"兄之子、弟之子相谓为从父晜弟（按：侄）。"

⑦孙辈："子之子为孙。"

⑧曾孙辈："孙之子为曾孙。"

⑨玄孙辈："曾孙之子为玄孙。"

2. 母系亲属（母党）

①曾祖辈："母之王考为外曾王父，母之王妣为外曾王母。"

②祖辈："母之考为外王父，母之妣为外王母。"（外祖父、外祖母）

③母辈："母之晜弟为舅，母之从父晜弟为从舅。母之姊妹为从母。"（舅、舅母，姨）

④己辈："从母之男子为从母晜弟，其女子子（按：女儿）

为从母姊妹。”（表兄弟，表姊妹）

3. 妻党

①父辈：“妻之父为外舅（按：岳父），妻之母为外姑（按：岳母）。”

②己辈：“姑之子为甥，舅之子为甥，妻之昆弟为甥，姊妹之夫为甥。”现代姑之子、舅之子叫表兄弟，妻之昆弟叫内弟，姊妹之夫叫姊夫、妹夫。“妻之姊妹同出（按：都已出嫁）为姨。”“女子谓姊妹之夫为私。”

“女子同出（按：同嫁一个丈夫），谓先生为姒，后生为娣。”“女子谓兄之妻为嫂，弟之妻为妇（按：弟妇）。”“长妇（按：兄长之妻）谓稚妇（按：弟弟之妻）为娣妇，娣妇谓长妇为姒妇。”

③子辈：“男子谓姊妹之子为出（按：外甥）。”“女子谓昆弟之子为侄。”

④孙辈：“谓出之子为离孙。谓侄之子为归孙。女子子（按：女儿）之子为外孙。”

总之，词汇是有系统的，上下义词、类义词、整分词、序列词、亲属词等都是构建词汇系统的重要词聚。

第十四章　古代汉语词义的发展变化

词义的发展变化或称词义的演变，是指词的语义内容随着时间的推移而发生了变化。

语言是发展变化的，其构成要素词义也必然会发展变化。随着社会的进步、新生事物与现象的产生，以及人们对客观事物和现象的认识不断加深，都会引起词义的演变。词汇是成系统的，词义与词义之间是有联系的，当某一词义发生了变化，也会影响到其他相关意义或词汇的演变。

一、古代汉语词义发展变化的主要论述

关于古代汉语词义发展变化的论述，主要有两种学说：一是源自于西方语言学的词义扩大、缩小、转移说，以王力为代表；二是源自于传统语言学的词义引申说，以陆宗达、王宁、罗正坚为代表，又有王力关于同源词之间的意义关系，如词义引申。另外，还有关于词义发展变化的一些特殊的方式、规律，诸如同步引申、词义渗透、相因生义、影响生义与组合生义等。

（一）王力关于词义扩大、缩小、转移说

王力较早引入德国语言学家赫尔曼·保罗（Hermann Paul，1846—1921）的逻辑分类来说明汉语词义的演变，把词义的演变分为三类：词义的扩大、词义的缩小、词义的转移。

1．词义扩大

词义扩大就是概念外延的扩大。换句话说，就是缩小特征，扩大应用的范围。例如，“江”“河”等。

2. 词义缩小

词义缩小就是概念外延的缩小。换句话说，就是扩大特征，缩小应用的范围。例如："瓦""谷"等。

3. 词义转移

词义的转移，包括甚广。凡引申意义既不属于扩大，又不属于缩小的，都可以认为是转移。最典型的例子是"脚"字，它的意义由小腿转移到脚丫子。

王力另外还指出，有时候词义的转移只是词义的加重或减轻，例如"诛"由"责问"义转为"杀戮"义，"赏"由最初"赏赐"义转为"赞赏"义。①

王力的三分说流行之后，学界渐有补益。蒋绍愚从"转移"中分出"易位"。② 邵正业从转移中分出"易位"和"整分"。③ 符淮清增加"词义深化""感情色彩变化"。④ 张志毅，张庆云增加了转类、虚化、深化、贬降、扬升、弱化和强化。⑤ 其实，早在20世纪40年代后期，齐佩瑢在《训诂学概论》中就将义位的演变主要分为六类：缩小式、扩大式、变坏式、变好式、变强式、变弱式。

(二) 陆宗达、王宁关于词义引申说

所谓引申，陆宗达、王宁说："词义从一点（本义）出发，沿着它的特点所决定的方向，按照各民族的习惯，不断产生新义

---

① 张永言（1982）在介绍赫尔曼·保罗的逻辑分类说时，讲到赫尔曼·保罗后来"又补充一个第四类来容纳不便归入上述三个基本类别的一些现象"。这第四类主要包括意义的"贬降"和"扬升"。

② 将绍愚．古汉语词汇纲要［M］．北京：北京大学出版社，1989.

③ 邵正业．词的引申义和新词的派生［J］．辞书研究，1989（03）.

④ 符淮青．现代汉语词汇［M］．北京：北京大学出版社，2004.

⑤ 张志毅，张庆云．词汇语义学［M］．北京：商务印书馆，2001.

或派生新词，从而构成有系统的义列，这就是词义引申的基本表现。”① 简言之，引申是词义由本义或基本意义发展出相近相关的新义的主要形式。

陆宗达、王宁曾对词义引申的类型做了深入的研究，后来王宁又做了精要的论述。② 下面综合二者介绍如下：

第一类：理性的引申。

(1) 因果的引申。例如，解：分解→松懈（后作懈）；习：学习→熟习。

(2) 时空的引申。例如，间：缝隙→时间短；缓：宽松→缓慢。

(3) 动静的引申。例如，胯：两大腿之间→胯越（后作跨）；封：加土培育树木→边界。

(4) 施受的引申。例如，乞：乞讨→施予；享：享献→享受。

(5) 反正的引申。例如，乱：紊乱→治理；副：分割→合并。

(6) 实虚的引申。例如，及：追赶上→和（连词）；故：封闭→所以（连词）。

第二类：状所的引申。

(1) 同状的引申（两种事物的外部形状、性质、用途、特征相似，可以引申）。例如，题：人或动物的前额→事物的前端；管：一种像笛子的乐器→钥匙。

(2) 同所的引申（同一事物中，不同性状有联系，可以引申）。例如，横：门前横木→a 纵横/b 阻挡；阶：台阶→a 等

---

① 陆宗达，王宁．训诂方法论［M］．北京：中国社会科学出版社，1983.

② 王宁．训诂学原理［M］．北京：中国国际广播出版社，1996.

级/b通道。

(3) 状所的引申（事物的性状、行为与其所存在的事物之间有联系，可以引申）。例如，空：空，什么都没有→天空；弯：水湾→弯曲；听：治理→治理政事的场所（厅）。

(4) 通感的引申。例如，痛：疼痛（肉体）→痛苦（感情）；清：水清（视觉）→冷清（感觉）。

第三类：礼俗的引申。

鹿：一种兽名→古代以鹿皮作为吉礼的礼物，故“鹿”引申出福禄义（后作禄）。番：象形字，指野兽的脚掌→古代的人们常靠兽的脚印来辨别是食兽还是凶兽，以决定是迎而获之，还是避而远之，故“番”引申出详究、细察义（后作審，今简化作审）。

按：陆宗达、王宁的“引申”说，从引起词义变化的原因等角度对词义引申规律和类型做了很好的总结，在训诂学界很有影响，后出同类著述多有借鉴。

（三）罗正坚关于词义引申说

罗正坚从语言学的角度曾对词义引申与相关问题做了深入的研究。其中关于词义引申的内容主要是第二章“词义引申与修辞”、第三章“词义引申与语法”。①

第二章：词义引申与修辞

1. 比喻引申。如：骨肉：指身体→至亲；枢：门上的转轴→重要部位。

2. 借代引申。下分以所在借代、以材料借代、以特征借代、以状态借代、以性质借代、以功用借代、以工具借代、以原因代结果、以结果代原因、以全体代部分、以部分代全体、以特定代

---

① 罗正坚. 汉语词义引申导论［M］. 南京：南京大学出版社，1996.

普通、以普通代特定等十三小类。其中：

(1) 以所在借代。

①以所在的位置。塾：门侧之堂→私塾；筵席：坐物→酒宴。

②以位置相互接近。丘：土山→邑里（因人居在丘南）；脚：小腿→足。

③以所在方位。后：后面→肛门；右：右边→车右。

(2) 以状态借代。走：奔跑→仆人（要到处奔跑为主人服务）；飞：飞行→鸟类。

(3) 以功用借代。导：疏导→篦类器具；洗：盥洗→一种器皿。

(4) 以特定代普通。江：长江→江河；红娘：人名→媒人。

3. 反向引申。

词义反向引申，同修辞上的“倒反”，其原理是一样的。下分四小类：

(1) 美恶同词。乖：违背→顺从，听话；比：正当的相互“亲近”→不正当的相互“勾结”。

(2) 施受同词。市：买→卖；受：授予→接受。

(3) 肯否同词。暨：及→不及；敢：敢于→岂敢、不敢。

(4) 一般性质的反义引申。艫：船头→船尾；往：过去→以后。

第三章：词义引申与语法

1. 名词用作动词，使词义引申。策：马鞭→鞭打；杖：手杖→拄扶。

2. 动词用作名词，使词义引申。漏：滴漏→漏壶；乞丐：乞讨→乞讨者。

3. 形容词用作动、名词，使词义引申。贤：有德行的→崇尚；善：美好→善者。

4．实词虚化，使词义引申。

①实词和副词。特：单独（形）→仅仅；最：最好的事物（名）→极。

②实词和介词。自：开始（动）→从；因：依靠（动）→凭借。

③实词和连词。或：有人、有的（无定代词）→或者；若：选择（动）→或者。

5．量词的由来。张：张开（动）→量词“张”；幅：布帛的宽度（名）→量词“幅”。

6．词类活用，使词义引申。闻：知道（动）→使知道；奇：奇异→认为奇异。

按：罗正坚另辟蹊径，从语言学的各方面与词义引申的关系的角度，很好地总结了词义引申的类型。罗氏的词义引申说使我们明显感觉到词义引申与修辞、语法的密切关系。罗氏的论述，与联想相近，下文对此有所借鉴和发挥。

（四）王力关于同源词之间的意义关系说

王力曾对同源词之间的意义关系做了深入的研究，这些意义关系与词义引申的类型是相通的。[①] 王先生将同源词之间的意义关系分为三大类若干小类：实同一词；同义词，包括完全同义和微别；各种关系，下分十五小类。按：其中与词义引申的类型相通的是“微别”和“各种关系”的十五小类。

1．微别。古：旧时的；故：旧的。命：命令（名）；令：命令（动）。

2．凡藉物成事，所藉之物就是工具。右：右手；佑：用右手帮人。背：背脊；负：用背驮。

3．对象。耳：耳朵；刵：割耳朵。鱼：鱼类。渔：捕鱼。

---

① 王力．同源字典［M］．北京：商务印书馆，1982．

4. 性质，作用。卑：卑贱；婢：卑贱的妇女。冒：蒙盖；帽：蒙盖在头上的。

5. 共性。枯：草木缺水；涸：江河缺水；渴：人缺水。

6. 特指。夏：大；厦：大屋。孔：洞，窟窿；好：璧孔。

7. 行为者、受事者。沽：买卖；贾：买卖人。率：率领；帅：率领全军的人。

8. 抽象。扶：搀扶；辅：扶助。逆：对着走；忤：忤逆。

9. 因果。知：知识；智：多知。照：太阳照着；昭，明亮。

10. 现象。踞：蹲，箕踞；倨：没有礼貌。伏：趴倒；服：降服。

11. 原料。紫：紫色；茈：茈草，可染紫。屋：用帷幄做成的屋子；幄：帷幄。

12. 比喻，委婉语。材：木材；才：人材。没：沉没；殁：死亡（委婉语）。

13. 形似。籥：管籥；鑰：鑰匙。井：水井；阱：陷阱。

14. 数目。一：数目；壹：专一。二：数目；贰：二心。

15. 色彩。綦：青黑色；骐：青黑色的马。皓：白；缟：白缯。

16. 使动。买：买入；卖：卖出，使买。受，接受；授：授予，使接受。

按：王力先生关于同源词之间的意义关系的结论，犹如词义引申的类型。王先生的分类简明且较为全面，值得重视。

（五）关于词义发展变化的其他学说

关于词义发展变化，还有一些特殊的方式，诸如同步引申、词义渗透、相因生义、组合生义等。

1. 同步引申

词义的引申往往不是个别词孤立地进行的。一个词意义延伸的过程常常扩散到与之相关的词身上，带动后者也沿着相类似的线路引申，这种现象就叫同步引申。[1] 例如：

族，《说文·㫃部》："矢锋也。束之族族也。从㫃从矢。"本义是（矢镝）丛聚，即镞的初文。第一步引申为聚集义。《庄子·在宥》："云气不待族而雨。"第二步引申为众多。《礼记·祭法》："大夫立三祀，曰族厉、曰门、曰行。"孔疏："族，众也。大夫众多，其鬼无后者众，故言族厉。"再引申为"一般的"。《庄子·养生主》："族庖月更刀，折也。"

《说文·㐺部》："众，多也。"指人多。《国语·周语上》："人三为众。"引申为众多。《礼记·大学》："生财有大道，生之者众，食之者寡。"再引申为"一般的"。例如：《史记·刺客传》："范、中行氏皆众人遇我，我故众人报之。"即：

族：丛聚→众多→一般的

众：人多→众多→一般的

同义词最容易形成同步引申。例如：

休　《说文·木部》："息止也。"由此而引申为善、美。

徽　《尔雅·释诂》："止也。"也由此而引申为善、美。

反义词同样可以形成同步引申。例如：

"厚"与"薄"，原指物体上下两个平面间距离的大小，但却平行地移指轻重、深浅、多少、浓淡。即：

厚：指物体厚实→重→深→多→浓

薄：指物体不厚→轻→浅→少→淡

又如：

好：女子之美→一切之美→喜爱

恶：女子之丑→一切之丑→憎厌

同步引申说的价值在于发现词义的演变并不都是单独个别的现象，而有一些是互相联系的。这是词义系统性的一个方面。

---

① 许嘉璐．中国古代衣食住行［M］．北京：商务印书馆，1987.

2. 词义渗透以及相因生义、组合生义

一般来说，一个词的词义是具有内联性的，但也有不少词的某些词义，跟本义或原有意义没有什么联系，它是从其他相关的词渗透过来的，这类意义称为渗透义，这种现象称为词义渗透。①

一个词的词义渗透到另一个词中去，或者说一个词的词义从另一个词渗透而来，总是需要媒介的。词义渗透的媒介通常是读音、意义以及词语组合。

（1）两词读音相同或相近而词义渗透。

两个词的读音相同或相近，常常发生词义渗透。例如：

上古汉语“孔”的常用义是空穴，“好”的本义是貌美，引申为嘉美。由于“孔”是溪纽东部，“好”是晓纽幽部，两字声纽旁纽、韵部旁对转，读音相近，其义相互渗透：“孔”渗来嘉美义，“好”渗来空穴义。如《汉书·礼乐志》：“令问在旧，孔容翼翼。”王引之曰：“孔容，嘉美之容也。”《周礼·冬官·玉人》：“璧羡度尺，好三寸。”郑玄引郑司农曰：“好，璧孔也。”空穴之“孔”引申有大义，如《老子·道经》二十一章：“孔德之容。”河上公注：“孔，大也。”于是“好”也渗来大义。如杜甫《秋尽》诗：“不辞万里长为客，怀抱何时得好开。”言胸怀大志何时得以大施展。

古音通假、同音替代现象应属于此。（参下文“词义感染”）

（2）两词意义相同、相反或相关而词义渗透。

其一，两词意义相同而词义渗透。例如：

承：①捧着；收受。（《说文·手部》“承，奉也，受也。从手，从卩，从廾。”）→②顺从。（捧奉符节，有顺从意义，故引申为顺从）

---

① 孙雍长. 训诂原理［M］. 北京：语文出版社，1997：328.

秉：①禾把。(《说文·又部》："秉，禾束也。从又持禾。")→②持拿。(此引申义与"承"的①"捧着"同义)……③顺从。("秉"的本义没有"顺从"的语义特征，该义是由同义词"承"的"顺从"义感染来的)

其二，两词意义相反而词义渗透。例如：[1]

黑：①黑色。→②（因僧人穿黑衣，故引申为）僧人。

白：①白色。→②俗徒（按：僧人、俗徒相对，故当"黑"有僧人义时，其反义词"白"因而产生俗徒义。可见②"俗徒"和①"白色"是没有引申关系的)。

两词意义相同或相反而词义渗透，蒋绍愚称其为"相因生义"。[2]"相因生义"指的是甲词有甲 a、甲 b 两个义位，乙词原来只有乙 a 一个义位，但因为乙 a 和甲 a 同义或反义，逐渐地，乙词也产生一个和甲 b 同义或反义的义位乙 b。(按：乙 b 与乙 a 没有引申关系)

其三，两词意义相关而词义渗透。例如：

杜牧《山行》诗："停车坐爱枫林晚，霜叶红于二月花。"此"坐"字训"因"，为表原因的介词。为什么"坐"有"因"义？大概是因为："因"字造字之本义为茵席，茵席为坐卧之用具，故"因"之为物与"坐"之为事相关。而"因"早已虚化为因由之"因"义（介词），至中古时，"因"的因由之"因"义也渗透给动词"坐"，因此"坐"便也有了因由之"因"义。

（3）两词组合而词义渗透。

有的词由于同另一个词相组合，后来便失去了自己的原义，而产生了与之相组合的那个词的意义。孙雍长称这种现象为"因

① 蒋绍愚．古汉语词汇纲要［M］．北京：北京大学出版社，1989：86.

② 蒋绍愚．古汉语词汇纲要［M］．北京：北京大学出版社，1989：82.

语法结合关系而发生词义渗透”[①]，张博称“组合同化”[②]。张氏举有“蚕”字例：在上古文献中，有一常语“蚕食”，例如，《史记》中就有十二例。该常语的意思是“像蚕（吃桑叶）一样一点点地侵蚀”。后来，“蚕”受“食”的感染而有了侵蚀义。如唐孙樵《武皇遗剑录》卷五“蛊于民心，蚕于民生”中，“蚕”正是用“侵蚀”义。

二、词义发展变化的类型

(一) 一个义位自身的发展

随着人们对客观事物、现象的认识的发展、深化，有些义位也会发展、深化，但它依然是同一个义位。

1. 义域的发展

【长】“长”与短相对的意义从古到今没有变化，但义域有变化。上古的“长”包括用来表示人之“高”。例如：“孔子长九尺有六寸，人皆谓之长人而异之。”（《史记·孔子世家》）此“长”，今天普通话中要说“高”。也就是说，今天“长”在表示长短的长的义位时，义域比古代要窄。

【皮】“皮”在古代指兽皮、树皮，但不能指人之皮，人之皮要用“肤”来表示。《诗经·鄘风·相鼠》：“相鼠有皮，人而无仪。”《史记·高帝纪》：“高祖为亭长，乃以竹皮为冠。”《诗经·卫风·硕人》：“手如柔荑，肤如凝脂。”今天汉语普通话“皮”也包括人之皮了，如可以说“皮包骨”“植皮”。今天义域比古代要宽。

【道】【路】 先秦时可以通车的大路叫“道”、叫“路”，

---

① 孙雍长. 训诂原理［M］. 北京：语文出版社，1997：344.

② 张博. 汉语同族词的系统性与验证方法［M］. 北京：商务印书馆，2003.

只容人、兽通过的小路叫“径”、叫“蹊”。《诗经·小雅·大东》：“周道如砥，其直如矢。”《荀子·大略》：“迷者不问路。”后来小路也叫“道”、叫“路”。义域扩大了。清邵岷《将之成都》诗：“行行穿鸟道，寸寸断猿肠。”鲁迅《呐喊·故乡》：“其实地上本没有路，走的人多了，也便成了路。”

2. 义位的深化

义位的深化，是指义位的义值，随着人们认识的深入而深化了。例如：

【日】《说文·日部》：“日，实也。太阳之精不亏。”

《现代汉语词典》：“日，太阳。”又：“太阳，银河系的恒星之一，是一炽热的气体球，体积是地球的130倍，质量是地球的33.34万倍，表面温度约6 000 ℃，内部温度约1 500万℃，内部经常不断进行原子核反应而产生大量的热能。太阳是太阳系的中心天体，据地球约1.496亿千米。”（按：有节省）

按：《说文》的训释，只描写了两个特征——“实也”（盈实）、“太阳之精不亏”（元气极阳、不亏损）。《现代汉语词典》则给出了太阳的科学分类（恒星）和科学特征。

【水】《说文》：“水，准也。北方之行。”

《现代汉语词典》：“水，最简单的氢氧化合物，化学式H_2O。无色、无味、无臭的液体，在标准大气压下，冰点0 ℃，沸点100 ℃，4 ℃时密度最大，为1克/毫升。”

按：《说文》的训释，只描写了一个特征——“准也”（水是平的）。另外还附会了阴阳五行之说：“北方之行”（五方之“北”是与五行之“水”相配的）。而《现代汉语词典》则给出了水的科学分类（化合物）和科学特征。

（二）一个义位发展出另一个新义位

一个义位发展出另一个新义位是词义发展变化的主要内容。拟结合词义演变三分说与词义引申说提出一个综合性的义位发展变化的类型。

1. 词义缩小

词义缩小是指词的一个义位发展出一个新义位，原义位的范围要大，新义位的范围要小，原义位包含新义位，从原义到新义，词义的范围缩小了。

（1）就名物词来讲，词义缩小包括以下三类。

第一，由总类变为分类，由大类变为小类，由两类变为一类。例如：

虫：一切的动物（如古称老虎为大虫，蛇为长虫）→昆虫和类似昆虫的小动物。

瓦：土器已烧之总名→屋上所盖的瓦。

谷（穀）：百谷之总名→特指稻谷。

坟：土堆、高地→坟墓。

弟：排行小的同胞（弟弟、妹妹）→男性排行小的同胞。

子：子女→儿子。

第二，由一类变为个体。例如：

朕：自称之词（秦以前不是君王也可称朕）→皇帝自称之词（自秦始皇始）。

书：书籍→特指《尚书》。

第三，由整体变为部分。例如：

趾：脚（《左传·桓公十三年》："举趾高，心不固矣。"）→脚指头。

屋：房屋→房顶。

（2）就动词来讲，词义缩小可分为以下两类。

第一，动作行为的主体的范围缩小。例如：

寡：（男子、女子）丧偶→女子丧偶。

结婚：缔结婚姻关系→男女结成合法夫妻。

第二，动作行为的对象的范围缩小。例如：

处分：处置→对犯罪或犯错误的人按情节轻重做出处罚决定。

报复：报答（恩、怨）。《三国志·蜀志·法正传》："外统都畿，内为谋主。一飡之德，睚眦之怨，无不报复。"→报怨。

（3）就形容词来讲，词义缩小是指性状的适用对象的范围缩小。例如：

肥：脂肪多，体态胖→禽兽的脂肪多，体态胖。

2. 词义扩大

词义扩大是指词的一个义位发展出一个新义位，原义位的范围要小，新义位的范围要大，原义位的范围被新义位所包含，从原义到新义，词义的范围扩大了。

（1）就名物词来讲，词义扩大包括以下三类。

第一，由小类变为大类。例如：

匠：做木工的手艺人→手艺人（泛指各种工匠）。

顶：头的上端→上端（山、树、屋等各种事物的上端）。

嘴：鸟的嘴→口的通称。

肉：鸟兽的肉（人的肉叫肌）→一切动物的肌肉。

响：回声→声响。

琴：指古琴。传为神农创制。琴身为狭长形，木质音箱，面板外侧有十三徽。上古作五弦，至周增为七弦。→钢琴、风琴、提琴、扬琴、胡琴等的统称。

第二，由个体变为一类。例如：

江：长江→江河的泛称。

河：黄河→河流的泛称。

红娘：人名→媒人。

第三，由部分变为整体。例如：

脸：本指两颊上部颧骨部分→整个面部。

房：正室两边的房间→房屋。

（2）就动词来讲，词义扩大可分为以下两类。

第一，动作行为的主体的范围扩大。例如：

集：众鸟栖止于树→集合、聚集。

醒：酒醒→睡醒。

第二，动作行为的对象的范围扩大。例如：

理：治理玉石→治理（泛指对各种事物进行治理）。

洗：洗脚→洗涤（泛指对各种事物进行洗涤）。

（3）就形容词来讲，词义扩大是指性状的适用对象的范围扩大。例如：

好：女子模样美好→美好（泛指各种事物美好）。

红：浅红色→泛指各种红色。

3. 词义转移

词义是用特定的语音形式所表达的概念。19 世纪初期英国联想心理学家 J. 密尔认为，概念是心理联想的结果。这样看来，词义变化（包括转移）的机制是人的联想。传统的联想理论把联想分为三个基本范畴：接近联想、类似联想、对比联想。参照上文罗正坚关于词义引申的类型与王力关于同源词之间的意义关系，结合传统的联想理论，我们把词义转移分为如下三大类若干小类。

（1）相似转移（隐喻）。

相似转移，就是通过相似联想，把具有类似特性或特征的对象和现象联系起来，实现词义转移（引申）。主要有如下若干小类：

第一，形貌形状相似。例如：

斗：酌酒器→斗星（南斗，北斗）。“管”：一种竹制乐器→钥匙（也是筒状的）。

第二，功能作用相似。例如：

术：城邑中的道路→法术，手段。关：门闩→关卡。

第三，方式情态相似。例如：

奋：鸟举翅飞起→举起，扬起；振作。断：砍断→决断；果断。

第四，感受相似。例如：

酣：喝酒到将醉的程度→睡觉睡得香甜的程度。圆：圆形（视觉）→（歌声）婉转（听觉）。

（2）相关转移（借代，等）。

相关转移，就是通过接近联想，把跟甲事物相关的乙事物与甲事物联系起来，实现词义转移（引申）。相关转移不包括词义缩小、词义扩大中的“个别与一类”“部分与整体”。相关转移可分为以下若干小类：

第一，位置相连。例如：

脚：小腿→足；丘：土山→邑里（因人居在丘南）。

第二，所在方位、处所—所在人、物。例如：

右：右边→车右；后：后面→肛门。室：家→妻子；筵席：坐物→酒宴。

第三，原料—成品。例如：

帛：丝帛→帛书；丝：丝线→琴瑟。

第四，a. 特征；b. 作用；c. 性质—本体。例如：

a. 须眉：胡须和眉毛→男子；二毛：斑白的头发→老年人。b. 导：引导→向导；被：被子→覆盖。c. 弱：软弱→年少的人。果：果实→像果实那样充实、饱满。

第五，动作—a. 行为者；b. 受事者。例如：

a. 沽：买→买酒的人；流：水的流行→流水。b. 书：书写→文字；鱼：生活在水中的动物，大部分可供食用→捕鱼。

第六，动作—a. 工具；b. 处所；c. 结果。例如：

a. 概：量谷物时刮平斗斛用的刮板→刮平（工具）；鞭：皮鞭，鞭子→鞭打。b. 治：治理，管理→治理政事的所在地，即政府行政机关；都：人所聚会之处→聚会。c. 约：缠，束缚→绳结；习：练习→习惯。

第七，动（动词）—静（形容词）。例如：

治：治水、治理→安定，太平，与“乱”相对；长（cháng）：长度大，与“短”相对→（zhǎng）滋生，滋长。

第八，原因—结果。例如：

沐：沐浴→放假；劳：辛劳，功劳→慰劳；歼：歼灭→刺杀；戒：防备→谨慎。

第九，具体—抽象。例如：

术：道路→方法，途径；鉴：照影→借鉴；广：本指没有四壁的大屋。（《说文》：“广，殿之大屋也。”→大、广大）

第十，实—虚。例如：

特：单独，独自（形容词）→只，仅仅（副词）；以：用，率领（动词）→用、凭借、按照（介词）。

（3）相反转移。

相反转移，就是通过对比联想，把两类相反相对的事物，或同一事物两个相反相对的方面联系起来，实现词义转移（引申）。主要有如下的小类：

第一，美—恶。例如：

可憎：可恨→极其可爱；化：生→死。

第二，施—受。例如：

使：派遣→奉命出使；任：委任→受任。

第三，肯—否。例如：

暨：及→不及；危：不正→正。

第四，一般性质的反义。例如：

简：少→多；往：过去→以后。

4. 词义弱化（减轻）

词义的演变还有由强到弱、由重到轻、由弱到强、由轻到重的变化。例如：

[**购**] 本义是指悬赏征求，重金收买。《说文·贝部》："购，以财有所求也。"《史记·项羽纪》："项王乃曰：'吾闻汉购我头千金，邑万户，吾为若德。'"词义弱化，引申为一般的买。清龚自珍《病梅馆记》："予购三百盆，皆病者，无一完者。"

[**怨**] 本义是怨恨。《说文·心部》："怨，恚也。"（恚：怨恨）《史记·秦纪》："缪公之怨此三人入于骨髓。"词义减轻，引申为怪、责怪。《红楼梦》第十九回："你怎么怨得老爷不气，不时时刻刻的要打你呢？"老舍《茶馆》第一幕："告诉你，过了这个村可没有这个店，耽误了事别怨我！"

又如：

取：捕取，攻取→取得，拿取。

赏：（以物）赐予→（以言）赞扬，夸奖。

病：重病（《说文》："病，疾加也。"）→疾病。

5．词义强化（加重）

例如：

[**诛**] 本义是责备，谴责。《说文·言部》："诛，讨也。"《论语·公冶长》："宰予昼寝。子曰：'朽木不可雕也，粪土之墙不可杇也；于予与何诛？'"成语有"口诛笔伐"。词义加重，引申为诛杀。汉晁错《贤良文学对策》："害民者诛。"成语有"罪不容诛"。

[**恨**] 本义是不满，遗憾。从心艮声。《史记·魏其武安侯传》："侯自我得之，自我捐之，无所恨。"成语有"相知恨晚"。后词义加重，表示怨恨，仇恨。唐杜牧《泊秦淮》："商女不知亡国恨，隔江犹唱后庭花。"成语有"深仇大恨"。

又如：

诬：言语不真实。（《说文·言部》："诬，加也。"）→虚构罪恶以陷害别人。

惩：警戒，鉴戒→处罚，责罚。

6. 词义贬降

词义的贬降是指词义由褒变贬、由褒变中、由中变贬。例如：

［**复辟**］本指失位的君主复位。（褒义）辟，君主。语出《尚书·咸有一德》："伊尹既复政厥辟。"孔颖达疏："伊尹还政其君。"引申泛指被推翻的势力重新上台，或指恢复旧制度。（贬义）孙犁《白洋淀纪事·纪念》："住在定县的还乡队回村复辟。"

［**伪**］本义指人为的。（中性）《广雅·释诂二》："伪，为也。"《荀子·性恶》："可学而能，可事而成之在人者，谓之伪。"（通过学习而能做到，通过人的努力而能成功的，叫做人为的）引申为诡诈，不诚实。（贬义）《孟子·滕文公上》："从许子之道，相率而为伪者也，恶能治国家？"

又如：

霸：古代常表示古代诸侯联盟的首领、做诸侯的盟主。（褒义）→后引申为恶霸，今又表示蛮横不讲理。（贬义）

谤：本指议论或批评别人的过失。（中性）→毁谤。（贬义）

谣言：本指歌谣或谚语。（中性）→没有事实根据的传闻。（贬义）

7. 词义扬升

词义扬升与词义贬降相反。例如：

［**乖**］本指违背，不协调。属贬义。《说文·丫部》："乖，戾也。"《韩非子·亡徵》："内外乖者，可亡也。"后代产生乖巧、机灵义。属褒义。《水浒传》第三十一回："孙二娘笑道：'天下只有你乖！你说这痴话！'"现代汉语表示顺从、听话义。也属褒义。

［**深刻**］古代多用来形容罚严酷苛刻，残忍不仁。具有贬义。

《汉书·宣帝纪》："复遣丞相、御史掾二十四人，循行天下，举冤狱，察擅为苛禁深刻不改者。"现代汉语"深刻"多用来形容对事理理解或阐释得精辟透彻，深入到本质，具有褒义。

又如：

祥：预兆。(中性)→吉兆。(褒义)

交通：本指交相通达。引申为勾结、串通。(贬义)→今指各种运输和邮电事业的总称。(中性)

客气：古义为虚骄之气。(贬义)→今指与人交往谦恭有礼。(褒义)

8. 词义感染

词汇在使用中是会互相影响而发生变化的。语音是这样，如感染作用、连音变化、回避同音字等。词义也是这样，有不少词义，跟本义或原有意义无关，它好像是天外来客，不好理解。它是从其他相关的词感染过来的，这类意义可称为感染义，这种现象可称为词义感染。词义感染，蒋绍愚、孙雍长、张博称之为"相因生义""词义渗透""组合生义"等。我们考虑到语音、词汇术语的一致性，故如上称。下面举例说明最常见的两个小类。

两个词的读音相同或相近，常常发生词义感染。这种现象在古代汉语中称古音通假，在中古、近代汉语中称同音替代要恰当些。同音替代虽然是文字问题，但也涉及词义的演变，值得重视。例如：

《敦煌变文·董永变文》："直至三日复墓了，拜辞父母几(已)田常。"又"帝释宫中亲处分，便遣奴等共田常。"又"当时卖身葬父母，感得天女共田常。"按："田常"，即"填偿"，抵偿，偿还。"田""填"《广韵》均读徒年切，"常""偿"《广韵》均读市羊切，"田常"与"填偿"同音。蒋礼鸿《敦煌变文字义通释》云："'填偿'大概是唐宋间常语。"

词汇经常连用也会发生词义感染。例如，“息”原来表示儿子。《战国策·赵策四》：“老臣贱息舒祺，最少，不肖。”“息妇”连用，为儿子的老婆。宋张师正《括异志·石比部》：“四更初息妇生一女子。”清俞樾《茶香室续钞·媳》：“古人称子为息，息妇者，子妇也。”“息”后作“媳”，“媳妇”亦为儿子的老婆。宋孟元老《东京梦华录·娶妇》：“凡娶媳妇，先起草帖子，两家允许，然后起细帖子。”进而“媳”感染了（儿子的）老婆义。《警世通言》第二十五卷：“桂迁与二媳一女仅以身免。”今有词语“儿媳”等。

其他类型参上文“词义渗透”。

（三）一个词的义位的发展变化

一个词的义位的发展变化有如下几种情况：义位的新生与消亡，以及新、旧义的共存与交替。

1. 义位的新生

义位的新生是指在原有义位的基础上又产生一个或几个新的义位。例如，“履”起初只有“踩”或“践踏”一个义位。《诗经·小雅·小旻》：“战战兢兢，如临深渊，如履薄冰。”《周易·履》：“履虎尾，不咥人。亨。”战国以前文献中“履”通常用于此义。战国以后又增加了几个新的义位：①履行。《礼记·表记》：“处其位而履其事，则乱也。”《后汉书·吕强传》：“南面当国，宜履行其事。”②穿鞋。《庄子·田子方》：“儒者冠圜冠者知天时，履句屦者知地形。”《韩非子·说林上》：“屦为履之也，而越人跣行。”③鞋。《墨子·贵义》：“予子冠履而断子之手足，子为之乎？”《庄子·山木》：“衣弊履穿。”又如“字”，起初只有“生子”一个义位。《周易·屯》：“女子贞不字，十年乃字。”后来又产生了“爱”“表字”等义位。前者如：《左传·成公四年》：“楚虽大，非吾族也，其肯字我乎？”后者如：孔丘，字仲尼，仲由字子路。发展到秦汉之际，“字”在保留上述义位的基础上，又产生了“文字”这个义位。许慎《说文解字叙》：“其后形声相益，即谓之字。”

2. 义位的消亡

义位的消亡是指原有的某义位不用了、消亡了，而其他义位仍然在使用。例如，古汉语中的“理”有“治玉”“治理，整理”“有秩序，安定太平”“狱官”“纹理”“条理”“道理”等义位；到了现代汉语，“治玉”“有秩序，安定太平”“狱官”这三个义位不用了，其他义位仍然保留。又如，“池”，古代汉语有“护城河”“池塘”两个义位；而在现代汉语，“池塘”这个义位仍然使用，“护城河”这一义位不用了。

3. 新、旧义位的共存与交替

新义位产生后，有的旧义位依然存在，有的旧义位则消失了。这两种情形，王力先生曾形象地比喻为“如牛生犊”和“如蚕化蛾”。①

“如牛生犊”如：

【令】　本来表示命令、使、美好等义，例如，《尚书·冏命》：“发号施令，罔有不臧。”《老子·道经》十二章：“五色令人目盲，五音令人耳聋。”《左传·襄公二十四年》：“夫令名，德之舆也。”

后来又产生时令、季节义，例如，白居易《赠友》诗之一：“时令一反常，生灵受其病。”李渔《闲情偶寄·颐养·行乐》：“春之为令，即天地交欢之候。”

新义产生后，新旧义共存，直至于今。

【虑】　本来表示思虑、谋划义。《说文·思部》：“虑，谋思也。”例如：《尚书·太甲下》：“弗虑胡获，弗为胡成。”《史记·淮阴侯传》：“智者千虑，必有一失；愚者千虑，必有

① 王力. 汉语词汇史［M］. 北京：商务印书馆，1993：101.

一得。”

后来又产生忧虑、担心义，例如，杜甫《寄刘峡州伯华使君四十韵》：“但求椿寿永，莫虑杞天崩。”《二刻拍案惊奇》卷十一：“初时满生心中怀着鬼胎，还虑他有时到来。”

新义产生后，新旧义共存，一直至今。今词语有“深思熟虑”“忧虑”“顾虑”等。

“如蚕化蛾”如：

【荤】 本来表示葱蒜韭菜之类的有辛辣味的菜蔬。《说文·艸部》：“荤，臭菜也。”例如：《庄子·人间世》：“回之家贫，唯不饮酒、不茹荤者数月矣。如此，则可以为齐乎？”成玄英疏：“荤，辛菜。”

中古以后，“荤”在本义基础上，又转指鸡、鸭、鱼、肉等食物。与“素”相对。例如：南朝宗懔《荆楚岁时记》：“梁有天下不食荤，荆自此不复食鸡子，以从常则。”《儒林外史》第二十六回：“他又不吃大荤，头一日要鸭子，第二日要鱼。”

到了现代汉语，“荤”就不再表示葱蒜之类的“臭菜”，而只指鸡鸭鱼肉等食物了。

【感激】 本来表示感奋或愤激义，例如，西汉刘向《说苑·修文》：“感激憔悴之音作而民思忧。”诸葛亮《出师表》：“先帝不以臣卑鄙，猥自枉屈，三顾臣于草庐之中，谘臣以当世之事。由是感激，遂许先帝以驱驰。”

发展到近代汉语，“感激”又引申为衷心感谢，例如，《宋书·范晔传》：“又有王国寺法静尼亦出入义康家内，皆感激旧恩，规相拯拔。”《水浒传》第七十九回：“韩存保感激无地，就请出党世雄相见，一同管待。”

到了现代汉语，“感激”只指衷心感谢，原来的感奋或愤激义不再使用了。

一个词的义位的发展变化，从古到今，往往既有义位的新增，又有义位的消失，呈现出复杂性。例如，“爱”在古汉语有“喜爱，爱好”“吝啬，舍不得”两个义位；到了现代汉语，“吝啬，舍不得”这个义位一般不再使用了，但又增加了一个新义位“容易，常常”，如说“这个小孩爱哭”“铁爱生锈”。又如，“表”在古代汉语有：①“穿在外面的衣服”；②“外面，外表”；③“中表，表亲”；④“表示，表达”；⑤“测日影的标杆”；⑥“文体奏章的一种”等义位，现代汉语中第①、第⑤、第⑥的意义一般不用了，但增加了“中医指用药物把感受的风寒发散出来”“计时间的器具”（手表、怀表）、“计量某种量的器具”（温度表、电表）等义位。

三、词义历时演变研究

汉语词义历时演变研究是汉语词汇史、汉语历史词汇学的重要内容。王力先生说：“我们对于每一个语义，都应该研究它在何时产生，何时死亡。”“一切的语言史都可以认为（是）文化史的一部分，而语义的历史又是语言史的一部分。从历史上去观察语义的变迁，然后训诂学才有新的价值。”①

汉语词义历时演变研究要注意如下问题：第一，要梳理词的语义结构。汉语的词通常是多义词，多义词的多个义位是一个有联系的意义结构。研究时要注意梳理词的意义结构，弄清楚词义之间的内部联系。因为“只有这样，我们才能把错综复杂的一词多义的现象理出头绪，并贯穿起来。从而更好地掌握一个词的全部意义。否则我们在处理意义纷繁的多义词的时候，就会不得要领”②。第二，词义是什么时候发生演变的？或者从现代汉语的角度来追溯，则是词义是什么时候形成的？第三，词义是怎样

---

① 王力. 汉语史稿［M］. 北京：中华书局，1980.

② 张永言. 词汇学简论［M］. 武汉：华中工学院出版社，1982：52.

发生演变的？包括演变原因、过渡环节、演变规律等。例如：

行李

在先秦，“行李”是指“使者”（出使邦国的人）。《左传·僖公三十年》：“若舍郑以为东道主，行李之往来，共其乏困。”杜预注：“行李，使人。”“使人”即使者。

在“行李”中，“行”有行走义，跟“使者”有联系，但“李”从木，本是果木名，跟“使者”没有联系。“行李”得以表示“使者”，是因为“李”通“理”，而“理”有“吏”义，所以“行李”即为“行理”，也就是“出使的官吏”。《左传·昭公十三年》：“行理之命，无月不至。”注：“行理，使人，通聘问者。”

到了中古汉语，“行李”的词义有了较多的发展，增加了两个义列：一是由初始义“使者”引申为“出使”，又引申为“官府的道从人员”等。如《魏书·宗钦传》：“顷因行李，承足下高问，延伫之劳，为日久矣。”《旧唐书·温造传》：“臣闻元和、长庆中，中丞行李不过半坊，今乃远至两坊，谓之‘笼街喝道’。”二是表示“旅客”“出行的人”，由此又引申为“旅行”“行程”以及“出行的人所携带的衣装物品”义。其中，“出行的人所携带的衣装物品”义一直沿用至今，且成为今天“行李”的唯一义位。

下面重点讨论“行李”的第二个义列的历时演变亦即“行李”的今义“出行的人所携带的衣装物品”的来历及发展。

“行李”今义的产生，盖缘于“李”“旅”读音相近（“李”，来纽蟹摄开三止韵上声；“旅”，来纽遇摄合三语韵上声。两字声母相同，韵相近，声调相同，故音相近）。中古时“行李”受到“行旅”的词义感染。

“行旅”本是联合式复音词，表示“旅客”“出行的人”。《孟子·梁惠王上》：“商贾皆欲藏于王之市，行旅皆欲出于王之涂。”杨伯峻《孟子词典》：“行旅，旅客。”《后汉书·西域传》：“而道多猛虎、师子，遮害行旅。”

中古时“行李”受到“行旅”的词义感染，也表示“旅客”“出行的人”。北魏郦道元《水经注》卷十一：“东北二面，岫嶂高深，霞峰隐日，水望澄明，渊无潜甲。行李所迳，鲜不徘徊忘返矣。”而且，在中古文献中，“行旅”“行李”常见于相同的语境，两词通用不别，如：北齐魏收《魏书·道武七王传》：“萧衍遣将张齐率众攻逼，城门昼闭，行旅不通。”北齐尹义尚《与徐仆射书》：“自国祚中绝，行李不通，等避世于桃源，同留寓于仙岭。”唐李延寿《南史·齐高帝诸子传下》：“先是劫帅韩武方常聚党千余人，断流为暴，郡县不能禁，行旅断绝。”又，李延寿《北史·尧君素传》：“时围甚急，行李断绝。”唐房玄龄《晋书·范汪传》：“庾亮、温峤屯兵寻阳，时行李断绝，莫知峻之虚实，咸恐贼强，未敢轻进。”李延寿《南史·蛮传》：“沔中蛮大动，行旅殆绝。”宋欧阳修《新唐书·柳公绰传》：“怨嗟惊扰，行李殆绝。”

然后，“行李”引申为“旅行”“行程”义。例如，杜甫《赠苏四徯》诗：“别离已五年，尚在行李中。”又《巫峡敝庐奉赠侍御四舅别之澧朗》：“江城秋日落，山鬼闭门中。行李淹吾舅，诛茅问老翁。”

大约在中唐，“行李”又引申为“出行的人所携带的衣装物品”义，这时用例还不多见，例如：

①已有诗八百余首，色类相从，共成十体，凡二十卷。自笑冗乱，亦不复置之于行李。（元稹《叙诗寄乐天书》）

②闻君每来去，矻矻事行李。脂辖复裹粮，心力颇劳止。（白居易《李卢二中丞各创山居，俱夸胜绝，然去城稍远，来往颇劳，弊居新泉实在宇下，偶题十五韵，聊戏二君》）

③又不见抛却人姓名，兼有何行李衣物？（《入唐求法巡礼

行记》卷二《开成四年七月二十八日》)

到了宋代，“行李”表示“出行的人所携带的衣装物品”义的用例增多。例如：

①学士院第三厅学士閤子，当前有一巨槐，素号“槐厅”。旧传居此閤者，多至入相。学士争槐厅，至有抵彻前人行李而强据之者。(沈括《梦溪笔谈》卷一)

②后官满，在郡中等批书，已遣行李，无文字看，于馆人处借得孟子一册熟读，方晓得“养气”一章语脉。(黎靖德编《朱子语类》卷第一百四)

③大言曰：“速差人般取船上行李。”(洪迈《夷坚志》乙卷四)

④乃共议拨草溪行，五七里间，忽见师羸形异貌，放下行李问讯。(释普济《五灯会元》卷三)

到了元代，“行李”则主要用来表示“出行的人所携带的衣装物品”义了，然后一直至今。例如：

①如此，卑人没奈何，只得收拾行李便去。(高明《蔡伯喈琵琶记》四出)

②则怕盖行李油单有漏处，再把行货从头觑。(孟汉卿《张鼎智勘魔合罗杂剧》一折)

③一日，曹操夜静私行，见军打摞行李。(《三国志平话》卷下)

④丞相伯颜号令搜检将士行李，所得撒花银子，锁铸作锭，每重五十两，归朝献纳。(陶宗仪《南村辍耕录》卷三十)

表示“出行的人所携带的衣装物品”义，后来也有用“行旅”义，这也说明“行李”与“行旅”的特殊关系。例如：

①次日换船，水手葛彩搬过行旅上船，见皮箱甚重，疑是金银。(明《鼎镌国朝名公神断详刑公案》卷一)

②店主王公，迎接指派房关，堆放行旅。(清《八段锦》第六段)

“行李”的词义系统是：

行李：①使者→②出使
　　　　　　→③官府的道从人员
……④旅客、出行的人→⑤旅行、行程
　　　　　　　　　　→⑥出行的人所携带的东西

表14－1是唐五代、宋代、元代几种重要文献中“行李”的使用频率表（单位：次）。

表14－1

	唐五代			宋			元		
	杜甫诗	入唐求法巡礼行记	祖堂集	王安石集	梦溪笔谈	夷坚志	全元南戏	元刊杂剧三十种	元刊全相平话五种
A	5	11	14	5	1	8	18	2	2
A_1	5	8	14	5	0	4	0	0	0
A_2	0	3	0	0	1	4	18	2	2

说明：A代表“行李”出现的总数，A_1代表使人、旅客等非A_2义；A_2代表“出行的人所携带的衣装物品”义。

总之，“行李”的今义“出行的人所携带的衣装物品”大约产生于中唐，发展到元代，该义就成为“行李”的唯一义位，而后一直至今。“行李”的今义的产生，大概是由“行旅”词义渗透而获得过渡义“旅客”“出行的人”，然后由过渡义发展成为今义的。

第十五章　词汇的发展变化与常用词的历时替换

汉语历史悠久，大多数词汇尤其是单音词从古到今都发生了变化。

一、词汇的发展变化

词汇的发展变化即词的演变，是与词的承用相对而言的。词汇的发展变化包括词的新生、消亡、发展、变化。

（一）词的新生

第一，各个历史时期都会有新事物、新现象，因此就会有新词。例如，汉译佛经《修行本起经》是东汉竺大力、康孟详共译的大乘佛教经典之一，该经记述佛陀释迦牟尼佛诞生、成长、出家修道、传教的经历。该译经中出现了不少有关佛教的新词，例如：

【比丘】

《现变品》第一："比丘受敕，行诣本国。"按："比丘"亦作"比邱"，是佛教语，梵语的译音，意译"乞士"，以上从诸佛乞法，下就俗人乞食得名，为佛教出家"五众"之一，指已受具足戒的男性，俗称和尚。

【补处】

《现变品》第一："承事诸佛，积德无限，累劫勤苦，通十地行，在一生补处，功成志就，神智无量。"按"补处"是佛教语，指前佛既灭后，菩萨成佛而补其位。亦指嗣前佛而成佛之菩萨。

【禅定】

《游观品》第四："王念太子，常在宫中，未曾执苦，即问其仆：'太子何如?'对言：'今在阎浮树下，一心禅定。'"按："禅定"是佛教禅宗修行方法之一。一心审考为禅，息虑凝心为定。佛教修行者以为静坐敛心，专注一境，久之达到身心安稳、观照明净的境地，即为禅定。

余如，"安寐""安眠""安意""百味""宝物""卑鄙""悲恋""病患""婇女（宫女）""扠"（chāi。指用拳击，交手较量），等等。

第二，有些旧有事物、旧有概念在前代用词组来表示，后代改用词来表示，对于后代来说，这也是新词。例如：

食无廉—噇（《集韵·江韵》："噇，食无廉也。传江切。"）

曲足坐—跏（《集韵·麻韵》："跏，曲足坐也。居牙切。"）

舟进竿—划（《集韵·麻韵》："划，舟进竿谓之划。胡瓜切。"）

"食无廉""曲足坐""舟进竿"这些概念在秦汉时应该存在，大概那时人们是用词组来表示的，后代或者改用词"噇""跏""划"来表示。这也是新词。

（二）词的消亡

第一，当旧有事物或旧有概念消亡之后，表示这些旧事物或旧概念的词也会逐渐消亡。例如，上古重视祭祀，出现一批与祭祀有关的词汇，后来这些词汇随着祭礼、祭祀活动的消亡而消亡了。例如：

祭礼（据《说文》）：

祊，门内祭，先祖所以彷徨。从示彭声。《诗》曰："祝祭于祊。"

祰，告祭也。从示从告声。

祠，春祭曰祠。品物少，多文词也。从示司声。仲春之月，祠不用牺牲，用圭璧及皮币。

礿（yuè），夏祭也。从示勺声。

禘，谛祭也。从示帝声。《周礼》曰："五岁一禘。"

祼（guàn），灌祭也。从示果声。

祓，除恶祭也。从示犮声。

禡，师行所止，恐有慢其神，下而祀之曰禡。从示马声。《周礼》曰："禡于所征之地。"

禂（dǎo）祷牲马祭也。从示周声。《诗》曰："既禡既禂。"

禓（yáng），道上祭。从示昜声。

禫（dàn），除服祭也。从示覃声。

祭祀活动（据《说文》）：

祡，烧祡樊燎以祭天神。从示此声。《虞书》曰："至于岱宗，祡。"

禷，以事类祭天神。从示类声。

禖，以豚祠司命。从示比声。汉律曰："祠禖司命。"

第二，有些事物或概念在古代用词来表示，后来或现代改用词组来表示，古代的这些词因而也消亡了（或者变为语素，或者表示他义）。例如：

羹

用肉类或菜蔬等制成的带浓汁的食物。王力主编《古代汉语·郑伯克段于鄢》："公赐之食，食舍肉。公问之，对曰：'小人有母，皆尝小人之食矣，未尝君之羹，请以遗之。'"注："羹，带汁的肉。"今成为语素，如：肉羹、鸡蛋羹。

胾

切成大块的肉。《说文·肉部》："胾，大脔也。"《史记·绛侯周勃世家》："顷之，景帝居禁中，召条侯，赐食。独置大胾，无切肉，又不置櫡。"裴骃《集解》引韦昭曰："胾，大脔也。"

今口语不用，已消亡。

汲

从水井里打水。又泛指打水。《说文·水部》："汲，引水於井也。"《周易·井》："井渫不食，为我心恻，可用汲。"《后汉书·姜诗妻传》："母好饮江水，水去舍六七里，妻常泝流而汲。"今成为语素，如：汲取。

又如，《说文·马部》称："骊，马深黑色。""騩，马浅黑色。""驖，马赤黑色。""马七尺为騋，八尺为龙。"

这些概念或事物现在肯定还有，但人们不是用词而是用相应的词组来称说它们：一岁的马、两岁的马（驹，现在用以称少壮的马）、三岁的马、八岁的马等。

再如《尔雅·释山》称："山三袭，陟；再成，英；一成，坯。" "山大而高，崧；山小而高，岑（cén）；锐而高，嶠（qiáo）。""卑而大，扈；小而众，岿（kuī）；小山岌大山，峘（huán）。"

同样，这些概念或事物现在肯定也有，但人们也是用相应的词组来称说它们了。例如，江西武宁方言称：三重的山，二重的山，一层的山，等等。

（三）词的发展

词的发展包括形态的发展和音节的发展。随着汉语词汇的复音化，许多单音词或双音词有了形态或音节上的发展而意义未变。

第一，形态上的发展即由单音词或双音词添加词缀而成复音词的。例如：

鼻—鼻子　孙—孙子　鸭—鸭子　橘—橘子　袋—袋子　珠—珠子　银—银子

猫—猫儿　盆—盆儿　口—口儿　根—根儿　绳—绳儿　名—名儿　事—事儿

舌—舌头　指—指头　拳—拳头　石—石头　木—木头

前—前头　外—外头

鼠—老鼠　虎—老虎　师—老师　道—老道　丈人—老丈人　百姓—老百姓

第二，由意义相同或基本相同的单音词复合成复音词的。例如：

身、体—身体　头、脑—头脑　肤、皮—皮肤　女、妇—妇女　土、泥—泥土　墙、壁—墙壁　木、树—树木　舟、楫—舟楫　言、语—语言　技、术—技术

追、逐—追逐　更、改—更改　听、聆—听聆　咏、歌—歌咏　逃、亡—逃亡　分、析—分析　察、观—观察　携、提—提携　绕、缠—缠绕　结、缔—缔结

傲、骄—骄傲　饥、饿—饥饿　甘、美—甘美　谨、慎—谨慎　芜、秽—芜秽　悲、哀—悲哀　吉、利—吉利　危、险—危险　难、困—困难　独、单—单独

第三，有在单音词前加上所由出或所有者而成复音词的。例如：

发—头发　泪—眼泪　涕—鼻涕　掌—手掌　杖—手杖　泉—矿泉　草—水草

第四，有重叠单音词而成复音词的。例如：

伯—伯伯　爹—爹爹　叔—叔叔　舅—舅舅　姑—姑姑　弟—弟弟　妹—妹妹

以上是称名。一般词汇例如：

谢—谢谢

谢：感谢。《汉书·张汤传》：“尝有所荐，其人来谢。安世大恨，以为举贤达能，岂有私谢邪？”宋秦观《次韵裴仲谟和何先辈》：“多谢名郎传绿绮，愧无佳句比南金。”

谢谢：感谢。清周亮工《与何省斋书》：“谢谢先生，一卮亦不忘不肖弟，有情人哉！”《官场现形记》第三二回：“赵大架

子回称：‘谢谢。’”冰心《追念振铎》：“更请你多多替我们谢谢老太太，她的手艺真是高明！”

微—微微

微：稍微，略微。《汉书·翟方进传》：“时方进新为丞相，陈咸内惧不安，乃令小冠杜子夏往观其意，微自解说。”宋王安石《车螯》诗之二：“自非身有求，不敢微启唇。”巴金《寒夜》二七：“他觉得口干，便走去拿茶壶，倒了杯微温的白开水来喝。”

微微：稍微，略微。明张煌言《立秋同诸子限韵》：“清露微微沾薜荔，凉风澹澹拂松杉。”叶圣陶《隔膜·欢迎》：“他那平滑的脸上微微露出轻视的笑。”

渐—渐渐

渐：逐渐。《汉书·李广利传》：“天子业出兵诛宛，宛小国而不能下，则大夏之属渐轻 汉。”曹禺《日出》第二幕：“唱声渐低，方达生进。”

渐渐：逐渐。汉荀悦《前汉纪·孝武纪三》：“广伪死，渐渐腾而上马，抱胡儿而鞭马南驰。”唐张籍《早春病中》诗：“更怜晴日色，渐渐暖贫居。”《三国演义》第八十五回：“却说先主在永安宫，染病不起，渐渐沉重。”老舍《骆驼祥子》十一：“往东入了长安街，人马渐渐稀少起来。”

（四）词的变化

词的变化是指变换成另一个完全不同的词。

第一，由一个单音词变成另一个单音词。其中汉语历史常用词比较多，例如：

首—头　目—眼　口—嘴　木—树　本—根　矢—箭　斤—斧　水—河

观—看　食—吃　击—打　悬—挂　覆—盖　燃—烧　伐—砍　烹—煮

疾—快　崇—高　暑—热　寒—冷　恶—丑　贫—穷　缓—慢　坚—硬

第二，由单音词变成完全不同的复音词。例如：

日—太阳　旦—早晨　暮—傍晚　策—马鞭　蠹—蛀虫　雉—野鸡

二、词汇发展变化的原因

词汇发展变化的原因，既有语言外部的，也有语言内部的，还有汉语所特有的。

（一）社会的需要

社会是发展变化的，人们用词的需求也是与日俱进的，于是需要词汇系统不断纳新汰旧以保“鲜”。具体来讲，一方面，要不断地创制新词来表示新事物、新现象，同时还要不断吸收口语、方言中新鲜有活力的词语来丰富自身；另一方面，又会淘汰一些旧词。

例如，“屦”“履”与“鞋”的历时更替。西周春秋时期，汉语表示鞋子义主要用“屦”，偶尔用“履”。战国时期，“屦”“履”呈抗衡之势。到了汉代，“履”基本替换了“屦”。西汉时，出现一种用生皮革制作的、鞋口系着绳子可以松紧收缩之履，因其可“解”，故称为“鞋”（“鞵”）。其时属于专称，不是通称。发展到南北朝时期用作通称，此后“鞋”“履”并行。发展到元代，表示鞋子义则以“鞋”（“鞋子”）为主，有时也使用“履”，“鞋”基本替换了“履”，而后一直至今。

又如，“求”“索”与“寻”“觅”的历时更替。先秦时，表示“寻找”这一概念，是用“求”“索”来表示的。《诗经·小雅·伐木》：“嘤其鸣矣，求其友声。”《楚辞·九辩》：“国有骥而不知乘兮，焉皇皇而更索？”《楚辞·离骚》：“路曼曼其脩远兮，吾将上下而求索。”“寻”的本义是古代的长度单位，八尺叫一寻。大约不晚于东汉初，“寻”引申出“寻找”义。东汉光武帝《地震诏》：“吏人死亡，或在坏垣毁屋之下，而家羸弱不能收拾者，以见钱谷取佣，为寻求之。”“觅”大约是汉末产生的南方方言词，三国时的汉译佛经文献中已经常用。三国吴支谦《菩萨本缘经》卷上：“尔时怨王得其国已，即便唱令求觅本王。”发展到南北朝时，南方口语中以说“觅”为主，在北方则基本说“寻”。“寻”“觅”基本替换了“求”“索”。①

（二）词汇系统的需要

词汇又是一个内涵丰富的系统。由于一个词的各词义之间具有内联性，书写形式与词义、读音之间具有象似性，义位与义位、词与词之间具有区别性等特点，当一个常用词与以上特性相抵牾时，词汇系统就会自行调节，替换成其他的词。

例如，“嗅”“闻”的历时替换。表示“用鼻子闻”的意思，最初是用从自（鼻）从犬之“臭”来表示的，音 xiù。动静引申，“臭”又表示所闻的对象“气味”义。《周易·系辞上》：“其臭如兰。”后来为了区别起见，便另造“嗅”来表示本义（“用鼻子闻”）。“嗅”从口，而“口”不是“嗅”之器官，用它来表示“用鼻子闻”义，不太符合汉字的字形与字义有相似性的特点，因此另外又造“齅”。而“齅”盖因笔画太多，又难以通行，还是使用“嗅”。“臭”又引申偏指腐败的气味，读音变为 chòu。此“臭”是恶词，人们会忌讳，由于字形与字义具有相似性，连带地人们对从口从臭之“嗅”也会忌讳使用，于是乎，一旦有其他的可以用来表示“（用鼻子）闻”义的字出现，嗅就有可能被替换。“闻”最初表示“（用耳朵）听（聽）”义，后来由于词义的引申，又用来表示“（用鼻子）闻”义，这

① 汪维辉. 东汉—隋常用词演变研究［M］. 南京：南京大学出版社，2000.

就为“闻”代替“嗅”提供了可能。随着词汇的发展，出现了表示“（用耳朵）听（聽）”的新词“听（聽）”，当“听（聽）”代替了“闻”，“闻”就闲置了，于是，“闻”就得以用来表示“（用鼻子）闻”义了。“臭”专用于表示“气味”“臭味”，“听”替代“闻”，“闻”替代“嗅”，这是词汇系统自我调节的结果。

（三）人们认知的变化

在汉语史中，有不少事物的称名发生了由“专名”到“共名”的变化。专名是指在这同一类事物之中的各种略有差异的事物有各自不同的叫法，共名则指某一类事物，用共同的叫法来指称它。古代多用专名，后代多用共名。这种称名的变化反映了人们认知的变化。例如：

上古汉语对于不同特点的牛都用不同的专名来指称它：两岁牛叫犻（bèi），三岁牛叫犙，四岁牛叫牭，白黑杂毛的牛叫牻，有虎纹的牛叫犊（tú），毛色不纯的牛叫犖（luò），毛色斑驳如星的牛叫牪（pēng），黄白色的牛叫犥（piāo），白牛叫犨（yuè），白脊的牛叫犡，长脊背的牛叫犟。今天则用共名“牛”或者有关“牛”的词组来表示。

上古对于各种不同特点的羊也用不同的专名来指称它：小羊为羔，幼羊曰羜，未满一岁的羊曰兆（zhào）；黑羊为羖（gǔ），公羊曰羒（fén）；母山羊曰牂（zāng），黑母羊曰羭（yú）；阉割过的羊曰羠（yí）曰羯（jiē），角不齐（一长一短）之羊曰觤（guǐ），今天也是用共名“羊”或者有关“羊”的词组来表示。

又如，古代双扇曰门，单扇曰户，或者“外曰门，内曰户”（见《韵会》），今统叫门；古代“谷藏曰仓，米藏曰廪”（见《礼记·月令》疏），今统称仓（双音节则用粮仓等）；古代“天生曰卤，人生曰盐”（见《说文》段注本），今统称盐（双音节则用食盐）；古代“方曰筐，圆曰筥”（见《诗经·召南·采蘋》传），今统称筐（双音节则用箩筐）；古代“短曰楫，长曰櫂（zhào）”（见《韵会》），今统称桨（双音节则用船桨）。

上古人们对动物的叫声区分得比较细：据《说文》，“鸣”为鸟叫声，“喔”为鸡叫声，“吠”为犬叫声，“呦”为鹿叫声，“唬”为虎叫声。今天凡动物的叫声都用“叫”。

上古汉语对“洗濯”这一概念也分得很细：洗头用“沐”、洗澡用“浴”、洗脸用“沬”（颒、靧）、洗脚用“洗”（xiǎn）、洗手用“盥”和“洮”等，明代以来统一用“洗”。

上古汉语对“雕刻”这一概念也分得很细：“治骨曰切，象曰磋，玉曰琢，石曰磨。”（见《诗经·卫风·淇澳》毛传）今天则用“雕”“刻”（双音节则用雕刻）。

（四）汉语词汇复音化

词汇复音化本是汉语词汇发展变化的一大规律。规律一旦形成，就会促进词汇按此规律发展成新词。如由“涕”发展为“鼻涕”，由“泪”发展为“眼泪”，由“耳”发展为“耳朵”，等等。

（五）汉语词汇的特殊运用

在语言运用中，人们往往需要运用特殊的表达方式来称述某些事物或现象。当这些特殊的表达方式固定下来，就造成了词汇的演变。

例如，古人在大年初一不能说“借”，怕说了“借”字一年都受穷，于是遇到要说“借”时就改为说“拿”（按今天广东还把“借款”说成“请款”）；过去船家禁忌说“住”，连带地同音词“箸”也不能说，于是改说“箸”为“筷”；做生意的人怕“蚀本”，禁忌说“蚀”，而要说“利”，连带地同音字“舌”也不能说，于是两广人把“猪舌”说成“猪脷”，把“牛舌”说成“牛脷”。

又如，中国古代封建社会是一个等级社会，对于皇帝、自己的祖先和父母，以及尊长的名字，必须敬避，不能直接说出或写出，否则就是大逆不道。对于一般人的名讳不会影响到词汇，但皇帝的名讳就有可能影响到词汇。王力先生列举了几个典型的例子：西汉吕后名“雉”，所以称“雉”为“野鸡”，至今北方话和许多南方方言还把“雉”叫做“野鸡”。西汉文帝名“恒”，宋真宗也名“恒”，所以“恒山”又称“常山”。东汉光武帝名“秀”，所以“秀才”又称“茂才”。晋代因避司马昭讳，改“昭君”为“明妃”。唐太宗名李世民，所以不能直接说“世”说“民”，遇到要说这两字时要改为称“代”称“人”。例如，王维《李陵咏》：“三代将门子。”“代”的“世代”义一直沿用至今，如“祖孙三代”。

三、常用词的历时替换研究

（一）名称的变化

王力先生在《汉语史稿》中根据法国语言学家房德里耶斯（1875—1960）的有关普通语言学理论论述了“概念是怎样变了名称的”，为汉语词汇史研究提出了一个很好的命题。[①] 这个命题是从概念的角度来审视：在名称的背景下，词汇从古到今有什么样的变化。也就是说，同一事物、观念或动作行为、性质，过去是用什么名称（词汇）表达的，后来又是用其他什么名称（词汇）表达的。例如：

① 王力．汉语史稿［M］．北京：中华书局，1980：574．

表 15－1

概念（意义）	脚（下肢的踝骨以下的部分）①	树木②
名称（词）	足→脚	木→树
时间	先秦汉魏—晋代已经取代“足”	先秦西汉—两汉之交已经取代“木”

表 15－2③

概念（意义）	行走	奔跑	坚硬
名称（词）	行→走	走→跑	坚、刚→硬
时间	先秦至元代—大约源于明代	先秦至元代—大约源于明代	先秦至六朝—大约产生在隋唐以后

“概念是怎样变了名称的”，与“词是怎样变了意义的”是词汇演变的两个重要课题。

（二）常用词的历时替换研究

“概念是怎样变了名称的”，其重点就是“常用词的历时替换研究”。常用词的历时替换是词汇的发展变化中的一个很重要的内容。

从事常用词的历时替换研究要注重如下几点：①各时期的典型语料；②新词的始见例；③新词用例的逐渐增加以及旧词用例的逐渐减少的历程；④新词基本替换旧词的时间或时期；等等。

例如：

---

① 方一新．中古近代汉语词汇学［M］．北京：商务印书馆，2010：166.

② 汪维辉．东汉—隋常用词演变研究［M］．南京：南京大学出版社，2000：86.

③ 王力．汉语词汇史［M］．北京：商务印书馆，1993：104－108.

"洟""泗"/"涕"/"鼻涕"的历时替换。

第一，先秦时，表示"鼻液"义用"洟"，又借用"泗"。

"鼻液"义在先秦本作"洟"。《说文·水部》："洟，鼻液也。"但该词使用频率并不高，据对先秦常见文献调查，一共才使用6次（其中一次是《易传》对《易经》的引用），具体如下：

①上六：赍咨涕洟，无咎。(《周易·萃》)

②《象》曰："赍咨涕洟。"未安上也。(《周易·萃》)

③主人深衣练冠，待于庙，垂涕洟。(《礼记·檀弓上》)

④在父母舅姑之所……不敢唾洟。(《礼记·内则》)

⑤父母唾洟不见。(《礼记·内则》)

⑥躄而不拜，已乃涕洟而去。(《晏子春秋·内篇谏下第二·景公路寝台成逢于何愿合葬晏子谏而许第二十》)

"涕洟"，即眼泪和鼻涕；"唾洟"，即口水和鼻涕。例①、②、④、⑥是动词用法。

先秦又借"泗"为"洟"。"泗"本是水名。《说文·水部》："泗，受沛（按从《广韵》所引）水，东入淮。"段注："泗即洟之假借字也。"朱骏声《定声》："（泗）假借为洟。""洟""泗"脂、质对转，可以通假。"泗"在先秦使用比较频繁，但一般是指泗水、泗州，借作"洟"表示"鼻液"义只见《诗经》中一例：

⑦寤寐无为，涕泗滂沱。(《诗经·陈风·泽陂》)毛传："自目曰涕，自鼻曰泗。"

第二，西汉后期，表示"鼻液"义开始用"涕"，并随即替换了"洟"和"泗"。

"涕"的本义是指"目液"，引申为"哭泣"。《说文·水部》："涕，泣也。"段注："当作目液也。毛传皆云：自目出曰涕。"《玉篇·水部》："目汁出曰涕。"（按：《说文》的释义当是引申义，《玉篇》的释义才是本义）在先秦文献中，“涕”是一个使用频率较高的字，主要用作本义“眼泪”，也有一些用作引申义“哭泣”，但从不表示“鼻液”。例如：

⑧君子秉心，维其忍之。心之忧矣，涕既陨之。（《诗经·小雅·小弁》）

⑨及子产卒，仲尼闻之，出涕曰：“古之遗爱也。”（《左传·昭公二十年》）

⑩武王乃恐惧，太息流涕，命周公旦进殷之遗老，而问殷之亡故。（《吕氏春秋·慎大》）

⑪之子于归，远送于野。瞻望弗及，泣涕如雨。（《诗经·邶风·燕燕》）

⑫曾歔欷之嗟嗟兮，独隐伏而思虑。涕泣交而凄凄兮，思不眠以至曙。（《楚辞·九章·悲回风》）

发展到西汉后期，出现了“涕”表示“鼻液”义的现象。据调查，有如下用例：

⑬故闻其悲声，则莫不怆然累欷，撇涕抆泪。（王褒《洞箫赋》）

⑭仡仡叩头，两手自搏，目泪下落，鼻涕长一尺。（王褒《僮约》）

⑮蔡泽，山东之匹夫也，顉颐折頞，涕涶流沫，西揖强秦之相，搤其咽，炕其气，附其背而夺其位，时也。（扬雄《解嘲》）

按：王褒，字子渊，西汉辞赋家。据《华阳国志》载，宣帝曾使之侍太子。例⑬“涕”“泪”对文，“涕”即鼻涕。扬雄，字子云，西汉学者。例⑮“涕涶”即鼻涕和唾液。

那么，“涕”的鼻液义是如何得来的呢？有人认为是借作“洟”而来的。[1] 西汉时，“涕”为透纽脂部（[t'iei]），“洟”

① 任学良.《古汉语常用词》订正［M］. 杭州：浙江大学出版社，1987：151.

为喻纽脂部（[dʻĭei]），两字读音很接近，于是人们借用“涕”字来代替“洟”，即用“涕”来表示“鼻液”义。

“涕”字表示“鼻液”义以后，随即替换了本来并不多见的“洟”和借作“洟”的“泗”。在西汉后期文献中，“洟”未见用例，“泗”表示鼻液义只见一次，且为沿用《诗经》中成语：

⑯新室文母太后崩，天下哀痛，号哭涕泗，思慕功德。（扬雄《元后诔》）

发展到东汉，表示鼻液义则都用“涕”，未见“洟”“泗”，“涕”完全替换了“洟（泗）”。有如下用例：

⑰鼻塞清涕出，不闻香臭酸辛。（张仲景《金匮要略·肺痿肺痈咳嗽上气病脉证治第七》）

⑱夫中寒家，喜欠，其人清涕出，发热色和者，善嚏。（《金匮要略·腹满寒疝宿食病脉证治第十》）

⑲肺中寒，吐浊涕。（《金匮要略·五脏风寒积聚病脉证并治第十一》）

⑳十一月、十二月勿食薤，令人多涕唾。（《金匮要略·果实菜谷禁忌并治第二十五》）

㉑脉阴阳俱紧者，口中气出，唇口干燥，踡卧足冷，鼻中涕出，舌上胎滑，勿妄治也。（张仲景《伤寒论·辨脉法第一》）

㉒鄙人有得脡酱而美之，及饭，恶与人共食，即小唾其中。共者怒，因涕其酱，遂弃而俱不得食焉。（桓谭《新论·谴非第六》）

㉓鼻塞曰鼽。鼽，久也。涕久不通，遂至窒塞也。（刘熙《释名·释疾病第二十六》）

第三，西汉王褒《僮约》中始见“鼻涕”，明代“鼻涕”基本替换了“涕”。

然而，“涕”在整个中古、近代汉语中的主要职能还是表示眼泪或哭泣义（中医文献例外，该类文献主要表示“鼻涕”

义），表示鼻液义只是“涕”的又一义。显然，二者在使用中容易引起混淆。为了区别起见，中古时便有“好事者”为“鼻涕”义另造了一个“鮷”字，但没有通行。《玉篇·鼻部》：“鮷，他计切。鼻鮷。本作涕。”另外的一个做法则是当用“涕”表示“鼻涕”义时，在“涕”前加上一个“鼻”字，以表明“涕”之所由出。于是乎出现了双音组合“鼻涕”。上所举西汉王褒《僮约》例（按：例⑭）便是所见到的最早的“鼻涕”用例。东汉的翻译佛经中也偶有用例，例如：

㉔化作老人，踞于道傍。头白齿落，皮缓面皱，肉消脊偻，支节萎曲，眼泪鼻涕，涎出相属。（东汉竺大力、康孟详共译《大正新修大藏经第三卷·修行本起经卷下·游观品第三》）

魏晋南北朝时期，“鼻涕”用例还属偶见；隋唐以降，随着汉语词汇复音化的发展，“鼻涕”的用例逐渐多了起来。下面是对魏晋以降古白话文献中出现的“涕”及其表示“鼻液”义的“涕”以及“鼻涕”用例所做的抽样调查（见表15－3）。

表15－3

涕	魏晋			南北朝			隋唐五代			宋			元			明			清		
	搜神记	裴子语林	六度集经	世说新语	殷芸小说	出三藏记集	王梵志诗	入唐求法…	祖堂集	朱子语类	夷坚志	景德传灯录	全元散曲	全元杂剧	全元南戏	西游记	金瓶梅词话	初拍二拍	醒世姻缘传	镜花缘	官场现形记
A	70	6	20	21	3	11	1	1	3	12	24	4	2	8	2	7	18	19	10	8	14
A_1	4	0	5	0	0	1	0	1	3	1	3	1	1	4	1	1	2	0	0	0	0
A_2	0	1	0	0	1	0	1	0	0	1	2	0	0	2	1	2	6	1	4	2	6

说明：A为“涕”的总次数；A_1是A中表示“鼻液”义的单音词“涕”的次数；A_2是A中的双音组合“鼻涕”的次数。《入唐求法…》指《入唐求法巡礼行记》。

“鼻涕”的用例如：

㉕刘道真年十六，在门前弄尘，垂鼻涕至胸。(晋裴启《裴子语林》)

㉖眼中双泪流，鼻涕垂入口。(《王梵志诗》卷五《心恒更愿取》)

㉗身旁一道人云：“是陈先生临死时滴出鼻涕。”(《朱子语类》卷第一百三十八)

㉘(净) 怎么好？只得省些鼻涕和在里面。碧长老吃面。(丑) 怎么这样糊涂面。[《全元南戏·(刘唐卿) 白兔记》第九出]

㉙不一时，呆子得胜，也自转来，累得那粘涎鼻涕，白沫生生，气呼呼的。(《西游记》第八十五回)

以上的调查表明，从宋代开始，随着汉语词汇复音化的发展，“鼻涕”的用例逐渐多了起来。发展到清代，表示“鼻液”义就全都用复音词“鼻涕”了。“鼻涕”完成对“涕”的替换。这一现象一直保持到现在。

总之，表示“鼻液”义，先秦用“洟”“泗”；发展到西汉后期，表示“鼻液”义开始用“涕”，并随即替换了“洟”和“泗”。这是第一次替换。西汉王褒《僮约》中始见“鼻涕”，发展到清代，“鼻涕”替换了“涕”。这是第二次替换。第一次替换是因为“涕”假借为“洟”，第二次替换是词汇复音化的结果。

第十六章　汉语的词汇系统及其历时演变

一、词汇的系统性

（一）词汇是有系统的

20 世纪五六十年代和八九十年代，我国语言学界讨论了词汇是不是一个系统的问题，最后辨明，词汇是有系统的。

词汇是有系统的，其理论依据为：一是客观事物、现象是成系统的，那么，反映它们的词汇自然也是成系统的；二是思维概念是成系统的，那么，表示它们的词汇自然也是成系统的；三是自索绪尔以来，普遍认为语言是成系统的，而且语言的组成部分语音、语法是成系统的，那么，作为语言的另一组成部分词汇自然也是成系统的。

（二）词汇系统概述

词汇是一个怎样的系统呢？亦即其组织结构是怎样的呢？各家观点不一。下面按是否吸收了西方语义场理论的观点来加以介绍：

1. 高名凯的观点

"语言的词汇系统是个极为复杂的系统，它可以依照各种不同的结构关系把各词位以互相制约、互相影响的方式联合起来，组成各自的类聚，而这些不同的类聚之间又可以彼此互相交叉，互相制约，互相影响。”① 这一论述说明：词汇系统是互相制约、互相影响的各种词位（作为词汇单位的词）的类聚；类聚与类聚之间又可以彼此互相交叉，互相制约，互相影响。

高名凯所论述的类聚有：

（1）同族词类聚（在语音和语义方面有密切的联系的以同一个最基本的词汇部分的词根为构词基础的词位的类聚）。

（2）同音词类聚、同义词类聚、反义词类聚。

（3）根据词义中包含的表感情、表形象、表修辞、表风格的义素，分别组成相应的类聚。

（4）根据词所指明的客观事物的类别（如表国别、表谷类）组成类聚。

（5）依照某些词的来源及这种来源所保留下来的某种意义色彩组成类聚，如地方方言来源的词、社团方言来源的词、外语来源的词、古语来源的词、国际词等类聚。

（6）依照词的不同的全民实用性的程度、历史稳固性的程度、构词能力的程度而组成根词、基本词汇和一般词汇等类聚。

2. 张永言的观点

“我们要把一种语言的词汇当作一个体系来研究，首先就得按照词的语义联系进行分门别类的工作。”“按照词与词之间的语义联系来进行分类，这又有两种不同的分法：一种是在词汇里区分出同义词、反义词和同音异义词，另一种是所谓‘主题分类’。”“所谓主题分类，也就是按照词的词汇意义所表现的概念类别而做出的词的分类。例如：人体各部分的名称，动物名称，植物名称，自然现象的名称，亲属称谓，等等。”

词的这种语义分类还可以分为两类。

（1）联用分类。有的词由于它们所表示的对象或现象具有

① 高名凯. 语言论［M］. 北京：商务印书馆，1995.

某种联系而常常用在一起，这些词结合起来就构成一个联用类别。例如，"信""邮局""邮票""寄""投递"等词在言语里常常同时出现，就可以按照连用分类法把它们归入为一个类别。

（2）逻辑分类。这是按照词所表示的概念的种属关系做出来的分类。一种语言的词汇首先可以分为几个词类，如名词、动词、形容词等。每个词类又可以分为若干义类，其中每个义类还可以继续分下去。①

3. 刘叔新的观点

"现代汉语词汇的体系性，主要就体现在全部词语按照相互的意义关系而确定地置于十一种互有关联的结构组织之中。"这11种结构组织是：同义组、反义组、对比组、分割对象组、固定搭配组、特定搭配组、互向依赖组、单向依赖组、挨连组、级次组以及同素族。②

（1）同义组。

（2）反义组。

（3）对比组。例如：

母—子；红—绿；卵—石；羊—虎；水—火；红—蓝

（4）分割对象组。例如：

树根—树干—树枝—树叶

高等教育—中等教育—初等教育

教授—副教授—讲师—助教

这种结构组织，仿佛其各成员共同把一个对象加以分割，分别同割得的部分相关联。

（5）固定搭配组。"若不同的词不仅互相发生意义的组合，

---

① 张永言. 词汇学简论［M］. 武汉：华中工学院出版社，1982：64－68.

② 刘叔新. 汉语描写词汇学［M］. 北京：商务印书馆，1995.

而且彼此固定地紧密结合，形成一个定型的整体，就产生一个固定搭配组。”固定搭配组是线性结构组织。例如：

意气风发、文质彬彬、映入眼帘、戴高帽、穿小鞋、匹夫之勇

（6）特定搭配组。“如果某两个或更多几个词习惯上总是搭配着一起出现，但是并不构成一个固定的整体单位，也关联牵合起来，组织成另一类线性结构组织，就是特定搭配组。”例如：

理—发；战争—勃发；英姿—勃发；闯—祸；耍—花招

（7）互向依赖组。不同的词语单位，如果相互没有反义关系，但是在意义上彼此互相依存，A 依赖于 B，B 反过来也对 A 有同样的依赖，即明显地互为存在的条件而互相制约，那就聚合为一种结构组织——互向依赖组。例如：

母鸡—鸡蛋；土地—庄稼；铁路—火车；海军—舰艇；运动—时间

（8）单向依赖组。例如：

写←笔；垂←钓鱼；扬帆←风；唱←歌；枯←草木；低廉←价格

（9）挨连组。例如：

初一～～初二～～初三～～初四～～初五～～初六～～初七～～初八～～初九～～初十

春～～夏～～秋～～冬

（10）级次组。有的不同事物，彼此形成严格的级次，一类是另一类若干单位之和，或倒过来说，一类隶属于并组成了另一类。反映这种情况，语言词汇中相应有一些内部级次分明的词语组。例如：

军 < 师 < （旅 < ）团 < 营 < 连 < 排 < 班

全书 < 章 < 节 < （小节 < ）段 < 句 < 词语

里 < 丈 < 尺 < 寸 < 分 < 厘

（11）同素族。例如：

地　地面　地下　地形　地势　地底　低温

高地　谷地　盆地　山地　大地　落地　坠地

脚踏实地　一败涂地　五体投地　死心塌地　肝脑涂地

4．贾彦德的观点

贾彦德是较早运用西方语义场理论来分析汉语词汇系统的学者，研究成果主要有《语义学导论》《汉语语义学》等。

（1）语义场的性质。

语义场（semantic field），又叫词汇场，是在20世纪30年代由西方的一些语言学家创立发展起来的一种理论，其代表人物是德国语言学家特里尔。该理论认为，语言里的词汇不是一盘散沙，而是一个相互关联的词汇网络系统即总语义场。这个词汇网络系统可以分析成大小不等的各种区域，即子语义场（简称子场），场内的词以各种方式互相联系、互相定义，如一个颜色词的确切意义只能参照频谱上分出的其他颜色的词才能理解。

这一理论先分出不同的概念场（如颜色，亲属关系等），然后分析指示该概念场中各区域的词项，从而确定“遮盖”（意为指示、表示）这个概念场的语义场。

（2）语义场的组成。

贾彦德认为，汉语词汇是一个总语义场，里面包含着大量的子语义场。这些子场可以分为如下10种：

①分类义场。这类语义场内的各个义位，标志着同类事物（或同类现象、性质、运动、行为）里的各种对象。如：陆军、海军、空军。分类义场可以是多层次的，大类之下分小类，小类之下又可以分出更小的类。层层叠叠，虽复杂，却严整。

②部分义场。反映每一对象的各个组成部分。如：大腿、小腿、脚。

③顺序义场。各义位间有一种顺序关系的属于顺序义场，如

星期一、星期二、星期三……还有的反映了一种等级，如：优、良、合格、不合格。

④关系义场。关系义场的义位反映那体现某种关系的现象，这些现象体现人与人的关系（如君、臣），事物之间的关系（如总行、分行），还有体现行为的关系（如攻、守）。这种词一般是成对的，两者间大多存在着方向相反、互相依存的关系。

⑤反义义场。反义义场包含两个义位，它们的意义正好相反。如果 A_1是 x，那么 A_2就是 - x（这样 A_1就可以标为 + x）。例如："动、静"，"死、活"，"男、女"。

⑥两极义场。两极义场都是二元的。每个语义场包含两个义位，它们在意义上也是彼此相反的，可是这种语义场有三个明显的特点：两个义位之间有一明显的过渡带；它们可以向相反的方向无限延伸，永无止境；两极义场中间的分界，有不少是有可能移动的。例如，"贫—富""老—少""大—小"等。

⑦部分否定义场。场内的诸义位处在某种相互否定（即不完全否定）的状态之中。例如，"一定、也许"，二者在意义上并不完全相反。又如，"前进、停止、倒退"，第一和第二、第二和第三者都是不完全否定，只有第一和第三者才是完全否定，即是反义词。

⑧同义义场。指一组广义的同义词。所包含的各个义位间有同有异，而且是大同小异。例如，"吹嘘、吹捧""父亲、爸爸、爸、爹""粗俗、粗鄙"等。

⑨枝干义场。场内包含一个如同树干的义位 A，又包含一个或多个如同是树枝的义位 A_1、A_2等，$A_1 + A_2 + \cdots$不能等于 A，只能是 A 的一部分。例如，"摘、采""扔、甩、投"等。

⑩描绘义场。"湿淋淋、湿漉漉""乐呵呵、乐陶陶、乐滋滋""黑不溜秋、黑咕隆咚""雪白、银白、月白、煞白"等，这样的义场叫描绘义场，它们在语义上有相同的特点。

5. 蒋绍愚的观点

“要研究一种语言的词汇系统，可以从下列几个方面进行考察：在这种语言系统中，义位是怎样结合成词的；这种语言系统中的词在语义场中构成什么样的关系（包括聚合关系和组合关系）；这种语言系统中的旧词和新词是什么关系。”具体来讲：

第一，“在汉语发展的不同历史阶段，哪些义位有，哪些义位没有，是有所不同的。”“在某个历史时期，新产生的义位可以单独成词，但也可以不单独成词，而只是在原有的词上增加新义位，这就是旧词增加新义。”

第二，“一批有关联的词，组成一个语义场。”“词在语义场中的关系有聚合和组合两种。”根据聚合关系，可以找出一组词；根据组合关系（即词的搭配关系），可以知道词的变化。

第三，原有词与新词（滋生词）是同源词；由原有词加上词尾而构成新词（派生词）；由原有词作为语素而构成新词（合成词）。要比较两个词汇系统的异同，也可以从这些方面进行。①

6. 符淮青的观点

符淮青在《词义的分析和描写》第九章“词群”（语文出版社，1996）和《现代汉语专题教程》第二章“词汇”（北京大学出版社，2003）中，将语义场理论和现代汉语词汇系统较好地结合了起来。

符淮青把词汇场改称为词群。词群分为“层次关系词群”和“非层次关系词群”。

（1）层次关系词群。这种词群的成员呈现层级关系，因层级关系内容的不同，又可分为如下几种类型：

①上下位关系词群。例如：

---

① 蒋绍愚. 古汉语词汇纲要［M］. 北京：北京大学出版社，1989：273－294.

人

↓

工人

↓ ↓ ↓ ↓

矿 花 瓦 木

工 匠 工 工

有严格的、科学分类中的上下位关系词群，也有非严格的、日常应用的上下位关系词群。前者如动物界、植物界的分类系统。例如：方法→烹调方法、治疗方法、画法、染法、写法、读法……（加线者为固定语或词组）。

表名物的词中普遍存在上下位关系词群，表动作行为、性质状态的词中也存在上下位关系词群。例如：

打

↓ ↓ ↓

痛 毒 鞭

打 打 打

香

↓ ↓ ↓

清 异 喷

香 香 香

②整分关系词群。有整体、部分之分的词组合成整分关系词群。有如下几种类型：

第一，整体部位之间的关系。例如，人体——头、颈、肩、手、胸、腹、背、腰等。

第二，整体构件之间的关系。例如，房子——门、窗户、墙、房顶等。

第三，大数小数之间的关系，大数是整体，小数是部分。例如，1、2、3、4 等。

第四，地区地域之间的关系。例如，广东——广州、深圳、珠海、中山等。

第五，时间时段之间的关系。例如，四季——春、夏、秋、冬。

③等级关系词群。这是指社会组织（行政、军队、学校等）上下级职位、职称的名称的词群。它们的层次反映的是社会认定的地位、级别的层次。例如：

省长—县长—乡长—村长

④亲属关系词群。这个词群反映的是作为生物的人繁殖、延续中在血缘关系上个体所处的先后层次，以及亲属关系，其中“代”的先后次序就是一种层次关系。例如：

高祖父、高祖母—曾祖父、曾祖母—祖父、祖母—父亲、母亲—我、妻子—子、女

（2）非层次关系词群：主题词群。表示某方面的事物现象、动作行为、形状特征的词，因为有共同的关系对象、关系范围而可以组成词群，其中有不少是有层次关系的，但也有一部分是没有层次关系的。表示某方面的、没有层级关系的词群可以组成一个主题（也叫题目）词群。例如：

现代汉语表示用嘴部、用嘴中器官活动的词可以组成一个主题词群：吃、喝、吞、吸、咽、吮、嘬、舔、咬、吻……

表示人体健壮的词也可以组成一个词群：健康、健壮、结实、强壮、强健、硬朗、硬实……

（3）层级词群中同位的词的关系。处在层次词群中同一层次的词叫作同位的词，它们的词义有多种联系，可以从不同的角度来划分，一般讨论的关系有：

①并列关系。例如，“工人”的下位词“木工”“瓦工”“花匠”“电工”“石匠”“矿工”等。“房子”这个整体下表示它的各个部分的词“门”“窗户”“墙”“房顶”等。亲属词“祖父”“祖母”的下一辈“父亲”“伯父”“叔父”“姑母”，“外祖父”“外祖母”的下一辈“舅父”“舅母”“姨父”“姨母”。

②同义关系。

③反义关系。

非层次关系词群中许多词都是同位关系（因为同在一个层次），所以也存在并列关系、同义关系、反义关系等。

以上所讲的词群是从意义方面分析的。实际上词群还可以从别的角度分类。如非语义词群（将词按音序分组排列就是这种词群）、语法词群（将词按语法类、语法次类分组排列）、形态词群（按词的结构特征分类排列）。其中形态词群中的同族词（由包含有同一个语素的合成词组成。例如：天——天才、天赋、天分、天空、天气、天然、春天、蓝天、今天、飞天等等），是汉语词汇系统中的重要表现。①

（4）综合词群。

在一个大的词群中，可能存在种种层次关系、非层次关系，以及其他关系，可称之为综合词群。②

7. 张志毅、张庆云的观点

张志毅、张庆云在《词汇语义学》中论述了“语义场中的义位结构”，根据底层义场中义位之间的关系，分析出以下10种结构关系：③

①同义结构。

②反义结构。

③上下义结构。由上位义（上义词、上位词、上层词）和下位义（下义词、下位词、下层词）组成的结构。例如，羊——山羊、绵羊、羚羊……

④类义结构。指同一层次的共类关系反映在义位上就是类义

---

① 北京大学中文系现代汉语教研室. 现代汉语专题教程［M］. 北京：北京大学出版社，2003.

② 符淮青. 词义的分析和描写［M］. 北京：语文出版社，1996.

③ 张志毅，张庆云. 词汇语义学［M］. 北京：商务印书馆，2001：79－102.

结构。例如，牛羊、耳目、骨肉、笔墨纸砚、工农商学兵。

⑤整分结构。整体和部分的关系反映在义位上就是整分结构。例如，房子——门、窗户、墙、屋顶、地面。

⑥交叉结构。指语义场内的义位之间，基义小部分重合，大部分不同，陪义或同或异。例如，幼年（3 岁左右到 10 岁左右）、少年（10 岁左右到十五六岁）、青年（十五六岁到 30 岁左右）、壮年（三四十岁）、中年（四五十岁）

⑦序列结构。

第一，时间序列。例如，春、夏、秋、冬。

第二，空间序列。例如，左、中、右。

第三，数量序列。例如，一、二、三……

第四，次第序列。例如，甲、乙、丙、丁。

第五，等级序列。例如，优、良、中、及格、不及格。

第六，习惯序列。例如，甜、香、苦、辣；色、香、味。

⑧多义结构。上述结构都是多词共居一场，多义结构则是一词的多个义位共居一场。例如：

铁：一种金属；坚固、坚硬（铁性）；铁制的农具、工具、兵器（铁的功能）；黑色（铁色）。

⑨构词结构。即以共同的语素为形式脉络的义位谱系，表层是共同语素聚合的词族，深层是共同语素义聚合的义族。例如：

车辆、货车；纺车、水车；车床、车间；车工；车水。

⑩组合结构。前面的九种结构，都属于聚合义场范畴，而组合结构属于组合义场（也叫线性义场、句法义场）。在组合义场中的义位之间的关系就是组合结构。所谓“词语搭配”，那是就表层而言，就深层而言，任何词语搭配都是以词义——义位为单位的，即义位组合。例如：

凯旋（战胜归来）：战士凯旋、希望凯旋、光荣凯旋、凯旋的歌声。

张志毅、张庆云又论述了“义位的系统性”，认为义位“在聚合、组合两个方面形成类别、位置、层级，并按相互制约、相互依存、分层级的结构关系（关系网络）组成一个有序整体”。并把义位的系统分为如下类型：①

①同义聚合系统。

②反义聚合系统。

③多义聚合系统。多义词就是语义聚合体，词位内形成多义聚合体。一个多义词就是一个小语义场。

④同素义族聚合系统。一个义位是由两个或几个语素表示的。不同的义位共用一个同义项的语素，这几个义位就是同素义族。语素的不同义项构成不同系列的同素义族。例如，“日”有六个义项，因此就有六个同素义族，其中有：

太阳——日食、日光、烈日、落日、风和日丽；

白天——日班、日夜、终日、竟日、白日做梦；

指日本——日语、日元、留日、访日。

⑤演变系统。

第一，多义化系统演变。单义向多义的演变是成系统的。但不是任何义位都能多义化的，只有在语义场中处于中心的基本义位，它们的引申才表现出一系列规律。

第二，连锁系统演变。有一个语义场内相邻义位的连锁演变、两个相邻语义场义位的连锁演变、反义义场的反义义位的连锁演变。

第三，泛称和特称的系统演变。例如，古汉语中，“马”有泛指义位“马”和特指义位“驹、骊、骥、骄”等，只有泛指“马”沿用下来。

---

① 张志毅，张庆云．词汇语义学［M］．北京：商务印书馆，2001：161－173．

⑥对立系统。在一个语义场内，一个义位以其众多的语义特征跟众多的义位形成既相关或相似（有共性义素）而又有差别的（有个性义素）对立，以这些对立为基础联系成的同一网络，便是义位系统中的具有对立性的聚合语义结构系统。

对立的比较常见类型有：同义对立（女儿≈闺女、姑娘、令爱）、反义对立（女儿←→父亲、母亲）、同层对立（女儿∪儿子、侄女、养女、干女儿）、异层对立（女儿∝子女、孩子、儿女）。

⑦依存系统。

第一，关系依存。例如，写→笔（单向依存）；母鸡→←鸡蛋（双向依存）；“父亲”与“祖父”“母亲”“子女”（多向依存）。

第二，层级依存。例如，连 < 排 < 班；博士 < 硕士 < 学士。

第三，次第依存。例如，春、夏、秋、冬。

第四，临义依存。例如，脚掌、脚心、脚跟；市区、近郊、远郊。

⑧互补系统。即由表示总类与小类、整体与部分义位构成。例如，谷类∪豆类∪薯类∈粮食；屋顶、墙壁、窗户、门∈房子。

⑨组合系统。义位必然具有组合性。语素义之间或义位之间的组合具有选择性、有序性，产生超越语素义或超越义位义的组合义。例如，人 行 道、聘请 教授、顶 天 立 地。

⑩层级系统。

第一，语义场之间的关系是有层级的：高层义场、中层义场、低层义场。

第二，语义场之内的义位之间的关系是有层级的：中心成员、次中心成员、边缘成员。

第三，语义场之内的上下义结构的义位是分层级的：高层、中层、低层。

第四，语义场之内的类义结构的义位是分层级的：分类（小类）、共类（同类）、上类（大类）；在多级分类中居于中心层级的义位在认知心理和交际中最重要。

以上介绍了几家关于汉语词汇系统的学说，我们认为，描写某一时期的词汇系统，将张永言的主题分类和符淮青的词汇系统学说结合起来，并补之于刘叔新、张志毅等的学说，是比较可行的。词汇犹如一棵大树，树干树枝是义类，繁密的叶子都是词。树叶依依形成各式各样的语义场，它们聚集于树枝，树枝汇集于树干，形成参天大树。

二、词汇系统演变研究

（一）怎样研究词汇系统的演变

一个词的演变往往会引起其他词的演变，因此有必要对一组组相关联的词即语义场的历时演变进行研究，这样，就有可能发现词汇演变的更多规律和特点。而且，一组组相关联的词的历时演变，合起来就是一片词的历时演变，最后就有希望完成汉语词汇系统的历时演变。

语义场理论对汉语词汇史研究具有现实意义。汉语词汇系统的发展变化是一项庞大工程，仅凭个人的力量是不可能完成的。既然个人不可能完成该研究工作，不如选择其中的子系统甚至更小的子系统即某子语义场的发展变化来进行，使研究工作掌控在可以操作、可以完成的范围内。具体做法可以是：

第一，选好一个合适的语义场即一组有关联的词。

我们认为，从汉语词汇发展变化的研究的实际需要来看，汉语上下义关系语义场、整体部分关系语义场以及同义关系语义场、反义关系语义场的历时演变研究值得重视。

第二，描写该语义场在前后两个历史时期的发展变化，或者进而描写该语义场在整个汉语史中的发展变化。

通常将汉语史分为上古汉语（先秦或至西汉）、中古汉语（东汉至隋或者中唐）、近代汉语（晚唐至清代前期）、现代汉语（“五四”运动或清代后期至现在）四个时段。当然，具体如何分段要视研究对象的实际情况而定。另外，还有其他的描写方式，比如描写某时期甚至某种文献的某语义场在现代的演变、现代汉语某语义场的历史来源，等等。

下面试以某语义场在某两个历史时段的发展演变为例，假设a，b，c三个词构成一个语义场，t_1为第一历史时段，t_2为第二历史时段，对比该语义场从t_1发展到t_2，会有如下几种可能出现的情况（参考了特里尔，见《中国大百科全书》“词汇”条）：

①没有变化：t_1 a，b，c→t_2 a，b，c。

②某个词义的义域发生了变化：t_1 a，b，c→t_2 a，b^+，c；t_1 a，b，c→t_2 a，b^-，c。

③某个词义上升为上位义或下降为下位义：t_1 a，b，c→t_2 a，B，c；t_1 a，B，c→t_2 a，b，c。

④某个词替换为另一个词：t_1 a，b，c→t_2 a，b，d。

⑤某个单音词的形态发生了变化或替换为一个复音词：t_1 a，b，c→t_2 a，b，cd。

⑥某个旧词的意义发生了转移或者减少了某个旧词：t_1 a，b，c→t_2 a，b。

⑦加入了某个新词：t_1 a，b，c→t_2 a，b，c，d。

当然，一个语义场从t_1发展到t_2，往往同时具有以上若干种变化。

第三，解释原因，总结规律和特点。

（二）语义场的历时演变举例

1. 汉语“持拿”义语义场的历时演变

为了便于审视该语义场的变化，按照组合关系，现把它们的受事类型分为以下类型。

第一，受事为兵器，例如，兵、刃、戈、矛、殳、戟、弓、矢、干、戚、刀、钺、盾、橹（大盾）、剑、旗、旄、旌，等等。简称 S_1。

第二，受事为兵器以外的器具，包括工具、用具、餐具，例如，辔、鞭、策、带、绥、絷、舆、盖、筐、刀（切割斩削的工具）、斤、斧、钺（刑具）、斫、针、栉、榼、橹（划船工具）、爵、籥、簧、翿、铎、箕、帚、筑、表、椎、杖，等等。简称 S_2。

第三，受事为其他各种具体的东西，包括衣物、饮食、文化、钱币、金玉等，如：祛、帛、巾、幣、膰、牺、羞、酒、粟、简、节、图、书、钱、金、圭、玉、瑜、璧、蕑、火（~炬），等等。简称 S_3。

第四，受事为人体某部位，如：发、手、臂、头、踵，等等。简称 S_4。

（1）上古汉语表示“持拿”义语义场。①

表示“持拿”（用手拿着，握在手里）这一义位，上古汉语形成一个同义义场，其语词主要有“执”“持”“操”“秉”“杖”“握”“把”“捉”等，按语义特征可把它们分为两组：

其一，“执”“持”“操”“杖”“秉”。

“执”字甲骨文已见，其“象一人两手加梏之形”（李孝定《甲骨文集释》）。《说文》：“执，捕罪人也。”本义是拘捕。引申为持拿。在先秦，“执”是持拿义语义场中最早出现的语词之一，而且执是该语义场中一个用法最广泛、使用频率最高的语词，我们称其为主导词。其受事主要是 S_1、S_2、S_3、S_4（S_4限于

① 限于篇幅，本文各时期各词位的使用频率表略去。详情请见同名原文，载《国学新探》（第一辑），暨南大学出版社，2012 年 4 月。

“手”)。“持”字见于金文，但字不从手。《说文》：“持，握也。”本义就是握持。先秦“持”字表示“持拿”义虽是本字，但使用频率并不高，是一个非主导词，不过其搭配能力却很强，其受事可以是S_1、S_2、S_3、S_4（S_4只限于“踵”）。“操”，《说文》“把持也”，本义是持拿。先秦“操”的受事主要是S_1、S_2，也可以是S_3。“杖”，《说文》：“持也”，段注“凡可持与人持之皆曰杖”。段氏意谓《说文》为体、用同训。“杖”的本义是手杖、拐杖，引申为持拿。先秦“杖”的受事有S_1、S_2。“秉”字见于甲骨文，《说文》：“秉，禾束也。从又从禾。”造意是一只手拿着一把禾，本义是禾把。引申为持拿。先秦“秉”的受事可以是S_1、S_2、S_3。

“执”的持拿义由拘捕义引申而来，故其表持拿义具有紧紧抓住的语义特征；“持”引申为扶持、扶助义，可见“持”的持拿义具有扶住、维持平衡的语义特征；“操”引申为掌握、控制义，故“操”表持拿义具有稳稳拿着的特点。“杖”的本义是手杖，故“杖”表持拿义的受事通常是条状物。“执”“持”“操”“杖”均可以是一只手持拿，也可以是两只手持拿，而“秉”，其造意是一只手拿着一把禾，故其表持拿义，往往具有一只手拿着的语义特征。

其二，“握”“把”“捉”。

《说文·手部》：“握，搤持也。”“握”的本义是“攥住”。先秦文献握字的用例不多，其受事是S_3。《说文·手部》：“把，握也。”“把”的本义是“握持”。先秦把字出现较晚，战国文献才见到。先秦把的受事可以是S_1、S_2、S_3。《说文·手部》：“捉，一曰握也。”“捉”的一曰义为握持。捉的上古用例较少，其受事是S_4，且只限于人体的头发。

“握”“把”“捉”都具有五指向内合拢成握之意，但“握”具有把贵重而且体积较小的东西（如节、瑜、金玦、粟）攥在手中的语义特征；“把”又读去声，名词，表示柄，因此“把”所握持的对象往往是有柄的可握之物；先秦的“捉”，其受事只限于头发，从“捉”的引申义“捕捉”来看，“捉”表示握持义具有握在手中、不让其散开的特点。

下面是先秦几部常用文献（《诗经》《左传》《论语》《孟子》《吕氏春秋》）表示“持拿”义语义场的语词的组合关系（见表16－1）。

表16－1

	执	持	操	杖	秉	握	捉	把
S_1	+	+	+	+	+			(+)
S_2	+	+	+	+	+			(+)
S_3	+	(+)	+		+	+		(+)
S_4	+(手)	(+踵)					+(发)	
备注	主导词							

说明：“+”表示在重点调查的五部书中具有用例，“(+)”表示这五部书中没有用例，但在同时期的其他书中有用例。下同。

（2）中古汉语表示“持拿”义语义场。

发展到中古汉语，“持拿”义语义场的语词主要有“执”“持”“秉”“操”“杖（仗）”“握”“捉”“把”“搦”等。与上古相比，中古“持拿”义语义场发生了如下变化：

第一，“持”的地位提升，成为主导词。

第二，增加了新成员“搦”。《说文·手部》：“搦，按也。”“搦”的本义是按抑。中古时，引申为握持义。搦的握持义在我们重点调查的几部文献中未见，但出现于其他文献中，其受事可以是S_1、S_2、S_3。

第三，“杖”的受事范围扩大：在上古S_1、S_2的基础上增加

了 S_3。

第四,“捉”的受事范围扩大：在上古 S_4 的基础上增加了 S_1、S_2、S_3。

第五,“把”的受事范围扩大：在上古 S_1、S_2、S_3 的基础上增加了 S_4。

第六,“握”的受事范围扩大：在先秦 S_3 的基础上增加了 S_1、S_2、S_4。

第七,受事“发”的行为动词由“握”替换了“捉”。上古汉语称“捉发”,到了中古汉语称“握发”。

下面是西汉的《史记》（调查卷1～卷12、卷31～卷60），和中古汉语几部常用文献（东汉的《论衡》《修行本起经》，东晋的《法显传》，南朝的《世说新语》，北朝的《齐民要术》）表示“持拿”义语义场的语词的组合关系见表16－2。

表16－2

	执	持	操	杖(仗)	秉	握	捉	把	搦
S_1	+	+	+	+	+	(+)	+	+	(+)
S_2	+	+	+	+	+	+	+	+	(+)
S_3	+	+	+	+	+	+	+	+	(+)
S_4	+(手)	+(臂)				+(发)(+手)	+(臂)	+(臂、手)	
备注		主导词							

(3) 近代汉语表示“持拿”义语义场。

发展到近代汉语，“持拿”义语义场的语词主要有“执”“持”“拿（拏）”“秉”“操”“仗”“握”“捉”“把”“搦”“攥”等。与中古相比，近代“持拿”义语义场发生了如下变化：

第一，在中唐的白居易诗和近代汉语前期,“把”的使用频率超过了“持”“执”，且受事可以是 S_1、S_2、S_3、S_4，跃升为主导词。

第二，增加了新成员“拿（拏）”。《说文》：“拏，牵引也。”“拏”在近代汉语引申出“持拿”义，俗体写作“拿”。明《字汇·手部》已收录“拿”字，云：“拿，俗拏字。”（按：《说文》还有“挐”，云：“挐，持也。”徐楷《校录》：“盖挐、拏相混。”）明代时，“拿（拏）”发展成为“持拿”义语义场中的主导词，其出现率高，而且受事可以是 S_1、S_2、S_3。

第三，增加了新成员“攥”。“攥”不见于《说文》，《广韵·末韵》：“攥，手把。”《集韵·末韵》：“攥，把也。”“攥”的基本义是握住。攥的受事可以是 S_1、S_2、S_3、S_4。

第四，“仗”替换了“杖”。

第五，“持”“捉”的受事在中古的 S_1、S_2、S_3、S_4 基础上，减少了 S_4，即一般不带 S_4 类宾语。

下面是中唐时的《白居易诗》，和近代汉语的几部常用文献（五代的《祖堂集》、宋代的《朱子语类》（调查 95 卷～140 卷），元代的《元刊杂剧三十种》，明代的《金瓶梅词话》（调查前五回）、《朴通事》表示“持拿”义语义场的语词的组合关系（见表 16－3）。

表 16－3

	执	持	把	操	仗	秉	握	捉	拿(拏)	搦	攥
S_1	+	+	+	+	+	+	（+）	（+）	+	（+）	（+）
S_2	+	+	+	（+）		（+）	+	（+）	+	（+）	（+）
S_3	+	+	+	（+）		+	（+）	+	+	（+）	（+）
S_4	+（手）		+（臂、手）				+（发、手、臂）				（+发）
备注			主导词（前期）						主导词（后期）		

（4）现代汉语表示“持拿”义语义场。

发展到现代汉语（普通话），“持拿”义语义场的单音词主要有：拿（拿枪/拿着镰刀割麦子/拿张纸来）、握（握枪/握刀/握笔/握手/握发）、持（持枪/手持棍棒/持笔）、执（手执红旗/手执长鞭/执笔）、攥（攥着手枪/手里攥着一把斧子/把钥匙紧紧攥在手中/攥住他的手）、把（两手把着冲锋枪/把盏/把舵）、捉（捉杖打人/捉笔）、操（操戈/操起家伙就奔出了门），等。复音词主要有“把握”（司机把握着方向盘）。

现代汉语“持拿”义语义场发生如下变化：

第一，部分古代汉语表示“持拿”义的词一般不单独使用，而是作为语素保留在复音词或固定格式中。它们有：秉（秉笔/秉烛）、仗（仗剑）、搦（搦管）。

第二，“捉”“操”“执”“把”的义域有所缩小。“捉”的受事限于 S_2、S_3，“操”的受事限于 S_1、S_2。“执”“把”的受事减少了 S_4，即一般不带 S_4类宾语。

第三，“握手”的意义发生了变化。在汉语史中，人们在离别、会晤或有所嘱托时，皆用握手表示亲近或信任。发展到现代汉语，人们用握手来作为见面、分别的礼节，也用来表示慰问或祝贺。

第四，“拿”为规范字，“拏”成为异体字。

下面是现代汉语“持拿”义语义场各语词的组合关系（见表 16－4）。

表 16－4

	拿	执	持	操	握	捉	把	攥	把握	[秉]	[仗]	[搦]
S_1	+	+	+	+	+		+	+			[+]	
S_2	+	+	+	+	+	+	+	+				
S_3	+	+	+		+	+	+	+	+	[+]		[+]

续上表

	拿	执	持	操	握	捉	把	攥	把握	[秉]	[仗]	[搦]
S_4					+(手、发)			+(手)				
备注	主导词											

说明：外加方括号的字，如［秉］表示是语素；［+］表示语素义。

（5）小结。

现代汉语“持拿”义语义场，在明代基本形成，到现代汉语最后完成；主导词发生了三次替换，现代汉语主导词的义域有所缩小；非主导词的数量古今大体平衡，其组合能力以减弱为主；汉语“持拿”义语义场演变的主要动因是词汇口语化；众所周知，王力先生在20世纪50年代提出将汉语史分为上古、中古、近代和现代四个时期。① 后来吕叔湘先生又提出从晚唐五代起为近代汉语②；王云路、方一新提出东汉至隋为中古汉语时期③。汉语“持拿”义语义场的历时演变事实，可为以上论点提供一个有力的证据。

2. 汉语“胜—败”义语义场的历时演变

为了便于审视该语义场的演变，本文把“胜”“败”义的伙伴域（义位的使用范围）分为以下类型：

第一，“在战争中”，这里的战争即指在民族与民族之间、国家与国家之间、阶级与阶级之间或政治集团与政治集团之间的武装斗争，另外还包括群体、个人之间的械斗，以及神话故事中

① 王力. 汉语史稿［M］. 北京：中华书局，1980：35.

② 吕叔湘著. 江蓝生补. 近代汉语指代词［M］. 上海：学林出版社，1985.

③ 王云路，方一新. 中古汉语语词例释［M］. 长春：吉林教育出版社，1990.

神祇之间的武装斗争、动物之间的争斗、人与猛兽的搏斗，等等，简称 S_1。

第二，“在斗争中”，这里的斗争是指武装斗争之外的矛盾的双方的互相冲突，例如，争夺田地、弹劾、诉讼、批斗，等；又如，“强”与“弱”、“众”与“寡”、“仁义”与“不仁义”、“是”与“非”、“曲”与“直”、“贫”与“富”、“忧”与“乐”、“利”与“害”、“德性”与“气”之较量，等等，简称 S_2。

第三，“在竞赛中”，这里的竞赛是指互相竞争以夺取优胜的活动，例如，比武（如打擂台）、竞技（如射箭比赛）、斗鸡、赌博、打赌、下棋、做游戏、科举考试、辩论、行酒令、竞相开玩笑，等等，简称 S_3。

另外，当一个动词在带宾语和不带宾语之中意义有别时，我们把带宾语的动词记作 V_0，把不带宾语的动词记作 V。

(1) 上古汉语表示“胜—败”义的语义场。

表示战胜了对方即“胜”和被对方打败了即“败”的意义，上古汉语形成一个反义语义场。

第一，表示“胜利”义的语义子场。

在上古汉语中，表示“胜利”义有语词“克”“胜”“捷”等，这是一个同义语义子场。“克”见于甲骨文，其义为“能也”，引申为胜，战胜。“胜”，《说文》“任也”，本义指能够承担、经得起，引申为胜，打败对方。捷，《说文》“猎也”，这是声训，“捷”的本义当是胜利。“克”“胜”可以带宾语，“捷”不带宾语。“克”（《左传》以后）、“捷”用于 S_1，义域窄；“胜”则用于 S_1、S_2、S_3，义域宽，因而是主导词。

上古汉语表示“胜利”义还常用“败$_0$”。

第二，表示“败”义的语义子场。

在上古汉语中，表示“失败”义的语词有：“败”“北”

"负""败绩"等，这也是一个同义语义子场。"败"字见于甲骨文，字形与《说文》篆文略同。《说文》"败，毁也"，本义是毁坏，引申为失败，打败仗。"北"的古文字像两人相背之形，《说文》"北，乖也"，本义是相违背。"北"即"背道而驰"的"背"的古字形。引申为打败仗，败逃。"负"，《释名·释姿容》"背也，置项背也"，本义指用背驮东西。假借为"胜负"的"负"，表示失败义。"负"与"北"古音相近（声母並帮旁纽，韵部职之对转），大概是"北"的滋生词。"败绩"是指军队大败，失败的程度比"败"要高。上古汉语中，"败"义域较宽，可用于 S_1、S_2，频率高，是主导词；"北""败绩"用于 S_1，"负"在我们重点调查的几部文献中，只用于 S_1，但在其他文献中可用作 S_3。

上古汉语表示"失败"义还常用（否定副词 + "胜"类词）形式，如：不克、弗克、未捷、不捷、不胜、弗胜。

第三，上古汉语表示"胜—败"义语义场的特点。

一是主导词有所发展。在《诗经》中，"胜利"义的主导词是"克"，"失败"义没有主导词，是用"不克"来表示的。到了《左传》，"胜利"义的主导词依然是"克"，另外还常用"败$_0$"来表示，"失败"义的主导词是"败"。到了春秋末期的《孙子兵法》，"胜利""失败"义的主导词就确立为"胜"和"败"了。该书"胜""败"的主导词地位是由其频率高而确立的。到了战国时的《孟子》《吕氏春秋》，以及西汉的《史记》，"胜""败"不仅出现频率最高，而且义域也最宽，成为典型的主导词。

二是上古汉语中表示"胜—败"义的反义词主要是"胜—败"，另外还有"胜—负"。

表 16 - 5 是上古汉语几部常用文献表示"胜—败"义语义场的语词的使用频率表（单位：次。下同）。

表 16－5

	西周春秋	春秋		战国		西汉
	诗经	左传（前六公）	孙子兵法	孟子	吕氏春秋	史记（前十二卷）
	f s_1 s_2 s_3	f s_1 s_2 s_3	f s_1 s_2 s_3	f s_1 s_2 s_3	f s_1 s_2 s_3	f s_1 s_2 s_3
克	3 1 2 0	21 21 0 0	1 1 0 0	1 1 0 0	9 9 0 0	1 1 0 0
胜	1 1 0 0	6 4 2 0	77 77 0 0	16 12 3 1	106 80 39 2	24 23 0 1
捷	1 1 0 0	4 4 0 0	0 0 0 0	0 0 0 0	0 0 0 0	0 0 0 0
败$_0$	0 0 0 0	38 38 0 0	0 0 0 0	0 0 0 0	8 8 0 0	18 18 0 0
败	0 0 0 0	39 38 1 0	13 13 0 0	2 2 0 0	25 21 4 0	38 38 0 0
败绩	0 0 0 0	9 9 0 0	0 0 0 0	0 0 0 0	1 1 0 0	2 2 0 0
北	0 0 0 0	2 2 0 0	4 4 0 0	0 0 0 0	8 8 0 0	6 6 0 0
负	0 0 0 0	0 0 0 0	3 3 0 0	0 0 0 0	0 0 0 0	0 0 0 0

说明：①f（frequency）表示词频。下同。②《史记》“败”字38例之中，有一例是“败北”，可以认为是新词，但由于该词在我们后面重点调查的中古、近代、现代汉语文献中，只有《西游记》中出现一例，为了节省篇幅，没有把“败北”单列出来。下《西游记》同。

（2）中古汉语表示“胜—败”义的语义场。

发展到中古汉语，表示“胜利”义的语词有“克”“胜”“捷”“败$_0$”“赢”等，表示“失败”义的语词有“败”“败绩”“负”“输”等成员。中古汉语“胜—败”义的语义场有如下特点：

第一，上古汉语“胜—败”义语义场中的“北”基本退出该语义场，其他各词依然在使用。

第二，增加了新成员“输”和“赢”。《说文》：“输，委输也。”“输”字的本义为运输。引申为输送，再引申则表示因在较量中不及对方而送给对方资财。《世说新语·任诞》：“温太真位未高时，屡与扬州、淮中估客樗蒱（按：一种博戏），与辄不竞，尝一过，大输物。”不带宾语时则转指在较量中失败即成为“输赢”的“输”了，《世说新语·任诞》：“桓宣武少家贫，戏大输，债主敦求甚切，思自振之方，莫知所出。”《大唐新语·从善》：“朕用尹伊，杨纂闻义伏输一筹，朕复得几筹耶？”白居易《代梦得吟》：“竿头已到应难久，局势虽迟未必输。”

语言中产生了“输赢”的“输”以后，相应地，就出现用“赢”字来表示胜利义。《说文·贝部》：“赢，有余，贾利也。”本义是获取余利。转指在较量中胜利。唐张建封（735—800）《竞渡歌》：“只将输赢分罚赏，两岸十舟五来往。”唐王建《宫词一百首·春来睡困不梳头》：“暂向玉花阶上坐，簸钱赢得两三筹。”白居易（772—846）《放言五首》（之二）：“不信君看弈棋者，输赢须待局终头。”

在重点调查的几部中古文献中，“输”只用作 S_2、S_3，“赢”只用作 S_3，它们的义域比较窄，使用频率也不高。

第三，主导词仍然是“胜”与“败”。

第四，反义词是“胜—负”和“输—赢”。

表 16-6 是中古汉语几部常用文献表示“胜—败”义语义场的语词的使用频率表。

表 16-6

	东汉								东晋				南朝				唐代早期、中期							
	论衡				修行本起经				陶渊明集				世说新语				大唐新语				白居易诗			
	f	s_1	s_2	s_3	f	s_1	s_2	s_3	f	s_1	s_2	s_3	f	s_1	s_2	s_3	f	s_1	s_2	s_3	f	s_1	s_2	s_3
克	8	8	0	0	0	0	0	0	0	0	0	0	4	4	0	0	8	8	0	0	0	0	0	0
胜	50	29	21	0	10	1	2	7	2	0	1	1	3	0	1	2	4	4	0	0	2	0	2	0
捷	0	0	0	0	0	0	0	0	0	0	0	0	2	2	0	0	5	3	2	0	1	1	0	0
败$_0$	3	3	0	0	0	0	0	0	0	0	0	0	0	0	0	0	1	1	0	0	0	0	0	0
赢	0	0	0	0	0	0	0	0	0	0	0	0	0	0	0	0	0	0	0	0	2	0	0	2

续上表

	东汉								东晋				南朝				唐代早期、中期							
	论衡				修行本起经				陶渊明集				世说新语				大唐新语				白居易诗			
	f	s_1	s_2	s_3	f	s_1	s_2	s_3	f	s_1	s_2	s_3	f	s_1	s_2	s_3	f	s_1	s_2	s_3	f	s_1	s_2	s_3
败	7	7	0	0	0	0	0	0	1	1	0	0	15	15	0	0	19	19	0	0	1	1	0	0
败绩	3	3	0	0	1	1	0	0	0	0	0	0	1	1	0	0	1	1	0	0	0	0	0	0
北	1	1	0	0	0	0	0	0	0	0	0	0	0	0	0	0	0	0	0	0	0	0	0	0
负	12	8	3	1	1	0	1	0	1	0	0	1	1	0	0	1	0	0	0	0	1	0	1	0
输	0	0	0	0	0	0	0	0	0	0	0	0	2	0	0	2	2	0	2	0	5	0	2	3

（3）近代汉语表示“胜—败”义的语义场。

发展到近代汉语，表示“胜利”义的语词有“克”“胜”“捷”“败$_0$”“打败$_0$”“战败$_0$”“赢”“胜利”等，表示“失败”义的语词有“败”“战败”“北”“负”“输”“失败”等。近代汉语表示“胜—败”义的语义场有如下特点：

第一，“败绩”退出了该语义场，“北”又偶尔出现。后一现象反映了后代作者偶尔使用古语词的语用倾向。

第二，受汉语词汇复音化的影响，增加了复音词“胜利”“失败”“打败”“战败”等。

第三，总体来看，“胜”“败”在该语义场中占绝对优势，依然是主导词，但在《元刊杂剧三十种》中，“赢”在“胜”义子场中已经占绝对优势，“输”也与“败”的见次相当，可认为“赢”“输”在该文献中已经成为主导词。这反映了元杂剧作者喜欢用口语词的语用倾向。

第四，反义词是“胜—负”“输—赢”和“胜—败”。可见近代汉语“胜—败”义反义词的选用，全凭作者的用词习惯。

表 16 – 7 是近代汉语几部常用文献表示“胜—败”义语义场的语词的使用频率表（其中《朱子语类》为 95 卷 ~ 140 卷，

《西游记》为前 20 回，《说岳全传》为后 20 回）。

表 16 – 7

	晚唐				五代				南宋				元				明				清代前期			
	入唐求法巡礼行记				祖唐集				朱子语类				元杂剧三十种				西游记				说岳全传			
	f	s_1	s_2	s_3	f	s_1	s_2	s_3	f	s_1	s_2	s_3	f	s_1	s_2	s_3	f	s_1	s_2	s_3	f	s_1	s_2	s_3
克	0	0	0	0	0	0	0	0	5	5	0	0	1	1	0	0	0	0	0	0	0	0	0	0
胜	1	1	0	0	1	0	1	0	42	36	5	1	6	5	1	0	31	27	0	4	34	33	0	1
捷	0	0	0	0	0	0	0	0	7	7	0	0	0	0	0	0	0	0	0	0	2	2	0	0
败$_0$	0	0	0	0	0	0	0	0	2	2	0	0	0	0	0	0	1	1	0	0	0	0	0	0
打败$_0$	0	0	0	0	0	0	0	0	0	0	0	0	0	0	0	0	2	2	0	0	0	0	0	0
战败$_0$	0	0	0	0	0	0	0	0	0	0	0	0	0	0	0	0	1	1	0	0	0	0	0	0
赢	0	0	0	0	0	0	0	0	4	2	0	2	17	11	2	4	6	5	0	1	7	5	0	2
败	2	2	0	0	0	0	0	0	60	60	0	0	9	9	0	0	25	22	0	3	75	75	0	0
战败	0	0	0	0	0	0	0	0	3	3	0	0	0	0	0	0	0	0	0	0	3	3	0	0
北	0	0	0	0	0	0	0	0	2	2	0	0	0	0	0	0	1	1	0	0	0	0	0	0
负	0	0	0	0	1	0	1	0	5	2	3	0	0	0	0	0	10	9	0	1	2	2	0	0
输	0	0	0	0	2	0	0	2	6	6	0	0	8	5	0	3	73		0	4	7	6	0	1

（4）现代汉语表示"胜—败"义的语义场。

发展到现代汉语，表示"胜利"义的语词有"克""胜""捷""赢""胜利""战胜""打败$_0$""战败$_0$""击败"等，表示"失败"义的语词有"败""败绩""负""输""失败""打败""战败"等。现代汉语表示"胜—败"义的语义场有如下特点：

第一，书面语的主导词是"胜利""失败"。

表 16 – 8 是三部现代汉语文献表示"胜—败"义语义场的

语词的使用频率表。

表 16－8

	克	胜	捷	赢	胜利	战胜	打败$_0$	战败$_0$	击败[2]	败	败绩	负	输	失败	打败	战败
八仙	0	19	1	1	4	1	1	1	0	14	0	0	3	7	1	2
毛选	4	64	2	2	104	24	1	1	1	37	1	6	1	99	2	1
邓选	0	6	0	1	47	6	2	0	0	2	0	0	5	3	0	1

说明：《八仙》为《八仙得道传》的省称，该书写成于 1868 年；《毛选》为《毛泽东选集》第一卷，所收为 20 世纪二三十年代的作品；《邓选》为《邓小平文选》第三卷，所收为 20 世纪 80 年代和 90 年代初的作品。

第二，方言的主导词是“输”“赢”。

表 16－9 是现代汉语 27 个方言点的“胜—败”义语词分布一览表。

表 16－9

	北京	济南	西安	万荣	太原	洛阳	武汉	成都	柳州	合肥	扬州	苏州	温州
赢	+	+	+	+	+		+	+	+	+	+	+	+
输	+	+	+	+	+	+	+	+		+	+	+	+
败													

	长沙	娄底	双峰	南昌	萍乡	黎川	武宁	梅县	广州	阳江	厦门	潮州	福州	建瓯
赢	+	+	+	+			+	+	+	+	+	+	+	+
输	+	+	+	+	+	+	+	+	+	+	+	+	+	
败						–				+		+	+	

说明：“＋”表示说，“－”表示不说，空格表示不清楚。

第三，反义词有“胜—败”“胜—负”“胜利—失败”和“输—赢”四对。现代汉语雅言多用前三对，俗语多用后一对。四组反义词中有雅有俗，有单有双，能很好地为现代人们服务。

（5）小结以及对有关问题的探讨。

第一，从历史来看，汉语“胜—败”义语义场是一个成员逐渐增多的集体。该语义场成员的增加，有的是从口语词中吸收来的，如“输”“赢”等，更多的是汉语词汇复音化的作用，如“胜利”“打败$_0$”“战败$_0$”“失败”“打败”“战败”等。

第二，从春秋后期一直到清末，延绵两千多年，汉语“胜—败”义语义场的主导词主要是“胜”和“败”。到了现代汉语书面语，主导词才是“胜利”和“失败”，口语中则是“输”和“赢”。所以我们把该语义场称之为“胜—败”义语义场。

第三，从汉语“胜—败”义语义场中可知，反义关系语义场中的反义词往往是这个语义场中义域最宽、频率最高的语词，亦即主导词。其中“输”“赢”的发展有如下特点：两词首先引申发展出一个义域较窄的新义，然后这个新义在义域上逐渐发展成为最宽，再在频率上逐渐发展成为最高，从而成为主导词。

本文各反义词的频率可见上文各表，各词的义域则可将上文各表归结成表 16－10。

表 16－10

	克	胜	捷	败$_0$	赢	打败$_0$	战败$_0$	胜利	败	败绩	北	负	输	战败	失败
S_1	+	+	+	+	+	+	+	+	+	+	+	+	+	+	+
S_2	(+)	+	+		+			+	+			+	+		+
S_3		+			+			+	+			+	+		+

说明：“+”表示有，空格表示在我们所重点调查的语料中没有。“克”的 S_2 用例只见于《诗经》。

第四，在上古汉语中，表示被对方打败了的意义的“败”，有“自败”和“他败”的语用区别，不带宾语时是自败，带宾语时是他败。用作自败时，则与“胜”反义；用作他败时，则与“胜”同义。我们认为，“败”的这两种用法，从义位的角度来看，是属于同一个义位。中古以降，“败”主要用作自败，他败少见，因此，从整个汉语史来看，“败”是一个内动词。

发展到近代、现代汉语，新生的述补式复音词“战败”“打败”等同样也有自败和他败的区别，这反映了“战败”“打败”对“败”的用法的继承性。

第五，“胜—败”义语义场的历史演变具有“配对”的特点。由上文可知，上古汉语“胜—败”义语义场本来有“胜”与“败”、“胜”与“负”的配对使用，能很好地为人们服务。然而，发展到中古汉语，当语言中产生了“输”以后，“胜—败”义语义场出现了不平衡，于是产生了“赢”，以与“输”配对使用；发展到近代汉语，语言中又产生了双音节词“失败”，“胜—败”义语义场又出现了新的不平衡，于是又产生了“胜利”，以与“失败”配对使用。而且，当以上语词一旦配对使用了以后，它们便频繁、大量地使用起来。这一现象说明，汉语词汇是有系统的。

参考文献

1.（明）黄承吉．字诂义府合按［M］．北京：中华书局，1984．

2.（清）段玉裁．说文解字注［M］．上海：上海古籍出版社，1981．

3.（清）王念孙．广雅疏证［M］．北京：中华书局，1983．

4.（清）王念孙．读书杂志［M］．南京：江苏古籍出版社，1985．

5.（清）王引之．经义述闻［M］．南京：江苏古籍出版社，1985．

6.（清）俞樾，等．古书疑义举例五种［M］．北京：中华书局，1983．

7.《尔雅》《广雅》《方言》《释名》清疏四种合刊［M］．上海：上海古籍出版社，1989．

8. 白兆麟．新著训诂学引论［M］．上海：上海辞书出版社，2005．

9. 北京大学中文系．词汇学论文汇编［M］．北京：商务印书馆，1989．

10. 北京大学中文系现代汉语教研室．现代汉语专题教程［M］．北京：北京大学出版社，2003．

11. 蔡镜浩．魏晋南北朝词语例释［M］．南京：江苏古籍出版社，1990．

12. 陈绂．训诂学基础［M］．北京：北京师范大学出版社，1990．

13. 陈建初．《列子》反义词综论［J］．长沙：古汉语研究，1991（4）.

14. 陈建生. 认知词汇学概论［M］. 上海：复旦大学出版社，2008.

15. 程湘清. 汉语史专书复音词研究［M］. 北京：商务印书馆，2003.

16. 丁喜霞. 中古常用并列双音词的成词和演变研究［M］. 北京：语文出版社，2006.

17. 董秀芳. 词汇化：汉语双音词的衍生和发展［M］. 成都：四川民族出版社，2002.

18. 董志翘.《入唐求法巡礼行记》词汇研究［M］. 北京：中国社会科学出版社，2000.

19. 方一新. 东汉魏晋南北朝史书词语笺释［M］. 合肥：黄山书社，1997.

20. 方一新. 中古近代汉语词汇学［M］. 北京：商务印书馆，2010.

21. 符淮青. 词义的分析与描写［M］. 北京：语文出版社，1996.

22. 符淮青. 汉语词汇学史［M］. 合肥：安徽教育出版社，1996.

23. 符淮青. 现代汉语词汇［M］. 北京：北京大学出版社，2004.

24. 高名凯. 语言论［M］. 北京：商务印书馆，1995.

25. 高守纲. 古代汉语词义通论［M］. 北京：语文出版社，1994.

26. 葛本仪. 现代汉语词汇学［M］. 济南：山东人民出版社，2001.

27. 葛本仪. 汉语词汇研究［M］. 北京：外语教学与研究出版社，2006.

28. 郭锡良，等.《古代汉语》的有关通论、词义分析举例［M］. 北京：北京出版社，1981.

29. 郭在贻. 训诂丛稿［M］. 上海：上海古籍出版社，1985.

30. 郭在贻. 训诂学［M］. 长沙：湖南人民出版社，1986.

31. 洪诚. 训诂学［M］. 南京：江苏古籍出版社，1984.

32. 洪城玉. 谦词、敬词、婉词概说［J］. 首都师范大学学报，1998（5）.

33. 胡敕瑞. 论衡与东汉佛典词语比较研究［M］. 成都：巴蜀书社，2002.

34. 黄侃. 黄侃论学杂著［M］. 上海：上海古籍出版社，1980.

35. 黄侃，黄焯. 文字声韵训诂笔记［M］. 上海：上海古籍出版社，1983.

36. 黄金贵. 古代文化词义集类辨考［M］. 上海：上海教育出版社，1995.

37. 黄金贵. 古汉语同义词辨释论［M］. 上海：上海古籍出版社，2002.

38. 黄易青. 上古汉语同源词意义系统研究［M］. 北京：商务印书馆，2007.

39. 贾彦德. 汉语语义学［M］. 北京：北京大学出版社，1999.

40. 贾芹. 上古汉语反义词研究［D］. 南京：南京大学，2004.

41. 江蓝生. 魏晋南北朝小说词语汇释［M］. 北京：语文出版社，1988.

42. 江蓝生. 近代汉语探源［M］. 北京：商务印书馆，2001.

43. 蒋冀骋. 近代汉语词汇研究［M］. 长沙：湖南教育出版社，1991.

44. 蒋礼鸿. 敦煌变文字义通释（增补定本）［M］. 上海：上海古籍出版社，1997.

45. 蒋绍愚. 古汉语词汇纲要［M］. 北京：北京大学出版社，1989.

46. 蒋绍愚. 汉语词汇语法史论文集［M］. 北京：商务印书馆，2001.

47. 蒋绍愚. 汉语词汇语法史论文续集［M］. 北京：商务印书馆，2012.

48. 蒋绍愚. 近代汉语研究概要［M］. 北京：北京大学出版社，2005.

49. 李福印. 认知语言学概论［M］. 北京：北京大学出版社，2008.

50. 李新魁. 古代汉语自学读本［M］. 北京：语文出版社，1987.

51. 李宗江. 汉语常用词演变研究［M］. 上海：汉语大词典出版社，1999.

52. 廖扬敏. 《老子》专书反义词研究［D］. 成都：四川大学，2003.

53. 林仲湘. 古汉语词汇常识［M］. 贵阳：贵州人民出版社，1986.

54. 刘叔新. 汉语描写词汇学［M］. 北京：商务印书馆，1995.

55. 刘叔新. 词汇研究［M］. 北京：外语教学与研究出版社，2006.

56. 陆宗达. 训诂简论［M］. 北京：北京出版社，1980.

57. 陆宗达，王宁. 训诂方法论［M］. 北京：中国社会科学出版社，1983.

58. 吕叔湘. 语法学习［M］. 北京：中国青年出版社，1953.

59. 吕叔湘著，江蓝生补. 近代汉语指代词［M］. 上海：学林出版社，1985.

60. 罗维明. 中古墓志词语研究［M］. 广州：暨南大学出版社，2003.

61. 罗正坚. 汉语词义引申导论［M］. 南京：南京大学出版社，1996.

62. 孟蓬生. 上古汉语同源词语音关系研究［M］. 北京：北京师范大学出版社，2001.

63. 潘允中. 汉语词汇史概要［M］. 上海：上海古籍出版社，1989.

64. 齐佩瑢. 训诂学概论［M］. 北京：中华书局，2004.

65. 裘锡圭. 文字学概要［M］. 北京：商务印书馆，1988.

66. 任继昉. 汉语语源学［M］. 重庆：重庆出版社，1992.

67. 任学良. 《古汉语常用词》订正［M］. 杭州：浙江大学出版社，1987.

68. 邵正业. 词的引申义和新词的派生［J］. 辞书研究，1986(3).

69. 石安石. 语义研究［M］. 北京：语文出版社，1994.

70. 史存直. 汉语词汇史纲要［M］. 上海：华东师范大学出版社，1989.

71. 舒化龙. 汉语发展史略［M］. 呼和浩特：内蒙古教育出版社，1983.

72. 宋均芬. 汉语词汇学［M］. 北京：知识出版社，2002.

73. 苏宝荣. 词义研究与辞书释义［M］. 北京：商务印书馆，2000.

74. 苏新春. 汉语词义学［M］. 广州：广东教育出版社，1997.

75. 孙雍长. 训诂原理［M］. 北京：语文出版社，1997.

76. 汤可敬. 说文解字今释. [M]. 长沙：岳麓书社，1997.

77. 唐作藩. 音韵学教程 [M]. 北京：北京大学出版社，1987.

78. 汪榕培. 他山之石，可以攻玉 [J]. 外语与外语教学，2001（2）.

79. 汪维辉. 东汉—隋常用词演变研究 [M]. 南京：南京大学出版社，2000.

80. 王艾录，司富珍. 汉语的语词理据 [M]. 北京：商务印书馆，2001.

81. 王理嘉，等. 现代汉语专题教程 [M]. 北京：北京大学出版社，2003.

82. 王力.《古代汉语》的有关通论、常用词 [M]. 北京：中华书局，1999.

83. 王力. 汉语史稿 [M]. 北京：中华书局，1980.

84. 王力. 龙虫并雕斋文集 [M]. 北京：中华书局，1980.

85. 王力. 同源字典 [M]. 北京：商务印书馆，1982.

86. 王力. 汉语语音史 [M]. 北京：中国社会科学出版社，1985.

87. 王力. 汉语词汇史 [M]. 北京：商务印书馆，1993.

88. 王宁. 训诂学原理 [M]. 北京：中国国际广播出版社，1996.

89. 王盛婷. 汉语八组反义词聚合演变研究 [D]. 南京：南京大学，2007.

90. 王云路，方一新. 中古汉语词语例释 [M]. 长春：吉林教育出版社，1990.

91. 王云路. 词汇训诂论稿 [M]. 北京：北京语言文化大学出版社，2002.

92. 王云路. 中古汉语词汇史（上、下）[M]. 北京：商务印书馆，2010.

93. 吴金华. 世说新语考释［M］. 合肥：安徽教育出版社，1994.

94. 武占坤，王勤. 现代汉语词汇概要［M］. 呼和浩特：内蒙古人民出版社，1983.

95. 伍宗文. 先秦汉语复音词研究［M］. 成都：巴蜀书社，2001.

96. 向熹. 简明汉语史［M］. 修订本. 北京：商务印书馆，2010.

97. 向熹.《诗经》语文论集［M］. 成都：四川民族出版社，2002.

98. 徐时仪. 古白话词汇研究论稿［M］. 上海：上海教育出版社，2000.

99. 徐朝华. 尔雅今注［M］. 天津：南开大学出版社，1987.

100. 徐朝华. 上古汉语词汇史［M］. 北京：商务印书馆，2003.

101. 许嘉璐. 中国古代衣食住行［M］. 北京：北京出版社，1988.

102. 许威汉. 汉语词汇学引论［M］. 北京：商务印书馆，1992.

103. 许威汉. 训诂学导论［M］. 北京：北京大学出版社，2003.

104. 杨剑桥. 实用古汉语知识宝典［M］. 上海：复旦大学出版社，2003.

105. 殷寄明. 语源学概论［M］. 上海：上海教育出版社，2000.

106. 殷孟伦. 子云乡人类稿［M］. 济南：齐鲁书社，1985.

107. 袁宾. 禅宗著作词语汇释［M］. 南京：江苏古籍出版

社，1990.

108. 袁宾. 近代汉语概论［M］. 上海：上海教育出版社，1997.

109. 曾良. 俗字及古籍文字通例研究［M］. 南昌：百花洲文艺出版社，2006.

110. 曾昭聪. 中古近代汉语词汇论稿［M］. 北京：中央文献出版社，2004.

111. 曾昭聪. 形声字声符示源功能述论［M］. 合肥：黄山书社，2002.

112. 詹人凤. 现代汉语语义学［M］. 北京：商务印书馆，1997.

113. 张博. 汉语同族词的系统性与验证方法［M］. 北京：商务印书馆，2003.

114. 张桂光. 汉字学简论［M］. 广州：广东高等教育出版社，2004.

115. 张联荣. 古汉语词义论［M］. 北京：北京大学出版社，2000

116. 张联荣. 汉语词汇的流变［M］. 郑州：大象出版社，2009.

117. 张能甫. 郑玄注释语言研究［M］. 成都：巴蜀书社，2000.

118. 张双棣.《吕氏春秋》词汇研究［M］. 济南：山东教育出版社，1989.

119. 张双棣，等. 古代汉语知识教程［M］. 北京：北京大学出版社，2002.

120. 张相. 诗词曲语辞汇释［M］. 北京：中华书局，1985.

121. 张诒山. 词语搭配变化研究［M］. 济南：齐鲁书社，2005.

122. 张永泉. 汉语俗字研究［M］. 长沙：岳麓书社，1995.

123. 张永言. 词汇学简论［M］. 武汉：华中工学院出版社，1982.

124. 张永言. 训诂学简论［M］. 武汉：华中工学院出版社，1985.

125. 张永言. 语文学论集［M］. 北京：语文出版社，1999.

126. 张志毅，张庆云. 词汇语义学［M］. 北京：商务印书馆，2001.

127. 赵克勤. 古代汉语词汇学［M］. 北京：商务印书馆，2005.

128. 赵振铎. 训诂学史略［M］. 郑州：中州古籍出版社，1987.

129. 赵振铎. 训诂学纲要［M］. 修订本. 成都：巴蜀书社，2003.

130. 中国大百科全书总编辑委员会《语言文字》编辑委员会. 中国大百科全书·语言文字［M］. 北京：中国大百科全书出版社，1988.

131. 周光庆. 古汉语词汇学简论［M］. 武汉：华中师范大学出版社，1989.

132. 周光庆. 从认知到哲学：汉语词汇研究新思考［M］. 北京：外语教学与研究出版社，2009.

133. 周荐. 汉语词汇研究史纲［M］. 北京：语文出版社，1995.

134. 周荐. 汉语词汇结构论［M］. 上海：上海辞书出版社，2004.

135. 周荐. 20世纪中国词汇学［M］. 北京：中国人民大学出版社，2008.

136. 周日健，王小莘.《颜氏家训》词汇语法研究［M］.

广州：广东人民出版社，1998.

137. 周志峰. 明清小说俗字俗语研究［M］. 北京：中国社会科学出版社，2006.

138. 周祖谟. 汉语词汇讲话［M］. 北京：人民教育出版社，1958.

139. 周祖谟. 文字音韵训诂论集［M］. 北京：北京大学出版社，2000.

140. 朱广祈.《诗经》双音词研究［M］. 郑州：河南人民出版社，1985.

141. 朱居易. 元剧俗语方言例释［M］. 北京：商务印书馆，1956.

142. 朱庆之. 佛典与中古汉语词汇研究［M］. 北京：文津出版社，1992.

143. 宗福邦，等. 故训汇纂［M］. 北京：商务印书馆，2003.

144. ［瑞典］高本汉. 汉文典［M］. 修订本. 潘悟云，等，译. 上海：上海辞书出版社，1997.

145. ［英］杰弗里·N. 利奇. 语义学［M］. 李瑞华，等，译. 上海：上海外语教育出版社，1987.

146. ［日］太田辰夫. 汉语史通考［M］. 江蓝生，白维国，译. 重庆：重庆出版社，1991.

147. ［日］香坂顺一. 白话词汇研究［M］. 江蓝生，白维国，译. 北京：中华书局，1997.

后　记

我从事古代汉语词汇学的教学工作已经有十余年了。我教的古代汉语词汇学课有三种两个层次：一是汉语言文字学硕士生的学位课，二是汉语言本科生的专业课，三是汉语言文学本科生的选修课。2011 年 5 月，我申报了华南师范大学研究生精品课程，承蒙华南师范大学研究生处支持，获得批准。

我在原来讲稿的基础上，按照论著的要求全力开展研究、写作，大多数章节都是重写。我有两个想法：一是既可给本科生用，也可供研究生用，于是多写了几章，篇章安排也是从易到难；二是既要给学生一些理论知识，更要引导他们研究、撰写汉语历史词汇方面的论文。我一边写作，一边用以教学，教教改改，整整花了三年时间，才成为现在的教材。虽然仍不太满意，但与出版社约定的交稿时间早已到了，就姑且交稿了。书中错误肯定不少，敬请专家、同仁批评指正。

最后，诚挚地向华南师范大学研究生处和广东高等教育出版社表示由衷的感谢！

钟明立
2014 年 5 月 9 日